MORTEN OLSEN BAUT AUF SAND

Dieses Buch widme ich meiner Freundin und Lektorin Michaela, für ihre schier unendliche Geduld mit mir. Sowie meinem brüderlichen Freund Nicolai, der mich zum dänischen Fußball lotste, und ohne den ich nie vom wahren (Fußball-)Leben im kleinen Königreich nördlich von Flensburg schreiben hätte können.

Markus Franz

MORTEN OLSEN BAUT AUF SAND

Meine kleine Geschichte des dänischen Fußballs

inkl. Lexikon „Alle Dänen in der Fußball Bundesliga"

Bibliografische Information der Deutschen Nationalbibliothek:

Die Deutsche Nationalbibliothek verzeichnet diese Publikation in der Deutschen Nationalbibliografie; detaillierte bibliografische Daten sind im Internet über http://dnb.dnb.de abrufbar.

1. Auflage 2019
© 2019 Buchautor Markus Franz
franz.markus@t-online.de

Herstellung und Verlag: BoD – Books on Demand, Norderstedt

ISBN: 978-3-7412-8025-2

INHALT

Vorwort 8

PERSÖNLICHES. WIE ICH AUF DÄNEMARK STIESS 9

EPILOG: Endlich in dänischen Stadien 9

Das kleine, feine Land 14

Das schmeichelhafte neue Elfmeterdrama (2018) 17

Frankreich, immer wieder Frankreich 18

Fußballtouristen werden Europameister 19

DIE ANFÄNGE DER DÄNISCHEN FUSSBALLGESCHICHTE 28

KB - Der erste Fußballverein auf dem europäischen Festland,
und wie sonst alles begann 28

Die Nationaltrainer, Übungsleiter in Hülle und Fülle,
aber nur 9 „Richtige"? 31

Der Idraetspark der zum Parken wurde.
Das schöne Nationalstadion. 32

Fußball in Dänemark: über Akademiker und Arbeiter 34

Das Abenteuer Profifußball,
auch in Dänemark eine schwere Geburt 35

Fruhjahr 1978: Es geht los! 36

Fast zuerst kam der Ball 42

EXKURS: Arne Sörensen. Klempner, Nationalspieler, Nationaltrainer.
Der unbekannte Held 44

DIE TRANSFERBEWEGUNG. VON DÄNEMARK HINAUS IN DIE WELT 48

Die Dänen erobern die große weite Fußballwelt 48

Die Dänen in der Bundesliga:
Mentalitätsprobleme manchmal inklusive 52

EINWURF SCOUTING: Damals und heute, Preben Elkjaer (1976)
und Thomas Delaney (2016) 59

Peter Madsen: Eine große Karriere wurde es leider nicht 62

Morten Skoubo: Die Geschichte eines Transfers. 63

DAS WAHRE FUSBALLMÄRCHEN. BRÖNDBY IF UND ANDERE SPITZENCLUBS UNTER DER LUPE 68

Die schier unglaubliche Geschichte von Bröndby IF 68

Bröndby Romantik 72

Jeder Transfer ist schwer 74

Vereinsporträt Lyngby BK:
Die blau-weißen Wikinger aus dem Norden Kopenhagens 77

Vereinsporträt F.C. Kopenhagen: „Byens Hold" -
Die Löwen aus dem Stadtteil Österbro 79

Weshalb gab es diese Fusion eigentlich wirklich? 80

B 1903: Die Arbeiter wollen mitspielen im Konzert der Großen. 81

Fussballshow, buntes Fest und Randale:
Die hitzigen Derbys Bröndby vs FCK 86

Über Grün (AB), zu Blau (Lyngby), zu Gelb (Bröndby) 94

Vereinsporträt FC Midtjylland 96

EXKURS: Familie Laudrup 98

DIE DÄNISCHE NATIONALMANNSCHAFT DAMALS UND HEUTE 101

Det Danske Landsholdet. Der Stolz eines ganzen Landes
(Legionäre auf Heimattreffen) 101

Buchwald war schon dabei 101

Im Krieg: Begegnungen mit den Deutschen 104

Die 1960er und 1970er Jahre 105

Debakel in Düsseldorf 107

Da muss man Spaß verstehen, und:
Auf Besuch im Haus des Sports 113

Sepp Piontek. Ein Deutscher bringt den Dänen ihren Durchbruch 118

Frankreich 1984 121

Verfassungstag in Dänemark 5.6.1985: Die Rückkehr des friedlichen Fußballs 127

Mexico, mi amor 128

Endlich gegen Deutschland! 130

Die Suche nach der wahren Geburtsstunde des Nationalteams ... 134

Die Olsenbande gab es sogar doppelt 138
Die EM 1988 in Deutschland: „Götterdämmerung"
für die alten Helden 140
100 Jahre Dansk Boldspil Union 143
Horst Wohlers kommt (nicht) -
Die DBU in der Zwickmühle (1990) 145
Endlich (Mini-)Weltmeister (1995) 155
England 1996: Ein kleines bisschen Alkohol 156
Bosse's Philosophie 158
WM 1998: Frankreich, Teil 2. Der wohl größte Triumph? 159
Die Amtszeit von Morten Olsen (2000 bis 2016) 166
5. September 2018: Die Rückkehr der Amateure 170

**LEXIKON: ALLE DÄNEN IN DER
FUSSBALL BUNDESLIGA 173**

STATISTIK 186

Die dänischen Meister von 1913 bis 2018! 186

Dänische Pokalsieger 187

Rangliste der Sieger und Finalisten 189

Die wichtigsten Spielertransfers des dänischen Fußballs
von 1913 bis 2018! 189

Verwendete und weiterführende Literatur 203

Zum Autor 208

Vorwort

Es war ein kurzer netter Besuch im Büro von Kim Milton-Nielsen, dem bekannten Schiedsrichter, der David Beckham bei der WM 1998 des Feldes verwies. Mein Freund Nico hatte ihn als Kollegen und stellte mich ihm vor. „Kigger du paa fodbold en smule?" fragte mich der großgewachsene FIFA-Schiedsrichter. Ich schaute einen kurzen Moment verstört, „En smule?", ach ja, er meint so etwas wie „schauest du dich ein bisschen hier beim Fußball um". Dieses „ein bisschen" würde schließlich auch ein Schlüsselwort bei der Niederschrift dieser, meiner „kleinen Geschichte des dänischen Fußballs" sein. Sobald das Wort „Geschichte" im Titel auftaucht ist man selbstredend als Autor dazu angehalten, sehr zielgerichtet und die Quellen mindestens doppelt abcheckend zu recherchieren. Andererseits wollte ich nicht den persönlichen Bezug, meine streckenweise Involviertheit in einige Geschichten einfach herschenken. Ein rein historisches Buch zu verfassen, wäre angesichts des Themas auch etwas weit hergeholt, und nicht zuletzt schwer lesbar für deutsche Fußballanhänger, weil einfach viel zu oft ein echter Bezugspunkt fehlt. Ganz konkret gingen mir derartige Gedanken durch den Kopf, als ich ein mir selbst auferlegtes (kleineres) Kapitel schließlich verwarf. Es ging darin um nicht weniger als den „schwärzesten Tag" in der dänischen Sportgeschichte. Darf ich das weglassen, unerwähnt lassen, und ist dies gar pietätlos?

Am 16.7.1960 stürzte 50 Meter vom Land in Kopenhagen-Kastrup eine kleine Maschine mit Insassen der dänischen B-Nationalmannschaft ab, und es verloren leider acht Fußballer bei diesem Absturz ihr Leben. Das ist traurig, aber ein reines Herunterbeten der Namen, die hierzulande niemand kennt, wäre mir schwergefallen. Waren diese Spieler meinen Lesern wirklich nahe zu bringen? Dies ist nur ein Beispiel des Spagats, der immer zu leisten ist, wenn es gilt, Seriösität, Fakten und Unterhaltung fein abgestimmt zu vereinen. In der Hoffnung, dass mir das nun mehr als nur „en smule" gelungen ist, schicke ich Sie nun in meine kleine Geschichte des dänischen Fußballs.

God fornöjelse! (Viel Vergnügen!)

PERSÖNLICHES. WIE ICH AUF DÄNEMARK STIESS

EPILOG: Endlich in dänischen Stadien

Ich weiß es noch wie heute. Es war im Herbst 1995, bei meinem dritten Besuch in Dänemark. Mein Freund aus Kopenhagen fuhr mit mir hinaus zu „seinen" dänischen Vereinen, und zeigte mir Land und Leute. Verriet mir sehr viel aus der dänischen Seele, denn wer ab dem 8. Lebensjahr im Lande weilt, dort studiert hat, und von Bus- bis Taxifahrer allerhand Jobs erledigte, kann da eben gut mitreden, abgesehen davon, dass sein Dänisch derart korrekt rüberkommt, dass ich das bei seinem deutschen Pass, den er damals noch innehatte, kaum glauben mochte. „Dänemark ist das antikorrupteste Land der Welt. Hier jemanden Scheine zustecken, damit etwas läuft, das kann man getrost vergessen." Während die Herbstsonne in seinen blauen deutschen Wagen scheint, und leise das dänische Radio läuft, denke ich so bei mir, obwohl das Wort „Stolz" ja einen immer so kruden Anstrich bekommt: „Darauf kann ein Land und alle seine Bewohner doch wirklich stolz sein." Nicht korrupt, nicht käuflich, mir fallen so viele Regionen dieser Welt ein, gar nicht einmal allzu weit entfernt im Übrigen - ja, auch in Deutschland! - wo dies eben nicht so ist. Macht es das aus, was ich an diesen Dänen so mag? Der weltberühmte dänische Philosoph Sören Kierkegaard weilte bei seinen 5 Auslandsreisen viermal in meiner Heimatstadt Berlin, auch um Damen kennenzulernen. Bei mir sieht die Bilanz mit den Reisen nach Kopenhagen ähnlich aus, meine Auslandsreisen beschränkten sich (in umgekehrter Richtung also) zu über 80 % auf „Danmark". Dort sah ich unzählige hübsche Frauen, wirklich entdecken sollte ich aber begabte Fußballspieler. Doch so weit sind wir noch nicht. Wir fuhren zu viert raus nach Ölstykke (Bierstücke), wo der favorisierte Zweitligist von meinem Freund anzutreten hat. AB, 1889 gegründeter Akademisk Boldklub. Ein größeres Dorf ist es, wo wir landen und holpern über den sandigwelligen Parkplatz. Das könnte hier Meppen oder so sein. Fans in Gelb (Ölstykke) und in Grün (AB) bevölkern den Rand des Platzes. Was mir sogleich auffällt, es ist eine herrliche Atmosphäre, ganz so, wie bei unseren Berliner Amateurbegegnungen, wenngleich das spielerische Niveau hier ein wenig höher angesiedelt war. Es duftet auch in der Superliga - (der dänischen 1. Liga) - ständig nach frischem Pils und Bratwürsten. Der deutsche Coach und Manager Armin Veh hatte gerade das an seinen Fußball-Scouting Reisen so sehr gemocht, dieses Ursprüngliche des Sports, das hier auf Profiebene fühlbar wurde... Im

Sturm der Akademiker wirbelte der flachsblonde Hüne Peter Lassen, der es im folgenden Jahr zu einem Profivertrag in Belgien bringen würde, Kenneth Perez war gerade zum FCK gewechselt, ging dann nach Maastricht (1997) und sollte viel später im Nationaldress auflaufen.

Der Trainer von AB war als Profi im Ausland, rauchte immer und trank gern Bier aus der Flasche, es war also wirklich gemütlich im Land der kleinen Meerjungfrau, es färbte alles positiv auf mich ab. Er nannte sich selbst „Dänemarks bester Trainer", kam machomäßig rüber (trug gerne weiße Socken in Lederslippern) und war von daher auf eine Art interessant. Er stieg später mit AB auf, und zeigte im 3-5-2 System flügelbetonten Offensivfußball, der das grün-weiße Publikum wahrlich entzückte. Ende 1998 erhielt er dann vom großen FC Kopenhagen eine Offerte, die er selbstverständlich gerne annahm. Unter anderem mit dem aus England zurückgeholten Brian Laudrup (!) sollte er den Verein weiterbringen. Doch es blieb beim Versuch, nach 75 Tagen (einem einzigen Pflichtspiel) war es bereits wieder vorbei mit ihm am Peter Bangs Vej, wo der FCK in Kopenhagen Österbro trainierte. Die Co-Trainer schlugen Alarm über Training und Ansprache, seine „Trainingsübungen seien aus der alten Ruder Königzeit", lästerte FCK Chef Flemming Östergaard, der den in Tagen auftretenden, schnellen Autoritätsverlust auch daran bemerkte, wie CA im Umgang mit dem Personal vorging: „Christian Andersen ist ein sehr weicher Mann und er wusste einfach nicht umzugehen, mit dem Mitarbeiterstab rund ums Team", außerdem „rief, schrie und dirigierte er die Spieler, wenn wir aus dem Vorstand beim Training vorbei schauten, auch wenn Journalisten kamen tat er das, aber in der Kabine entschuldigte er sich sogleich bei den Spielern wieder. Das führte dazu, dass er keinen Respekt mehr in der Truppe besaß."

Das Spiel in Ölstykke endete 0:0 und mein Freund fragte mich süffisant, ob ich nun „bereit sei für mein erstes Superliga-Spiel?" Also ging es über die wie leergefegte, mehrspurige Autobahn in Richtung Nordkopenhagen, wo am späteren Nachmittag in Lyngby, der dortige FC auf den FC Kopenhagen treffen sollte.

Und wie ging es mit den grünen ABern weiter? Diesem Verein, der 1889 aus der Fusion zwischen Fredericia Studenternes Cricketklub und dem Polyteknisk Boldklub zustande kam. Ich lernte im folgenden Jahr zunächst die inoffizielle Vereinshymne von AB kennen, die der populäre dänische Liedermacher Michael Falch dem Club vermachte. Nico spielte sie mir auf dem Weg hinaus nach Gladsaxe in seinem BMW vor. Gladsaxe Bagsvaerd, was ist und war das architektonisch? Zunächst einmal nicht viel, mehrere von weitem sichtbare Hochhäuser, die eine vermeintliche Großstadt, abseits der Stadt verkündeten. Hier auf dem Stadiongelände hatte der legendäre Peter Schmeichel seine Laufbahn bei „Gladsaxe Hero" dereinst begonnen, um danach um die Welt zu ziehen, und Millionär zu werden. Multimillionäre wurden hier anscheinend häufiger „geboren", denn eine der erfolgreichsten Rockbands aller Zeiten, erblickte einen Steinwurf vom Stadion in einem Jugendclub, in der noch heute eine Schule ist, das Licht der Welt. Led Zeppelin! - Damals noch unter dem Bandnamen „The New Yardbirds" spielten hier am Samstag den 7. September 1968 in ihrer später legendären Besetzung (Page, Jones, Plant, Bonham) auf und rockten bereits ihre späteren Welthits „Dazed And Confused" oder „Communication Breakdown". Der Vertrag der dänischen Agentur Bendix Music aus Brönshöj mit Lars Abel vom „Teen-Club", ist im Internet sogar einsehbar. 7000 DKK an Honorar erhielt das Quartett, während der Eintritt für die interessierten Kids nur 5-7 DKK betrug. 30 Minuten waren an Spielzeit vertraglich vereinbart. Eine „Communication Breakdown" war mit AB aber für mich persönlich nach dem Anhören ihres Songs nicht mehr möglich. Allein das Wappen des Vereins, die schlaue Eule in diesem hoffnungsvollen Grün, diese Verbindung von der Wucht und Kraft des Spiels, mit den lyrischen Träumen seiner Anhänger. Hier gab es dies nachzuhören, wie in kaum einem anderen Vereinslied, wie ich fand. Ich schreibe es in den wichtigsten Ausschnitten sogleich im Deutschen nieder, obwohl der Faktor melodische Fremdsprache = Urlaubsfeeling dadurch ein wenig verloren geht.

„Der Rasen ist grün, der Strich ist weiß,/ nun haben wir zu lange am Boden gelegen, aber nun ist es Zeit./ Wir taten, was wir konnten, aber wir waren zu wenige/ um den uralten Zug der stehen geblieben war in Bewegung zu setzen./ Aber willkommen Groß und Klein/ Wir haben genug gehört von den guten alten Zeiten,/ jetzt ist es Zeit, wir holen uns die Titel zurück./ Aber, willkommen dazu, sowohl Große als auch Kleine,/lasst die Augen glänzen,/ lasst den Himmel blau sein,/ Willkommen Gäste, armer fremder Freund./ Wenn du dich umdrehst, weißt du was dir blüht./ Hinter dir im Winde flatternde Gardinen/ Willkommen dazu, es ist AB-Zeit. /
Refrain: Wenn du zuerst A sagst, musst du auch B sagen/ Was heißt das? Was sagen sie… AB!/ Wer gewinnt heute… AB!/ Wir wissen es gut, einmal war es so/ Dass sie flossen, die Pokale und Medaillen und die Siege so süß…/ Vergangene Zeiten,/ haben uns gelehrt zu kämpfen/

Hinter dir im Winde flatternde Gardinen./ Wenn du gründlich geprüft werden willst/ Dann komm einfach zu uns."

Der Verein heißt eigentlich richtig AB Gladsaxe. Das kam so: 1967, beim letzten dänischen Titelgewinn, als der Verein noch im Faeelledparken trainierte sagte der Bürgermeister der Gladaxe Kommune Erhard Jacobsen (1917-2002), dass es an der Zeit sei, diesem Club eine echte eigene Heimat und Identität zu geben. So zogen sie von Österbro hoch nach Gladsaxe.Die Trainingsplätze befinden sich noch heute nicht direkt beim Stadion, dem Gladsaxe Idraetspark. Jacobsen war von 1958 bis 1974 Bürgermeister und er setzte, wie es in einem Internet Beitrag heißt, „Gladaxe auf die dänische Landkarte".

Mit den Titelgewinnen war es zwar anschließend nicht allzu üppig, aber 1999 wurde AB Dänischer Pokalsieger, und in jenem Jahr wurde auch die neue Tribüne, inkl. der VIP Räume für 30 Millionen DKK eingeweiht. (Ich wohnte der Veranstaltung in Form eines Prominentenspieles unter strahlendem Himmel bei, und sah einen 50-jährigen Morten Olsen den guten alten Libero geben und staunte Bauklötze, was er noch alles draufhatte und wie er alle dirigierte). Leider war durch diverse Spielerverkäufe ein Erfolg nicht auf Dauer beschieden (u.a. gingen Allan Michaelsen, dessen Vater bereits in Deutschland Profi war) und Rene Henriksen ins Ausland, der Verein spielt in der Regel gegen den Abstieg aus der 2. Liga. Die familiäre Atmosphäre bleibt indes gewahrt, AB muss man einfach mögen. Interessanterweise stieß ich erst dort geistig auf eine Art Gabe. Wir saßen im AB Stadion einmal auf der Tribüne, als mir der linke Verteidiger von AB auffiel. Etwas war mit ihm, aber ich wusste noch nicht recht, was. Er spielte viele lange Bälle, kickte nonchalant, manchmal fast überheblich, aber fern von dieser schädlichen Unruhe, die oft das Spiel aufbauende Defensivspieler erfasst. Gut so, großer Mann. Wie heißt der? Michael Madsen, o.k.

In der kommenden Saison waren wir wieder vor Ort in Gladsaxe, denn die Kanzlei meines Freundes hatte ein Sponsorat im Verein. Im Mittelfeld agierte ein imponierender Spieler. 1,85 m groß, kampfstark, läuferisch enorm agil, dazu mit einem Schuss wie ein Pferd gesegnet. Er hieß Peter Knudsen. „Den müssten wir nach Deutschland bringen", sagte ich zu Nico schwärmerisch, „da würde er gut hinpassen!" Aber wie nur? Ich besorgte mir vom DFB die Regularien für Spielervermittler und Transfers. Es würde zu weit führen, die ganzen Stufen der Entwicklung hier zu erörtern, nur so viel: ein Rechtsanwalt benötigt keine FIFA-Lizenz zum Vermitteln. Das war so gesehen gut für uns. Wir könnten dann so etwas wie „Ein Fall für Zwei", getreu der Krimiserie des ZDF kreieren, er der Anwalt, ich der „Detektiv", also derjenige, der sich über die Gegebenheiten von Vereinen und Spielern schlau macht. Nicht so mutig, wie Matula in der Krimiserie, aber fleißig, das wohl schon. Wenn man etwas will...Die Idee war geboren im Frühjahr 1997. Peter Knudsen ging 1998 übrigens in die Serie A. Zusammen mit jenem Michael Madsen, dessen eigenwilliges Spiel mitsamt seiner Körpersprache mir so ins Auge stach. Madsen landete dann sogar beim VfL Wolfsburg in der Bundesliga, und ist heute Chefcoach bei AB. Im neudeutschen Journalistensprech würde man also getrost „vom Kreis, der sich schließt" sprechen. Ja, das kann man an dieser Stelle zu Recht behaupten, und mir öffnete sich plötzlich eine neue Welt.

Zurück zum Nachmittag im Herbst 1995. Wir kamen etwa zu Beginn der 2. Halbzeit auf die Traversen des vollgepackten Lyngby Stadions. Trommeln dröhnten ohrenbetäubend, blonde, pausbäckige Mädchen strahlten wie der Himmel und der Rauch des Bratwurstgrills erinnerte mich des Weiteren schon wieder an heimisches Oberliga Berlin Terrain. Beide Fan Lager sorgten mit ihren Sprechchören für famose Stimmung, festlich, nicht aggressiv. Wenngleich die in Weiß gekleideten FCK Fans die ganze Haupttribüne einnahmen, und deutlich in der stimmlichen Übermacht waren. Lene, die dänische Frau meines guten Freundes, hatte mir den Unterschied zwischen Berliner Amateur Fußball Besuchern und dänischen Fans jüngst zu meiner Hochzeit so herrlich geschildert, dass ich mit dem Lachen kaum stoppen konnte, womit sie aber natürlich völlig recht hatte „Bei uns strahlen die Leute vor einem Fußballspiel, sie gehen voller Freude ins Stadion, in Berlin zogen alle nur kräftig die Mundwinkel nach unten."

Ich besah mir die Teams, Moment, der Große im Mittelfeld bei Lyngby, den kannte ich doch. Aber klar, das war Henrik „den Store" Larsen, der EM 1992 Torschütze und Europameister. Ein erhebender Anblick, wie er da agierte, nun endlich „in echt". Das war also keine Sciencefiction- EM da vor drei Jahren in Schweden, Henrik Larsen gab es wirklich in Fleisch und Blut - und der spielte auch vollkommen so, wie ich ihn am TV-Gerät vernahm. Und da er so gut spielte, ging sein Wunsch in Erfüllung, und er wechselte ein halbes Jahr später zum FC Kopenhagen. „Judas Klub!! Scheiß Verein!" hatten daraufhin allzu hitzige Lyngby Fans per Graffiti an die Wände der Lyngby-Geschäftsstelle geschmiert. Da, wo ich im ersten Stock gut fünf Jahre später ein Vorstellungsgespräch haben sollte, doch so weit sind wir noch nicht. Für dahin hatte ich im September 1995 die Superliga Dänemark geatmet, und dänische Sport- und Tageszeitungen, Videocassetten und Fußball Sonderhefte sollten von da an regelmäßig postalisch in meiner Berliner Behausung ankommen. Und das Urlaubsfeeling war somit in Windeseile wieder hergestellt...

Das kleine, feine Land

Dänemark ist klein, aber fein, klein, aber nicht beengt. Die Weite liegt in den Köpfen und Herzen seiner Bewohnerinnen und Bewohner, und eine Tour durch Jütland macht dies auch in optischer Hinsicht deutlich. Weite und Meer. Beidseitig. Das mit dem kleinen Land war auch dereinst gehörig anders. Dänemark, das ist auch die Historie eines Landes, das zu recht unter Verlustängsten leiden müsste. Tut es aber nicht. Trotzdem, wenn man bedenkt, was alles zum Dänischen Königreich (der ältesten Monarchie der Welt, mit der ältesten Nationalflagge, die da einst 1219 bei einem Gefecht im estländischen Tallin angeblich im Kampfe vom Himmel herabfiel) gehörte. Weite Teile Englands, Schweden, Norwegen, Island, Schleswig (Altona, Hamburg-Altona war einmal die zweitgrößte dänische Stadt!). Da nehmen sich heutige Besitzungen wie Grönland und die Faröer Inseln als dänische Besitzungen wieder eher nur großflächig, aber eben nicht mehr großspurig aus. (Beide haben eigene Verwaltungen.) Schmerzvolle Niederlagen (als ob man kriegerische Auseinandersetzungen wirklich gewinnen könnte) zeichneten von fast je her das Selbstbild der Dänen, die daraufhin süffisant mit ihren Wikinger-Ikonen für sich selbst punkten mögen. Der dänische Pastor Sören Krarup hat als Publizist eine ganze Reihe geschichtlicher Abhandlungen editiert, aber auch Martin Luthers „Über die Juden und ihre Lügen". Er hat den Islam angegriffen, Homosexuelle verunglimpft und Einwanderer fast generell als „Bedrohung für das Vaterland" eingestuft, wie dies der Autor Thomas Borchart glaubwürdig nachzeichnete. Also eigentlich wirklich kein Mann, der hier länger mit seiner Ideologie unsere Aufmerksamkeit für dieses Büchlein verdienen würde, doch, was er Ende der 1980er Jahre gesagt hatte (als an einen wirklichen Rechtspopulismus in Dänemark nicht zu denken war) halte ich dennoch für zitierungswürdig. Es ging um das Absingen der dänischen Hymne bei den Länderspielen, und deren Bedeutung. „Unter normalen Umständen würden viele den nationalen

Ausdruck für eine festliche Kuriosität halten" (…) Aber sieht man es im Zusammenhang mit dem was gerade in der westlichen Welt geschieht so erfüllt das Idraetspark Stadion mit „Det er et yndligt land" eine Mission in Richtung einer Bestätigung, was man selbst ist." (Man erlebt) „…eine Auflösung der Identität, die dazu führt, dass man froh für sich sein kann, stolz auf sich wird fast etwas Kriminelles (…) Dänemarks Geschichte ist eine Geschichte der Niederlagen. Das bedeutet, dass die dänische Haltung seit der vernichtenden Niederlage in 1864 Selbstverachtung ist, Furcht herauszukommen aus Konfrontationen, wo man verlieren kann. Selbstverachtung hat Dänemark geprägt die letzten 100 Jahre, mit Ausnahme der Besatzungszeit im 2. Weltkrieg. Ich wuchs in einer Zeit auf, wo dänisch sein nichts war, wofür man sich schämen sollte. Es war im Gegenteil, etwas, auf das man stolz sein konnte (…) Fußball ist eher der einzige Ort, wo man mit gutem Gewissen und aus vollem Herzen „Det er et yindigt land" singen darf. Würde sich dies in einem anderen Zusammenhang abspielen, wären da schnell alle diese Menschen mit dem erhobenen, moralischen Zeigefinger und deren bekannten Schimpfwörtern Nationalist, Rassist, Chauvinist, womit sie zu kompromittieren versuchen, dass wir selbstverständlich dänisch hier im Lande sind." Ist dies etwa schon verboten, oder wird es falsch verstanden? In den letzten Jahren hatte es zweifelsfrei Entwicklungen gegeben, wo das Wort „Rechtsruck" auch mandatsmäßig, parlamentarisch deutlich erkennbar war. Autoren, Parteien und die dänische Presse haben sich so manchen Lapsus des „Dänisch-Seins", erlaubt, aber es steht mir als Deutscher nicht zu, dies zu bewerten. Dazu fehlt mir einerseits der komplette Überblick, und nicht zuletzt der dänische Pass. Deshalb nur so viel noch dazu: mir erscheinen die Dänen als schlicht zufriedenes Volk, das eine gewisse Meckerei und Stichelei, gepaart mit fundiertem Humor als schrullige Eigenheiten ihr Eigen nennt. Gewalttätigkeiten gegen Minderheiten, regelrechtes Pendeln in rechts- und linksextreme Milieus, sowie Hetzjagden in größerem Ausmaß gab es in Dänemark nicht. Und dies ist nach meinem „touristischen" Dafürhalten einfach kein Zufall, sondern wohl auch dem Fakt zum Glück geschuldet, dass die Gleichheit der dänischen Landsleute, ihre seelische und finanzielle Ausbalanciertheit diese schöne Basis für ein Miteinander bilden.

Doch komme ich kurz zu jenem, was ich selbst am eigenen Leib erlebte, und was ich mit klein aber fein meine. Das hat schon etwas mit dem geographischen Moment zu schaffen. Man läuft einfach öfters Prominenten über den Weg, und man hat auch als vermeintlich Fremder nicht das Gefühl ein störendes Element für deren Alltag zu sein. Es hat mich schon anfangs irritiert, dass die Bäckereiverkäuferin immer sagte „Ellers andet?" („Noch etwas Anderes?") und mir dann nicht wirklich damit weiterhalf. Dabei waren es ja leider indirekt meine Großväter oder deren mitunter krude Bekannte, die den Dänen das „Deutsche" mit ihrem Einmarsch am 9.4.1940 ins nördliche Nachbarland fast ein für allemal vermaledeiten (zumindest bis zum Fußball Sommermärchen 2006, als die Deutschen endlich nicht mehr nur respektiert, sondern schon gemocht wurden.) Weshalb dann noch „Deutsch" in der Schule lernen? Man wählte es eben endlich ab und bevorzugte Französisch.

Als ich bei einem AB Spiel den damaligen dänischen Außenminister sah, und dies ohne jede Bodyguard-Begleitung, war ich davon angetan. Meine Begegnung mit der Gleichheit, dem Blick aufeinander immer auf Augenhöhe. Das fand ich spannend. Ich sah Preben Elkjaer in meiner Classensgade plötzlich aus dem Auto steigen, traf Allan Nielsen am Sortedamssö beim Joggen („Hi Allan!") und er grüßte selbstverständlich zurück, ganz so als kenne man sich schon lange. In einem Land wo „tak" (Danke) und „du" zum Alltag gehören ganz normal. Morten Olsen lief mir auch über den Weg, hinterm Stadion von AB. Er hatte gerade dem Aalborg Spieler Brian Priske dessen Nominierung zur Nationalmannschaft persönlich mitgeteilt. „God dag!" und, na klar, er grüßte lächelnd zurück. Mein Freund Wolfgang aus Bochum hatte mich bei unseren Treffen ständig mit einem Namen bekannt gemacht, der mir partout nichts sagte. „Du musst dir mal Victor Borge ansehen", riet er mir väterlich, wie es seine Art ist. In Zeiten vor „youtube" aber eben nicht so einfach. Inzwischen kenne ich diesen vermutlich größten dänischen Entertainer aller Zeiten (neben den Laudrup-Brüdern selbstredend). Zuerst hatte mir mein Kopenhagener Antiquariat eine abgenudelte Victor Borge LP ohne Cover geschenkt, dann sah ich Borge, der in Englisch sprechend und am Klavier reüssierend, eine ungeheure Klasse besaß, die Leute zügig zum Lachen zu bringen. In Kopenhagen hatte ich immer im „9 smaa hjem" in der Classensgade eingecheckt. Und erst bei einer viel späteren Reise stellte ich fest, dass über dem Eingangsportal etwas auf einer Tafel stand. Und zwar nicht weniger als in etwa „Dies ist das Geburtshaus von Victor Borge". Das ist es, was ich mit dem kleinen, feinen Land meine, man trifft den Charme und die Qualität immer wieder von neuem an.

Und die Nationalmannschaft, die ja meine Liebe zu Dänemark verursacht und angeschoben hatte in ihren Hummel Trikots und ihrem Attacke-

Fußball, die hat im Land schon eine besondere Rolle, wie der ehemalige Botschafter des Königreichs Dänemark, Gunnar Ortmann in einem Buch zur Fußball WM 2002 zu Protokoll gab. Unter anderem meinte er zur Landsholdet und den Fußballstars im Lande generell: „(…) haben uns Respekt erarbeitet. Nicht nur durch die Resultate bei Europa- und Weltmeisterschaften, sondern vor allem durch die Art und Weise, wie diese zustande kamen. (…) Die Fußballstars von heute sind auch in Dänemark Nationalhelden, ihre Karrieren werden aufmerksam verfolgt. Wenn ein Däne bei Schalke 04 ein Tor schießt, dann löst das daheim ein Wir-Gefühl aus: Wir haben einen Treffer erzielt, wir haben ein Spiel gewonnen! Sozialneid auf die gut verdienenden Fußball-Profis gibt es nicht. Wer sein Geld als Spitzensportler macht, der hat es - so Volkes Meinung -wirklich verdient." Wenn man aber im normalen Tagesgeschäft zu relativem Reichtum gelangt, dann ist man ein Kapitalist! Rufe wie „Scheiß Millionäre, die es in deutschen Stadien schon gegeben haben soll, kann ich mir im dänischen Fußball nicht vorstellen."

Das schmeichelhafte neue Elfmeterdrama (2018)

Rückblende: 1992, EM in Schweden. Dänemark hat sich durch eine großartige Leistung ins Elfmeterschießen gegen die Niederlande bugsiert. 2:2 hieß es nach der Verlängerung. Und die ersten vier Schützen der Landsholdet haben bereits getroffen. Nun läuft der niederländische Stürmerstar van Basten an und Peter Schmeichel hält seinen recht festen Schuss! Schmeichels Sohn Kasper ist zu diesem Zeitpunkt erst 5 Jahre alt.

Nun steht 26 Jahre danach im Jahre 2018 wieder ein eminent wichtiges Elfmeterschießen an. Dänemark steht im Achtelfinale der FIFA-WM Kroatien gegenüber. Wieder hatte es eine ungewollte Slapstickeinlage der Dänen gegeben (wir erinnern die Olsenbande eindeutig), die zum 1:1 Ausgleich durch Mandzukic gekommen war. Dalsgaard hatte bei einem Abwehrversuch den eigenen Mitspieler Christensen unglücklich im Gesicht getroffen, von wo aus der Ball zu Mandzukic rollte. Nach der schnellen Dänischen Führung durch „Zanka" Jörgensen, (auch ein typisches ständig wiederkehrendes Merkmal der dänischen Nationalelf, das schnelle Führungstor (1. Minute durch Mathias Jörgensen).

Im Spiel selbst hätte Dänemark dennoch gewinnen sollen, die Chancen waren da, doch recht dankbar zog man in besagtes Elfmeterschießen, weil Keeper Schmechel in der 116. Minute einen Strafstoß von Modric parierte. Doch das anschließende Elfmeterdrama ließ den dänischen Kickern die Knie weich werden. Eriksen scheiterte gleich beim ersten Schuss vom Punkt, und Schöne sowie N. Jörgensen erging es später ebenso, nachdem zwischenzeitlich Kjaer und Krohn-Dehli ihre Aufgabe erledigten. Da nützen die zwei gehaltenen Elfmeter durch Kasper Schmeichel gegen Badelji und Pivaric auch nichts mehr, worauf dieser sich nach dem Spiel „ein bisschen Scheiße" fühlte. Wie alle anderen Dänen natürlich auch.

Drei Elfmeter pariert, gegen den Weltmeister Frankreich und Finalist Kroatien in der regulären Spielzeit nicht geschlagen - und dennoch „gescheitert". Diese Art der Dramatik hatte die neue „Olsenbande" wirklich exklusiv. Aber die Art und Weise dieses Scheiterns nötigt wohl auch jedem neutralen Fußballfan allerhöchsten Respekt ab. Nah an der Weltspitze, nie Mittelmaß, das kleine Königreich hatte abermals eine schöne Visitenkarte abgegeben!

Das war die Mannschaft in Tränen: Schmeichel - Dalsgaard, Kjaer, M. Jörgensen, Knudsen -Christensen (46. Schöne), Delaney (98. Krohn-Dehli) - Poulsen, Eriksen, Braithwaite (106. Sisto) -Cornelius (66. N. Jörgensen)

Im Oktober 2018 lag Dänemark auf Rang 10 der FIFA-Weltrangliste, Deutschland war übrigens 14.

Frankreich, immer wieder Frankreich ...

Jogging ist schon immer eine gesundheitsfördernde Tätigkeit gewesen. Und nicht nur das, es mache den Kopf frei heißt es immer wieder, der mentale Aspekt sei so bedeutend. Stimmt auch, vor allem, wenn man als Autor gerade an seinem neuen Buch arbeitet und beim lockeren Trab durch den Wald plötzlich Zusammenhänge geistig erarbeitet, die es einfach wert sind, wenigstens in aller Kürze nieder geschrieben zu werden. So fiel es mir wie meine Schweißperlen von der Stirn, Frankreich „le grande nation", dieses Frankreich war wirklich allzu oft in der dänischen Fußballgeschichte ein wichtiger, bedeutender Teil. Weggefährte, Feind, Freund und - darum geht es hier vor allem, fast ein Steigbügelhalter für dänische Erfolge.

Denn nicht nur das erste Länderspiel der DBU Geschichte wurde bekanntlich mit 9:0 gegen die „Equipe Tricolore" bei der Olympiade 1908 gewonnen, vor allem die Neuzeit, also nehme ich konkret die Zeit ab den 1980er Jahren, war von sportlichen Begegnungen der beiden Länder auf großer, offener Rasenbühne. Sechs Mal hat Dänemark seit 1984 bei großen Turnieren auf sich aufmerksam machen können (den King Fahd Cup 1995 lasse ich einmal weg, Dänemark war dort schließlich der einzige europäische Vertreter), und zweimal war dies sogar direkt auf französischem Boden! (1984, Halbfinale der EM, 0:1 gegen Frankreich, aber Dänemark steht zuletzt im Halbfinale, 1998, 1:2 gegen Frankreich in der Vorrunde, aber Dänemark zieht ins Viertelfinale der WM). Beide Turniere gewinnen übrigens die Franzosen, also könnte die DBU auch gut als Maskottchen herhalten.

Nicht vergessen ist auch ganz gewiss jene Stunde bei der WM 2002 in Südkorea, als Dänemark kolossal nahe an die Weltspitze heranrückte und im letzten Gruppenspiel, nach Siegen gegen Uruguay (2:1) und einem Remis (1:1) gegen den Senegal, Frankreich als aktuellen Welt- und Europameister mit 2:0 aus dem Turnier katapultierte. Zidane konnte ermüdet und mit verbundenem Oberschenkel nach einer langen Saison seinem Team nicht genügend helfen, und Frankreich war als Gruppenletzter blamiert. Dänemark „on top of the group", vor Uruguay, Senegal und eben Frankreich. Eine Momentaufnahme, die wahrlich Spaß machte.

2018 gab es ein 0:0 in der Vorrunde im „Nichtangriffspakt" von Moskau. Aber Dänemark zieht ins Achtelfinale der WM). Was wäre wohl gewesen, wenn Frankreich Vollgas gegeben hätte? Und 1992 bei der EM in Schweden (Dänemark endete bekanntlich als Europameister) bedeutete ein 2:1 gegen Frankreich das Tor zum Halbfinale.

Fußballtouristen werden Europameister

Die Geschichtsschreibung mit der anhänglichen Seriosität und Recherche vernachlässige ich auch im folgenden Kapitel bestimmt nicht, aber auch hier muss ich persönlich werden, denn wenn einen Sportgeschichte anrührt, darf man dies auch so erörtern, meine ich. Im Prinzip hatte ich mit der EM im Juni 1992 nicht so viel in Sachen Vorfreude zu tun. Dänemark war nicht dabei. Was war da überhaupt los im Land der salzigen Butter? 1988 bei der EM überaltert, bei der WM

1990 nicht teilnehmend, und nun schon wieder nicht! Mit der Deutschen Mannschaft, mit ihrem Testosteron-Kraftfußballern wie Buchwald, Effenberg, Kohler und Co, samt ihrem CDU-affinen Coach Berti Vogts konnte ich ja doch nicht sehr viel anfangen. Und nur, weil Menschen zufällig den gleichen Pass haben, eint mich ja mit denen nicht automatisch einiges. Das ist heute mein Standpunkt, und damals ahnte ich dies wohl auch schon. Nur zu hoffen, dass es die Niederländer nicht weit im Turnier bringen, reichte nicht aus, um dem Turnier entgegen zu fiebern. Doch dann kam der 9.Juni. Zwei Tage vor dem Start der EM berichtete Wolfgang Biereichel für die ARD-Sportschau aus dem Trainingscamp der dänischen „Landsholdet". Diese weilte nämlich im Veranstalterland Schweden und sollte tatsächlich für das nach der UN Resolution 757 ausgeschlossene Jugoslawien teilnehmen! Sie zeigten sogar das entscheidende Tor zur Dänischen Meisterschaft aus dem Gentofte Stadion (klar, Gentofte kannte ich durch die Olsenbanden-Filme) Torben Frank hatte es in der 69. Minute im Spiel Lyngby BK – B 1903 erzielt. Für Lyngby aus Nordkopenhagen auf dem Platz war u.a. der spätere Mönchengladbach Profi Peter Nielsen und Henrik Larsen, den sie alsbald nur „den Store" (der Große) nannten, doch dazu später mehr. Gut acht Jahre später sollte ich vor dem Trophäenschrank des Vereins aus dem Norden der Hauptstadt stehen (als Kontaktmann zum deutschen Markt). Nun also der Bericht über die Nachzügler aus Dänemark bei der EM, Hurra und Skal, jetzt stieg auch in mir die Vorfreude, und das dänische Trikot wurde derweil schon einmal aus dem Schrank geholt. Die Nationalflagge, der „Danebrog", auch gleich mit. Lars Olsen, Kapitän des Teams erfuhr aus dem Radio (wir reden aus der Vor-Handy-Zeit) von seinem Glück. Er saß den dritten Tag in Folge in seinem Auto, um von seinem Arbeitgeber aus der Türkei ins heimische Dänemark zu gelangen. Wie ist einem Profi da wohl zumute?

Der „Tagesspiegel" präzisierte die Lage der jugoslawischen Mannschaft, die bereits in Schweden weilte in seiner Dramatik sehr anschaulich: „Das Team muss aus Schweden ausreisen. Doch das ist nicht mehr so leicht. Als die Maschine am 3. Juni aus Stockholm abfliegen soll, fehlt Treibstoff. Der britische Ölkonzern BP weigert sich, das Flugzeug zu betanken. Das wäre ein Verstoß gegen das Embargo, befinden die Briten. Stundenlang sitzt die 40-köpfige Delegation fest. Die Sanktionen sehen auch vor, alle Flüge von und nach Belgrad zu streichen. Die norwegische Ölgesellschaft Statoil erklärt sich nach einigen Stunden bereit, das Flugzeug zu betanken. Die Mannschaft kann ausreisen und hinterlässt noch offene Rechnungen für ihr fünftägiges Trainingslager in

Schweden. Die wollte sie mit Erlösen aus Privatspielen und EM-Prämien begleichen, doch nach der UN-Resolution weigern sich andere Teams, gegen Jugoslawien zu spielen."

Flemming Povlsen sagte es, schon im Urlaubsmodus ganz frank und frei heraus: „Klar habe ich Luft für 90 Minuten, drei Spiele à 30 Minuten", doch dies war eher dem Boulevard denn der Fitness-Lehre geschuldet, denn natürlich verliert ein Profi nicht binnen von 8 Tagen seine Fitness, zumal ja die heimische Liga bis drei Tage vor dem Start gegen England noch lief, und die Dänische Nationalelf, draußen in Bröndby am 3. Juni noch ein Länderspiel in Freundschaft absolviert hatte. 1:1 hieß es gegen GUS (Gemeinschaft unabhängiger Staaten, der aufgelösten Sowjetunion) vor lediglich 5300 Besuchern. So wenige, eine Woche vor dem EM Beginn, Euphorie sah freilich anders aus, wenngleich sich die Nachricht sicher wesentlich langsamer als heute rumsprach und wohl niemand absolut an diesem Abend ganz sicher wusste oder glaubte, dass das eigene Team tatsächlich nachrücken würde, wobei die Entscheidung bereits am 31. Mai getroffen war, das Turnier ohne Jugoslawien auszutragen (es wäre mehr oder weniger ohnehin nur eine Auswahl von Belgrader Kickern erschienen). Möller Nielsen war indes froh, schließlich wollte er seine Küche erneuern, und hätte kräftig zu tun gehabt, so aber legte er es nun in fremde Hände. Auch hatte er zurecht von seiner Mannschaft verlangt, doch bitte dringend das letzte EM-Qualifikationsspiel zu gewinnen, für den Fall der Fälle, was diese dann auch gottlob tat (2:1 gegen Nordirland am 13.11.1991). Schon am 29. April hatte Dänemark noch ein Freundschaftsländerspiel gegen Norwegen (1:0 in Aarhus) vor nur 7000 Anhängern absolviert. Gegen England traf „Faxe" Jensen dann im ersten Spiel nur den Pfosten, das 0:0 war jedoch durchaus ehrenwert. Im ewigen Bruderduell gegen Schweden, die mit Thomas Brolin ein Highlight des Turniers in ihren Reihen besaßen, schien das kalkulierte Aus zu bedeuten. Schade, aber immerhin hatte ich „meine" Dänen einmal wieder im TV gesehen. Und auch die 29.902 Zuschauer hatten unter der Leitung des deutschen Schiedsrichters Aaron Schmidhuber im Rasunda Stadion von Stockholm ein recht enges Spiel gesehen. Nun galt es gegen die Equipe Tricolore die kleine Flamme am Lodern zu halten, die sich jedoch nur vollends entfalten konnte, wenn zur gleichen Zeit Schweden gegen England etwas ausrichten sollte. Nahezu zeitgleich konnte dann rein skandinavisch beim Abpfiff inMalmö (spielten die Dänen) und Stockholm (spielten die Schweden) wild gejubelt werden. Der für Brian Laudrup eingewechselte Lars Elstrup traf um 21:48 Uhr für Dänemark zum überraschenden 2:1 gegen die etwas pomadig agierenden Franzosen, während um etwa 21:52 Uhr Thomas Brolin mit seinem 2:1 Siegtreffer den Engländern den Garaus bereitete. Schweden und Dänemark waren weiter, zwei große favorisierte Nationen mussten unerwartet zeitig heimreisen. Indes hatten in der Blitztabelle Sieger und Verlierer ständig gewechselt. Um 20:23 Uhr waren England und Schweden weiter, um 21:20 Uhr war nur Schweden weiter, und zwischen England und Dänemark hätte ein Losentscheid hergemusst. Um 21:31 Uhr waren Frankreich und Schweden weiter, dann, zum Glück für das fröhliche Mittsommerfest die beiden Skandinavier Vertretungen im Außenseiter Modus.

Nun griff allmählich die Formel „Wenn-schon-denn-schon" bei den Touristen in rot und weiß, keiner schwätzte mehr über den eigentlich doch nicht fähigen Trainer, und auf den Traversen war von einem Abflauen der „Roligan" Fan-Bewegung wirklich nichts mehr wahrzunehmen, ganz im Gegenteil. Nun hatten sich die einander eigentlich nicht übermäßig mögenden skandinavischen Brüder wieder ziemlich lieb, und vergessen war, dass die schwedischen Organisationen vor dem direkten Bruderduell neulich die Dänische Hymne textlich verkehrt inszeniert hatten. Brian Laudrup hatte nach dem Spiel deutliche Worte an seine Kollegen: „Von heute an sind es nicht länger Elkjaer, Lerby oder Michael, wir sind es, wir sind das Golden Age Team, und wir können noch mehr erreichen."

„Die haben uns angeschaut vor dem Spiel, als ob wir der letzte Dreck wären". Da konnte Flemming Povlsen mit seinen stets leuchtenden Kinderaugen noch so nett schauen im ARD Interview, aber die holländische Arroganz nervte die Dänen schon direkt vor dem Halbfinale beim Betreten des Platzes kolossal. Erneut galten die Niederlande mit ihren Megastars van Gullit, van Basten, Rijkaard, Bergkamp und Co als Turnierfavorit, nur vier Tage vor diesem Semifinale hatten sie schließlich die deutsche Mannschaft mit 3:1 fast deklassiert und erneut stieg ihnen wohl ihr eigenes, zweifelloses Können zu sehr in die Hypophyse.

Sechs Minuten nach dem Anpfiff war es schon passiert: Henrik „den Store" (der Große) Larsen hatte Dänemark in Führung gebracht, und nach Bergkamps folgendem Ausgleich den Niederländern noch eine verpasst (1:2 in der 33. Minute. Beide Male waren es gut gesetzte Konter, und beim zweiten Tor hatte der Niederländer Koeman einen Ball exakt vor die Füße Larsens gesetzt. Rijkard rettete die Oranjes in die Verlängerung und die körperlich angeblich nicht fitten Dänen sich anschließend ins Elfmeterschießen. Hier bewahrheitete sich eine weitere Charakteristika dänischen Seins. „Afslappet" heißt hier das Wort der Wahl, „entspannt". Und erst lange nach dem Schreiben dieser Zeilen entdeckte ich im Laudrup Buch der Autoren Boisen und Nordskilde, dass sich Kim Vilfort exakt in dieser Richtung den Autoren gegenüber geäußert hatte. Er sagte über den völlig unerwarteten Triumphzug des Teams: „Wäre es ein deutsches oder französisches Team mit Spielern gewesen, die auf einer Fußballakademie groß geworden sind, so hätten sich es vermutlich nicht geschafft, sich zu behaupten. Sie wären in ihren Grundfesten erschüttert worden, denn diese waren je weit besser ausgebildet. Das ist vielleicht eine der Qualitäten, die dänische Spieler haben, dass sie entspannter (Vilfort sagte „mere afslappede") in einigen Situationen sind."

Das aggressive Hereinbringen von Hektik mit dem der niederländische Keeper van Breukelen die dänischen Schützen zu verunsichern glaubte, überflüssig. Povlsen verwandelte (nachdem er zuvor van Breukelen ohne ihn anzuschauen in sein Tor zurückbeordert hatte) ebenso, wenn auch leicht glücklich, wie zuvor bereits Henrik Larsen, dem Ex-Italien-Legionär, der gerade mit Lyngby BK Dänischer Meister geworden war, und zum Torschützenkönig der EM als Mittelfeldspieler avancierte. Lars Elstrup (Odense BK) und Kim Vilfort (Bröndby IF) verwandelten ebenso. Der letzte Schütze Oranjes, Marco van Basten, scheiterte an Peter Schmeichel und mein Trikot war nun auch vor dem heimischen TV Gerät komplett nassgeschwitzt. Schmeichel, der Hüne mit seinen 1,91 m und seiner blendenden Ausstrahlung hielt großartig, und nun war es an Kim Christofte die ganze Sache quasi zu beenden, Dänemark ins Finale zu schießen, diese coolen, sympathischen Männer, die man einfach nicht auf dem Zettel hatte. Weder bei den TV-Experten, noch bei den direkten Gegenspielern. Doch was tat er da, nun einen unglaublich entspannten Eindruck. Ganz kurz stand er am Ball, machte nur zwei Schritte und schob ihn einfach ins Tor, als ob da gar kein Torwart drinstand. Die deutsche Mannschaft verfolgte das Spiel kollektiv vor dem Fernseher und Kalle Riedle konnte sich nach Christoftes finalem Schuss aus der Hüfte nur schwer wundern: „Boah, macht der den cool rein…!"

„Wir haben Wort gehalten, wir sind im Finale, wer nicht kommt ist Holland", dieses Zitat stammte nicht von Richard Möller Nielsen, sondern von Berti Vogts, der reichlich süffisant das Ausscheiden der Niederländer begrüßte, eben weil es auch einer gewissen Überheblichkeit geschuldet war. Und die Dänen hatten sich wieder einmal für einen verletzten Kameraden hereingehangen. Damals war es Allan Simonsen mit Schienbeinbruch, diesmal war es Henrik Andersen, den es hart erwischte. Nach einem Zweikampf mit Marco van Basten, sprang dem langmähnigen Dänen die gebrochene Kniescheibe heraus, ein Anblick der dem Zuschauer direkt einen Phantomschmerz einbrachte.

Auch in der Kabine sah es eher wie auf einer Krankenstation nach dem Abpfiff aus. Die Spieler lagen zum Teil auf dem Boden. Rücken, Leisten, Kniebeschwerden waren allenthalben das Thema. So sehr, dass man extra einen Physiotherapeuten aus der Heimat anforderte. Kapitän Lars Olsen, Kent Nielsen und John Sivebaek waren für das Endspiel nur vier Tage später höchst zweifelhaft, doch nur Sivebaek konnte dann das Finale auch aus taktischen Gründen nicht durchspielen. (Er wurde in der 66. Minute durch den Meisterspieler von Lyngby BK Claus Christiansen ersetzt, der dann einen Treffer der Dänen auflegte.)

Nun war es so weit, Dänemark im Endspiel gegen Deutschland, abermals ein wohl nie langweilig werdendes Duell von David gegen Goliath, und wieder wollte sich der Favorit Deutschland (ins Finale gekommen durch ein 3:2 gegen Schweden) keine Blöße geben. Dennoch, wer rechnete schon wirklich mit einem dänischen Triumph? Meine Wenigkeit durchaus, zumindest saß ich mit Dänemark Trikot und Landesfahne auf der Couch, diese Affinität zu dem kleinen, feinen Land, das ich bis dato erst zweimal im schönen Jütland an der Nordsee besucht hatte, übermannte mich einfach. Und der Urlaub auf Bornholm war auch schon gebucht. Um es vorweg zu nehmen, was sich jeder denken kann, Dänemark schlug Deutschland nicht unverdient mit 2:0. Da mochten die Tore noch so umstritten sein (vor dem ersten Treffer durch „Faxe" Jensen in der 19. Minute O-Ton: „Als ich dem Ball förmlich in den Arsch trat, diesen Satz wiederholte Königin Margrethe sogar in ihrer Neujahrsansprache (!) dachte ich zuerst es gäbe Freistoß oder ein Abseits. Das konnte ja nicht passen, dass ich ihn zum ersten Mal im Turnier richtig traf und der dann reinging.") hatte es ein hartes Tackling gegen Brehme gegeben, und dem zweiten Treffer durch Kim Viilfort (79.) soll ein „Handspiel" vom Schützen vorgelegen haben, der Ball sprang ihm aber nur gegen die Schulter. Da konnten sich die ARD Kommentatoren Heribert Fassbender und sein unsäglicher Co-Kommentator Kalle Rummenigge noch so sehr mit ihrem Gerede einbilden, dass die Dänen nun müde seien, und das Spiel folglich gleich kippen würde, am Ende siegte das rot-weiße Spaßensemble, das während des Turniers kollektiv zum Golfen war, oder auch zu McDonalds. Deutschland hingegen hatte bärbeißig gewirkt mit seinen Testosteron Männern um Effenberg, Kohler, Sammer oder Buchwald und ihr Ansturm blieb erfolglos. Ihr Chancenplus war somit wertlos geblieben. (Nicht verschweigen möchte ich aber, dass damals noch die alte Rückpassregel galt, der Torwart den Ball nach Rückspiel mit dem Fuß also noch mit der Hand aufnehmen konnte, die Dänen hatten sich nämlich sehr oft in dieser Art und Weise aus der Gefahr bugsiert, erst nach dem Turnier wurde die Regel abgeschafft, großes Glück für die Dänen.) Vorne wirbelten bei den Dänen Povlsen und Laudrup, die zwar ohne Treffer im Turnier blieben und doch zu den Höhepunkten zählten (Brian Laudrup spielte so gut, dass ihn der noch besitzende FC Bayern mit sanftem Druck von Rummenigge sofort verkaufte), und hinten hatten sie eben Peter Schmeichel. Als dieser eine scharfe Flanke vor dem zum Einköpfen bereiten deutschen Sturm mit nur einer Hand lässig abfing, war dies so etwas wie das Synonym für dieses Endspiel. Ihr könnt es noch so oft versuchen, es klappt heute einfach nicht, lag als Parole der Spaßdänen irgendwie in der Luft. Wie konnte das angehen? Mit nur einer Woche Vorbereitung? Die Franzosen verbrachten angeblich über 4 Wochen, um an Details zu schleifen. Richard Möller Nielsen hatte nach vielen Jahren gegenüber den Journalisten Alex und Christian Mohr Boisen alles präzise auf den Punkt gebracht. Möller Nielsen im Buch „Laudrup et fodbolddynasti": „Also es waren ja zehn Tage vor dem Turnier als unsere Spieler den Bescheid bekamen, dass es rüber ging. In diesen 10 Tagen hatten sich die Spieler auf nur eine einzige Sache zu konzentrieren, und das war Fußball. Spieler aus anderen Ländern können ungeheure Zeit damit verbringen, um über Werbeverträge oder „was kann ich verdienen, wenn ich danach den Club wechsle" und anderes nachzudenken. Wir konzentrierten uns darauf, Fußball zu spielen."

Gerade Kim Vilfort, dieser nimmermüden Arbeitsbiene im Mittelfeld, hatte man das alles entscheidende Tor so sehr gegönnt, war er doch unter der EM zu seiner an Leukämie erkrankten Tochter gereist und mit diesem Treffer (aufgelegt durch ein gewonnenes Kopfballduell vom eingewechselten Christansen gegen Thomas Häßler) das Fußball Geschichtsbuch um sein vermutlich verrücktestes Kapitel erweitert. Mehrere Stunden brauchte der offene Wagen mit der gekrönten Mannschaft anderntags vom Flughafen Kastrup auf Amager (von wo bekanntlich die „Gadedrenge" (Straßenjungs) aus der 80er Generation Sören Lerby und Frank Arnesen stammten) zum Rathausplatz. Selbst

Rocker hatten das Team unterwegs mit frischem Bier versorgt. Beinahe das ganze Land war erschienen, um der Mannschaft zu huldigen. 150.000 Menschen in barer Euphorie. Und das alles ohne Jan Bartram (aussortiert, zu schwer), Michael Laudrup (zurückgetreten) und dem Quali Torjäger Nummer eins „Turbo" Bent Christensen (verletzt), spielte nur in den ersten beiden Partien und musste in der 52. Minute im Spiel gegen Schweden raus). „Deutschland, Deutschland, alles ist vorbei", sangen die vergnügten Dänen vom für derart viele Personen gar nicht zugelassenen Balkon herunter, in ihren vom Verband irgendwo noch aufgetriebenen grünen (!) Hemden, in denen sie aussahen wie Kellner, aber sie hatten das Land ja auch schließlich bestens bedient. Unter den unten weilenden Fans, der spätere Bundesliga Profi Sören Colding, der ohne sein direktes Zutun mein persönliches Leben wirklich noch komplett auf den Kopf stellen sollte. Hier war er gerade einmal 20 Jahre jung, verdiente sich beim Arbeiterverein Frem Kopenhagen in der ersten Liga seine ersten Sporen, und sollte, was er wohl nicht einmal erträumte, in nur fünf Jahren selbst zur „Landsholdet" gehören.

Dieses Team ging in die Fußballgeschichte ein: Peter Schmeichel (Manchester United), Lars Olsen (Trabzonspor), Kent Nielsen (Aarhus GF), Torben Piechnik (B 1903 Kopenhagen), John Sivebaek (AS Monaco/ab 66. Claus Christiansen (Lyngby BK), Kim Vilfort (Bröndby IF), John Jensen (Bröndby IF), Henrik Larsen (Lyngby BK), Kim Christofte (Bröndby IF), Flemming Povlsen (Borussia Dortmund), Brian Laudrup (Bayern München).
Des Weiteren: Henrik Andersen (1. FC Köln), Lars Elstrup (Odense BK, er machte das lebenswichtige 2:1 gegen Frankreich auf Vorlage von Povlsen und er verwandelte einen Elfmeter gegen die Niederlande, wer mag da noch von einem „Ersatzspieler" sprechen?), Bent Christensen (Schalke 04), Torben Frank (Lyngby BK) sowie ohne Einsatz Torwart Mogens Krogh (Bröndby IF), Johnny Mölby (Vejle BK), Peter Nielsen (Lyngby BK) und Morten Bruun (Silkeborg IF). Wie sagte Flemming Povlsen so schön: „Wir sind nicht 11 Freunde, sondern 20." Und Trainer Möller Nielsen (vor der EM schrieben Anhänger noch „Fuck Ricardo" auf den Rasen) wurde endlich geherzt im Lande „Vi vil ha` Sex med Ricardo" sang man nun nach der Melodie vom Lied „Quantanamera", und dies bedarf wohl keiner näheren Übersetzung mehr.

„Und das alles ohne Michael", hatte der Trainer in der Kabine zu einem Gratulanten bemerkt und damit meinte er, dass er soeben den zweitwichtigsten Titel der Welt ohne den komplettesten Spieler des Landes eingefahren hatte. Und der arme Michael Laudrup, hochdekoriert ehedem, selten um eine gute Antwort verlegen, musste das Gewisper hinter der hohlen Hand ertragen. Aber es fiel eher mitleidig aus in den dänischen Gassen, seine Verdienste in der Nationalmannschaft und auch im Trikot des CF Barcelona standen zu Recht und überdeutlich über jedem Gerede. Der „Fahnenflüchtige" war sofort im Mitleid rehabilitiert, und seine triumphale Rückkehr zur Landsholdet am 25.8.1993 beim 4:0 über Litauen in Kopenhagen, standesgemäß mit gleich zwei Torvorlagen machte auf den Traversen des „Parken" manchem Zuschauer die Augen feucht. (Dass er 5 Jahre später noch eine überragende WM spielen würde, ahnte dennoch niemand.) Trotz allem wurde die WM Endrunde 1994 in den USA durch die Qualifikationsrunde nicht erreicht. Ein einziges, lumpiges Tor fehlte am Ende in der Gesamtrechnung. Peter Schmeichel, die Torwart Ikone hatte schnell die entscheidende Ursache dafür parat: „Hätten wir das Heimspiel gegen Irland im Parken auf ordentlichem Untergrund absolviert und nicht in diesem Sandkasten, hätten wir gewonnen, denn wir waren wirklich besser."

Der EM Sieg von 1992 blieb jedoch im Königreich mental haften, damals und für alle Zeit. Das konnte ich nicht nur in meinem anschließenden Bornholm Urlaub 1992 gleich nachschmecken, wo ich mich wie ein blutjunger Teenager mit T-Shirts, Trikots, der Original Nationalelfturnhose (die ich heute noch besitze!) und Poster der Helden eindeckte, der Medizinstatistiker Kaare Christensen wird in dem wunderschönen Buch von Wolfgang Borchert („Gebrauchsanweisung für Dänemark") wie folgt zitiert: „Dieser Sieg (im Endspiel, der Verfasser) gab der dänischen Psyche unstreitig den größten Schub in der endlosen Geschichte eigener Rückschläge, die mit der Niederlage gegen England 1066 begann, gefolgt vom Verlust Schwedens, Norwegens, Norddeutschlands, der Westindischen Inseln sowie auch Islands."

John „Faxe" Jensens Arschtritt für den Ball hatte es also ein für alle Mal aufgezeigt. Fußball statt Kriege, hieß die Botschaft.

DIE ANFÄNGE DER DÄNISCHEN FUSSBALLGESCHICHTE

KB - Der erste Fußballverein auf dem europäischen Festland, und wie sonst alles begann

Oftmals sind es gerade Begriffe und Vokabeln, die Länder übergreifend wirken und Erklärungen bringen. So liegt es nahe, die Geschichte des dänischen Fußballsportes nicht völlig separat zu vermitteln, sondern in den Kontext zu stellen mit zwei Ländern, wo sich diverse Ähnlichkeiten herleiten und die zudem interessant sind für den geneigten Leser: England und Deutschland. Dies beginnt bereits mit dem simplen und doch anscheinend so bedeutungsschwangeren Wort Goal. Goal heißt natürlich „Tor" und wird auch bisweilen freudig so ausgerufen, wenn ein Ball die Torlinie mit vollem Umfang überquert hat. Hergeleitet wird „Goal" aber zunächst aus einem Brauch im 12. Jahrhundert, als der Ball von Engländern über ein „Spielfeld" von mehreren Kilometern transportiert wurde, um ihn in einem Goal (Tor oder auch Ziel) unterzubringen. Dass es sich nicht um einen Ball heutiger Prägung handelte, ist klar, aber es waren auch noch nicht sofort und immer Schweinsblasen, sondern und hier liegt, sehr makaber, wohl erstmalig die nächste Verbindung von England und Dänemark in der fußballerischen Geschichte, waren es Totenschädel von Wikingern (ergo: Dänen) welche die Engländer in ihrem Siegeszug freudig umherkickten...

Christoph Bausenwein hat dies in seinem genialen Werk „Geheimnis Fußball" noch unterstrichen: „Bis heute kursiert die Behauptung, daß der erste Fußballspieler ein Brite gewesen sei, der den Totenschädel eines gefallenen dänischen Soldaten in „pietätloser Weise vor sich her gekickt habe". 1790 nennt Bausenwein als das Jahr, in dem diese Geschichte erstmals in Umlauf gebracht wurde.

„Det var maal!" (sprich: mohl) sagen die Dänen heutzutage und meinen damit eben das Erzielen eines Tores, jedoch hat das Wort maal noch eine zweite Bedeutung, nämlich, siehe oben, auch Ziel. „Det er min maal" (Das ist mein Ziel.) darf man in Dänemark sagen, wenn etwas auch außerhalb des Fußballs gemeint ist. Und auch, um unser Beziehungsdreieck weiter zu spannen, fand ich auch im deutschen Sprachgebrauch das Ziel, das „maal" also. So telegraphierte ein gewisser Georg Demmler im Dezember 1898 nach einem inoffiziellen Länderkampf Frankreich gegen Deutschland an „seine Majestät den deutschen Kaiser in Potsdam"... „daß heute in Paris zum ersten Male eine aus allen

deutschen Gauen zusammen gesetzte Fußballmannschaft über einen hervorragenden französischen Fußballverein einen Sieg von 7:0 Malen errungen hat." Und Meyers Konversationslexikon von 1905 verrät in diesem Zusammenhang („... und an dessen Schmalseiten einander gegenüber je ein Goal („Mal") errichtet ist, bestehend aus zwei Pfosten, die 10 Fuß über dem Boden durch eine Stange verbunden sind.")
Aber damit sind es natürlich der Parallelen noch nicht genug. Ob England, Dänemark oder Deutschland, überall war klar, dass nicht etwa Arbeiter/Proleten es waren, die den Sport in geregelte Bahnen brachten, sondern das Bürgertum. Um 1870 (England, der Vorreiter in Sachen Regelwerk und Organisation, hatte schon seit 7 Jahren ein einheitliches Regelwerk verabschiedet) tauchte an dänischen Internaten erstmals ein Fußball auf. Ein Engländer der im Lande weilte, hatte von seinen Eltern einen geschickt bekommen. So wurde nun an der Sorö Akademie gekickt. Doch als richtiger Spätstarter darf man Dänemark nun wahrlich nicht bezeichnen. Bereits am 26. April 1876 wurde mit dem „Kjöbenhavns Boldklub" der erste Verein auf dem europäischen Festland gegründet!

Hinter dem heutigen Kulturministerium am „Gammel Strand", in der beschaulichen Snaregade. Schon zwei Jahre nach der Gründung kam, nachdem vorher das Schlagballspiel getätigt wurde, der Fußball ins offizielle Programm. Auch der vielleicht berechtigte Einwand, dass z.B. 1860 München viel eher gegründet war, weisen die dänischen Autoren Rasmussen und Rachlin zurück, als sie schreiben, dass die Münchener Löwen erst 1889 Fußball in ihr Programm aufnahmen. Die Fußball Abteilung, ein gewisser „Football Club" integrierte sich - fast selbstredend - durch englische Emigranten 1878 zu jenem KB, aus dessen Fusion mit B 1903 wiederum 1992 der heutige populäre Verein F.C. Kopenhagen hervorging. Bei KB war es vor allem Ludvig Sylow, der den Fußball auch als Schüler der Sorö Akademie, ernsthaft organisierte, worauf bereits 1866 Fußball gespielt worden sei, wie der glänzende Chronist Hardy Grüne erfuhr. Und ein gewisser Herr Markmann, ebenfalls KBer, veröffentlichte und übersetzte im Winter 1886 die englischen Accociations Regeln ins Dänische, nach denen dann am 20. März 1887 auf einer Wiese der Kopenhagener Marinewerft erstmals offiziell gespielt wurde, wie aus der „Enzyklopädie der europäischen Fußballvereine" zu erlesen ist. Ein weiterer Teil der Erklärung, wie sich denn der Fußball im Land verbreiterte, lag in der ersten Eisenbahnstrecke Dänemarks (Roskilde-Kopenhagen), die 1847 eingeweiht wurde. Interessant hieran vor allem, wie lange es dauerte, bis es einen dänischen Nationalspieler außerhalb Kopenhagens geben sollte. Erst im 67. Länderspiel in den Niederlanden (mit Schiedsrichter Dr. Peco Bauwens!) am 22. 4. 1928 spielte ein gewisser Svend Aage Eriksen mit, der von B 1901 Nyköbing-Falster stammte (was nicht wirklich weit weg war), und richtig weit weg von Kopenhagen wohnte damals Sören Vadstrup Jensen, der von Aarhus GF kam. Er vertrat am 25.5.1931 die dänischen Farben gegen Norwegen, als Dänemark abermals trainerlos mit 3:1 siegte.33 Jahre nach dem ersten Länderspiel also ein Kicker, der aus Jütland kam, und nicht aus dem alles prägenden Kopenhagen. Englische Ingenieure und andere Facharbeiter taten ihr Übriges, um den Fußballsport in Dänemark strukturiert unters Volk zu bringen. KB, das gewöhnlich auf dem Exerzierplatz von Rosenborg begann, machte am 7. September 1879 bereits sein erstes Spiel im Dyrehaven (Tierpark). Eine Mischung aus Fußball und Rugby war es wohl, mit einer gespannten Schnur zwischen den Torstangen. Aber eben zugleich doch das erste Fußballspiel auf europäischem Festland.

„Die Anzahl der in der DBU organisierten Fußballspieler wuchs von etwa 1.000 im Jahre 1890 zu etwa 162.000 in 1940. Die Steigerung war zum Teil durch den Zugang der Dorfvereine geschuldet. Und zum Teil eben auch weil der Sport nun in der Arbeiterklasse ankam, die mehr Freizeit hatte." (Anders W. Berthelsen, „Frispark", 1983)

Die Ahnenreihe der Präsidenten der DBU (Dansk Boldspil Union) ist auch ein illustrer Anblick, irgendwie geprägt von großer Würde, so jedenfalls geht es mir dabei. Zunächst war sie rein kopenhagenerisch geprägt. Es begann mit F.I.A. Markmann von KB der sich beruflich als Sekretär des Ministerpräsidenten verdingte (1889-1890), danach folgte sein Vereinskamerad Hilarius H. Kalkau. Der hochdekorierte Oberst leitete immerhin ganze vier Jahre die Verbandsgeschicke. Interessant ist hierbei vielleicht zu nennen, dass die DBU natürlich in Kopenhagen gegründet wurde, am 18.Mai 1889, dass aber ihr heimischer Ableger die „Köbenhansk Boldspil-Union" erst am 29.4.1903 das Licht der Welt erblickte, während die „Jydsk Boldspil-Union" vom jütländischen Festland also schon seit dem 1.12.1895 als erster Regionalverband Dänemarks gegründet wurde.

Von 1894 bis 1897 war dann der Sportkamerad Johs. Forchhammer von AB Kopenhagen, ein Bankleiter) der Vorsitzende, ehe mit A. Albertsen - abermals vom Urgestein Verein KB - für erwähnenswerte 14 Jahre (!) dem Verband vorstand (1897 bis 1911). Die folgenden Präsidenten kamen dann in folgender Reihenfolge erneut nur aus der dänischen Hauptstadt: KB, Frem, KB, AB, KB, AB, Frem. Ehe im Jahre 1977 mit dem legendären Carl Nielsen vom seeländischen Badeort Hornbaek jemand endlich „von außerhalb" kam, und nicht weniger als sehr konkret und zielgerichtet den dänischen Fußballsport in die Moderne, sprich zur Professionalität führen sollte. Unter seiner Ägide entstand der Profifußball, wurde Sepp Piontek verpflichtet und nahm Dänemark erstmals an EM und WM teil. Viel mehr konnte ein Mann kaum erreichen im Profifußball. Auch wenn er ja nicht selbst die entscheidenden Tore erzielte, die so wichtigen Weichen stellte er eben doch.

Auch seine beiden Nachfolger waren keine Hauptstädter mehr (Hans Erik Jensen residierte 1990/91 in Randers und dessen Nachfolger Poul Hyldgaard kam von AGF, seine Amtszeit vervollständigte dann den Weg ins Profitum noch, vor allem durch gestiegene Personalkosten und ähnliches. Wirtschaftsdirektor Hyldgaard füllte sein Amt insgesamt rund 12 Jahre aus (1991-2002). Im September 2017 starb er mit 88 Jahren. Ihm folgte für abermals 12 Amtsjahre der fünische Ex-Polizist Allan Hansen, ehe im Jahre 2014 Jesper Möller die DBU anführen sollte. Zusammengezählt waren es 15 DBU Präsidenten in 129 Jahren, was eine durchschnittliche Amtszeit von 8,6 Jahren ergibt.

Die Nationaltrainer, Übungsleiter in Hülle und Fülle, aber nur 9 „Richtige"?

Der ehemalige Bankchef und Torhüter von B 93 Palle „Banks" Jörgensen („Banks" natürlich nach dem jüngst verstorbenen englischen Keeper Gordon Banks) hat dem dänischen Fußball mit seinen Statistikbüchern voller Bilder und Anekdoten ein würdiges Denkmal gesetzt. In seinen Werken finden sich unzählige Hinweise und Informationen, die einem als Fußballanhänger das Herz erwärmen. In seinem im Jahre 2000 erschienenen Buch „Landsholdet i medgang og modgang" (Nationalmannschaft im Auf und Gegenwind) hat er die Jahre von 1908 bis 1999 fleißig aufgearbeitet, auf sein schriftliches Wort ist wirklich immer Verlass, und ich konnte im Laufe des Buchstudiums keinen Fehler eruieren. Er hatte sich darin selbstverständlich auch die Nationaltrainer vorgenommen. Nach seinem Verständnis hatte es nämlich 10 dänische Nationaltrainer gegeben, ehe 1957 mit Arne Sörensen der erste richtige Coach die Landsholdet übernahm.

Der Engländer Charles Williams war zwar der erste (von 1908 bis 1910) und sein Nachfolger Axel Andersen Byrval (1913-15, 17/18) sogar satte 5 Jahre mit Unterbrechung der Übungsleiter, doch danach folgten ausschließlich zeitlich begrenzte Arrangements, die nur zwischen 6 Monaten und einem Jahr dauerten. Nach 5 Jahren Arne Sörensen (siehe Kapitel in diesem Buch) übernahm bis 1966 ebenfalls für 5 Jahre Poul Petersen das Team. Der ehemalige Internationale (34 Spiele für Dänemark) schaffte es Dänemark für den Nations-Cup 1964 in Spanien zu qualifizieren, dem Vorläufer heutiger Europameisterschaften. Anschließend fungierten von 1967 bis 1969 zwei Trainer (zuerst Ernst Netuka, danach Henry From mit je einem Manager an ihrer Seite, ehe Rudi Strittich von 1970 bis 1975 am Ruder war, worauf wir jedoch an anderer Stelle noch Bezug nehmen werden. Nicht vergessen wir aber bereits hier an dieser Stelle, dass die Spieler nicht etwa von den Trainern berufen wurden, sondern von einem „UK" des Verbandes (Udtagelsekomite=Auswahlkomitee). 3 Herren im Anzug bestimmten, wem die Ehre zuteilwerden sollte, ausgewählt zu werden. Der Trainer hatte zwar ab 1970 (in diesem Falle also der 12-malige österreichische Ex-Nationalspieler Rudi Strittich) ein Mitspracherecht, doch konnte er eben immer noch überstimmt werden, von den vermeintlichen Experten...

Worüber wir Deutschen jedoch nur bedingt schmunzeln sollten, wir erinnern sicher noch den Einfluss des DFB auf die Nationalmannschaft in den 1970/1980er Jahren...

Als Sepp Piontek 1979 angestellt wurde, war es freilich vorbei mit der Einmischung der Verbandsherren. Er glaubte bei seiner Vertragsunterschrift nicht richtig zu hören, dass man ihm die Spieler mit aussuchen würde ...

Der Idraetspark der zum Parken wurde. Das schöne Nationalstadion.

Die Öster Allé in Kopenhagen-Österbro wurde als Weg schon um 1500 angelegt und seit 1810 trägt sie ihren jetzigen Namen. Sie spaltet den Faelledparken („Gemeinschaftspark"), der bekanntlich nicht nur als reine grüne Erholungsoase diente sondern auch für gewerkschaftliche und politische Kundgebungen, und auch dem Meinungsaustausch der beiden berühmten Physiker Niels Bohr und Werner Heisenberg. Im Faelledparken zogen sich sogar früher die Nationalspieler um, und hielten ihre Aufwärmübungen ab. 1908 wurde dann begonnen, Platz zu schaffen für eine Fußballplatzanlage. Am 25.Mai 1911 weihte dann König Christian der 10. den „Idraetsparken" offiziell ein, vor der Begegnung eines gemischten Teams von B 93 und KB einerseits, und dem englischen Traditionsverein Sheffield Wednesday, welches von dänischer Seite aus durchaus ehrenhaft mit 2:3 verloren ging. Bedenkt man, dass Sheffield W. ja der erste Fußballverein der Welt war, der sich bekanntlich bereits 1857 gründete und somit fußballerisch einen großen Vorsprung besaß. 10.000 Zuschauer konnten anfangs den Matches beiwohnen, immerhin 700 kamen in den Luxus, dies im Sitzen tun zu können. 1923 wurde die Stehplatztribüne auf der Seite der Öster Allé (hinter einem Tor) eröffnet, die zwei Jahre später überdacht wurde. 1935 gab es die große Tribüne an der „B93 Langside", worauf die Zuschauerkapazität auf 36.000 stieg. Zwischen dieser Seite und der Seite zu den Hockeybahnen (hinter dem anderen Tor) wurde 1938 eine Ecke baulich verändert, wodurch man nun 42.000 Besuchern Einlass bieten konnte. 1951 gab es dann die Resultattafel, die erst 1981 durch eine elektronische Anzeigentafel (leider, wie Tradionalisten finden) abgelöst wurde. Ein, wenn nicht der wichtigste Bauschritt war 1955 der Bau der Haupttribüne „Den dyre Langsside" (die teure Längssseite) für 8 Millionen DKK, die sich 36 Meter hoch erstreckte und das deutliche Zeichen für den Aufbruch die die Moderne sein sollte. Mit 52.000 Besuchern war das Stadion nun so groß wie nie zuvor und danach. Nur diese Haupttribüne blieb übrigens 1990 beim Neubau zum „Parken" erhalten, aber sie war nun nicht mehr „den dyre Langsside".

Kuriosum am Rande: Das alte Stadion schloss eine deutsche Mannschaft (Bayer Leverkusen unterlag am 28.11.1990 Bröndby IF auf Europacup-Ebene klar mit 0:3) und das neue eröffnete die deutsche Nationalmannschaft 1992. Und nicht zu vergessen: der Allgäuer Karl-Heinz Riedle war der erste Torschütze im „Parken"! Die Kapazität lag nun bei 40.000 Besuchern, heute sind es etwa 38.000 und die Vorteile dieses Stadions liegen auf der Hand: gut zu erreichen aus der Innenstadt (vom Hauptbahnhof), stimmungsvoll, der Besucher ist ziemlich eng am Spielgeschehen. Leider ist es auch sehr steil gebaut, ein FCK-Fan verlor hier schon durch einen Sturz aus einem Block verfrüht sein Leben.

Architektonisch interessant ist vermutlich noch, dass beim Umbau des „Parken", heute „Telia Parken", die Spielfläche gedreht wurde. An der Öster Allé liegt heute die große Gegentribüne.

Fußball in Dänemark: über Akademiker und Arbeiter

Um 1870 begann man in Internaten („Kostskolerne") mit dem Fußball zu spielen. Wieder einmal hatte ein Engländer, wie wir inzwischen wissen, einen Ball von seinen Eltern gesandt bekommen. Vor 1900 durften Arbeiter dem Fußball nur frönen, wenn sie die bürgerlichen Regeln, das bürgerliche Gericht und hierarchische bürgerliche Organisationsformen sowie gewählte Spielorte und abgrenzende Zeitpunkte akzeptierten. Der Beginn des Fußballs war also einer klaren Divergenz geschuldet, in dem sich die Arbeiter schlicht anzupassen hatten. Ohnehin überwog zunächst einmal die Begeisterung für die Gymnastik, welche 1814 ein obligatorisches Schulfach, nicht nur an den bürgerlichen Schulen wurde. Ein gewisser Dr. Nordentoft predigte seinen Turnjüngern: „Soll das dänische Volk eines der fähigsten der Erde werden, sind die Mittel hierzu Gymnastik und kaltes Wasser." Fußball wurde eher, wie in der Zeitschrift „Idraet" (Sport), symptomatisch in 1905 als „Krieg im Frieden" aufgefasst. Aber der Nutzen von sportlichere Betätigung wurde doch allenthalben eingesehen, und so drang aus der Jugendabteilung von AB (Akademischer Ballverein) aus Nordkopenhagen im Jahre 1901 folgende Weisheit ans Licht der staunenden Öffentlichkeit: „Auf keinem Unterrichtsfeld merkt man die Mündigkeit des Lehrers so wenig, wie auf dem Sportplatz, und doch ist die Disziplin an keinem anderen Ort so hoch wie hier". Das dänische Schulwesen errichtete sogar „staatliche Kurse für das Ballspiel", sprich: die Lehrer waren angewiesen worden, Kenntnisse über Ballspiele in der Schule vorzubereiten. Aber dies änderte freilich vorerst nichts an der Uneinigkeit zwischen der bürgerlichen und der proletarischen Seite. Zwar war es am Anfang ohnehin nur die Bürgerschaft, die Zeit hatte Sport zu treiben, da die Arbeiter sechs Mal in der Woche 10 bis 12 Stunden harte Arbeit abzureißen hatten, aber die Herren Gentleman wollten eh ausschließlich unter sich bleiben, und wünschten die Arbeiter auch nicht als ihre Spielgefährten.

Doch am 1. Januar 1920 gaben die Dänische Arbeitgebervereinigung und der zusammenwirkende Fachverband grünes Licht für die Einführung des 8-Stunden-Arbeitstages. Die Folge waren Sauferei und Hurerei, da die Arbeiter ihre neue Freizeit angemessen zu nützen gedachten...

Doch sozialdemokratische, kirchliche und sogar bürgerliche Organisationen empfanden eine Verpflichtung gegenüber diesen Zuständen, zugunsten einer körperlichen und moralischen Volksgesundung, um Schädigungen entgegen zu wirken. Industriebetriebe wie „Thringe", die „A.P. Möller Werft" in Odense und „Dähnfeldt" wurden angehalten, dafür Fußballplätze zu errichten. B1909, BK Marienlyst und B 1913 hatten somit eine richtige Heimstätte und damit Heimat gefunden.

Das Abenteuer Profifußball, auch in Dänemark eine schwere Geburt

Rom wurde bekanntlich nicht an einem Tag geschaffen, und eine dänische Fußball Profiliga schon gar nicht, könnte man die Legende gleich fortführen. Sicherlich lagen die Gründe von Anfang an auf der Hand, insbesondere die Nationalmannschaft die der Dänemark-Experte Stehen Ankerdal in den 1960er Jahren nur als „Nationalmannschafts Parodie" bezeichnete, musste durch eine starke heimische Liga einfach und endlich fundiert werden. So zögerlich dies dann auch von statten ging. Insbesondere die Auslandsrückkehrer, welche damit damals für die „Landsholdet" gesperrt waren, galten als unabkömmlich und sollten doch wieder eingegliedert werden können. Und außerdem wollten die Nordländer endlich ihren in Deutschland erlangten Ruf der „dummen Dänen" loswerden, denn Amateurvereine waren natürlich zudem nicht berechtigt große Ablösesummen für ihre ziehenden Sterne zu verlangen. Damit musste irgendwann Schluss sein. Auch der Larifari Umgang mit der Differenz von eigentlichem Können und biederen Resultaten sollte endlich der Vergangenheit angehören. Die bierselige Nonchalance des Ausspruchs: „Wir sind die weltbesten Verlierer" ad acta gelegt werden. Auch wenn es zwischendrin immer wieder Achtungserfolge für die amateurhafte Ländermannschaft gegeben hatte (deren Spieler nicht vom Trainer, sondern von einem Komitee der DBU bestellt wurden). 1972 wurde man bei der Olympiade in München ehrenhafter Fünfter. Und 1977 siegte man mit 2:1 in Schweden, dem ersten Erfolg beim Nachbarn nach 38 langen Jahren. Trainer war damals Kurt „Nikkelaj" Nielsen, der für rund 10.000 DM jährlich in Teilzeit agierte. Ein Fakt um das opulente Original, der mit langen Haaren, Trainingsanzug und Sonnenbrille oft eher wie ein Biker wirkte, denn einem Landestrainer (unter ihm gaben Lerby und Arnesen z.B. ihr Debüt), war die schwere Erreichbarkeit des Coaches. Ist es heute für jeden noch so abkömmlich wirkenden Bürger „nötig", sich ein Mobiltelefon in die Jogginghose zu stecken, um unentwegt erreichbar zu bleiben, war dies damals doch schon schwieriger. Denn Herr Nielsen besaß nicht einmal ein, heute neudeutsch; Festnetztelefon! Um den Nationaltrainer zu fassen zu kriegen, musste man ihn entweder im Vereinshaus von B 1901 anrufen oder in seiner heimischen Kneipe...

In 1969 wurde dann das Projekt „Divisionsforeningen" ernsthaft in Angriff genommen, eine Liga Vereinigung wie unsere DFL, nur eben gut dreißig Jahre früher ins Leben gerufen, so unselbstständig waren die Dänen also wirklich nicht, die am Sonntag den 2. Februar 1969 im Pleje Saal von KB Kopenhagen bereits ihre amtliche Gründung erfuhr. „Vereinigung der Erstligavereine unter dem Verband der DBU" hieß sie folglich, frei ins Deutsche übersetzt. Die Initiative ging, und das ist nun auch gewiss kein Zufall, von KB aus. Insbesondere der Cricket Spieler Börge Pockendahl, der durch den Vereinsslogan „Jungs zu Männer und Männer zu Jungs" auffiel, tat sich hier persönlich hervor. In einer Stunde und 50 Minuten wurde die Gründung unaufgeregt durchgepeitscht, und als 1. Vorsitzender fungierte Sven Petersen von Frem Kopenhagen, was wiederum Pockendal, im Übrigen nur 2. Mann bei KB, als Affront auffasste, nun ja, die Sache mit der Eitelkeit...Doch damit wurde freilich erst einmal die reine Geburt einer Professionalisierung eingeleitet, bedenkt man, dass es erst 1978 „soweit" war mit dem Profifußball und auch sogar erst 1986 Bröndby IF als erster dänischer Club seine ersten Spieler voll beschäftigte. Noch in 1977 (bis dahin hatte es bereits 206 Auslandstransfers von dänischen Kickern gegeben) kam dem Parteimenschen Helge Sander (Venstre Parti) und Ex-Profi Harald „Guld" Nielsen die Idee einer - so wörtlich - „Piratenliga" wie es Gunnar Overgaard schrieb. 10 Teams à 15 Spieler und 40.000 DKK pro Jahr stellten sich die beiden als Fixpunkte vor. Doch daraus sollte nichts werden. Am 29.10. 1977 stimmte die Division in einer außerordentlichen Versammlung zur Idee einer Profiliga, sozusagen „auf Probe" ab. Es gab 95 Ja- und 14 Nein-Stimmen.

Fruhjahr 1978: Es geht los!

Mit meinem Vater und Bruder erlebe ich in Berlin mein erstes Bundesligaspiel. 80.000 Zuschauer, das zweitbestbesuchte Bundesligaspiel aller Zeiten ist für den gerade einmal 7-jährigen Markus die Premiere. Hertha BSC empfing den 1.FC Köln. Auf der Seite der Berliner stürmt am linken Flügel Jörgen Kristensen, der in der Saison 1976/77 aus Köge nach Berlin kam, und welcher wohl der erste Däne war, den ich in meinem

Leben sah. Der „Zaubermann" wie sie ihn in der Heimat nannten, hatte bereits die holländischen Fans in deren Liga mit seinen Dribblings erfreut und später ging er auch in die USA um Hallenfußball zu spielen, ehe er nach der Karriere eine Bar im heimischen Köge eröffnete. Doch das was da war und noch komme sollte, interessierte mein kindliches Gemüt sehr wenig, es war einfach bitter, dass Hertha nicht gewann. Und der 1. FC Köln würde demnächst doch tatsächlich das Double aus Meistertitel und DFB Pokalsieg erringen. Des Weiteren stand ja noch die höchst umstrittene Weltmeisterschaft in Argentinien auf dem Programm, wo ein Militärregime Menschen in Lager steckte, folterte und zum Teil aus dem Flugzeug warf. Doch während die deutsche Mannschaft mehr mit der Aushandlung von fetten Prämien beschäftigt war, als mit dem Schicksal fremder Leute (Rainer Bonhof: „Das wird hochgespielt. In Rußland herrschen ähnliche Zustände, und da sind 1980 Olympische Spiele."). Für Dänemark war das Turnier abermals nur vor dem TV Gerät wahrzunehmen. Die Qualifikation für die Endrunde in Argentinien verlief nämlich wieder recht desaströs. Gewann man zwar noch die ersten beiden Partien gegen Zypern mit 5:1 (A) und 5:0 (H), setzte es relativ verständlicherweise Niederlagen gegen den WM Dritten von 1974 Polen (1:2/1:4), aber auch nicht ganz so verständlich verlorene Matches gegen Portugal (0:1/2:4). Damit hatte es sich also wieder einmal mit der ersten WM Teilnahme zeitig erledigt.

Kann man in Deutschland tonnenweise Bücher über die hiesige Bundesliga verfassen, ohne die Nationalmannschaft groß hierbei zu erwähnen, ist diese bei der dänischen Fußballgeschichte untrennbar in einem Atemzug zu nennen. Das Eine bedingt einfach das Andere. Hatten die bundesdeutschen Elitekicker also höchstens Erfolgsprämien beim Turnier auszuhandeln, war es für jeden dänischen Nationalspieler bereits jedes Ländermatch eine äußerst lukrative Angelegenheit, ohne spezifischen Erfolgsdruck. Per Roentved, Ex-Bundesligaprofi beim SV Werder Bremen schrieb es in seiner äußerst auskunftsfreudigen Autobiographie „Fodbold paa vrangen" (nicht zu vergleichen mit deutschen Erzeugnissen dieser Art à la Philip Lahm, wo man kaum etwas entdecken kann) nieder: „Die DBU kann etwas von uns verlangen. Darüber gibt es keinen Zweifel - so gut wie wir bezahlt dafür werden, den rot-weißen Dress überzuziehen. Ich glaube wir sind die meist privelegierten Nationalspieler in der Welt, in finanzieller Hinsicht. Nur für die Einberufung bekommen wir 5000 DKK pro Auswärtsspiel und 3000 DKK pro Heimbegegnung. Dazu kommen 1000 DKK pro Punkt beim Auswärtsspiel und 500 beim Heimspiel. Für Freundschaftsspiele ist das

Honorar nur geringfügig weniger. Es waren 9250 DKK für jeden Spieler (heute ca. 1200 Euro) für das 2:1 gegen Norwegen (31.5.1978) und dem 0:0 gegen Island in Reykjavik (28.6.1978) oder doppelt so viel, wie ich bei Werder Bremen für eine ähnliche Leistung bekommen hätte (sic!). Diese Prämien gelten auch für 1979 (…) Ich habe die Ahnung, dass die DBU dies ändern wird, dass das Honorar und die Siegprämie in höherem Grad vom Resultat abhängig gemacht werden. Was ja mehr als verständlich ist. Aber die DBU muss einkalkulieren, dass eine geringere Bezahlung das Interesse der Auslandsprofis schwächen könnte." Auf die Neuzeit umgedacht, mutet dies alles fast wie ein Märchen von H.C. Andersen an, doch es war so, wie Roentved glaubhaft schrieb. Höhere Prämien als bei Werder Bremen… Heute spielt kein z.B. deutscher Nationalspieler bei einem Durchschnittseinkommen von rund 10 Millionen Euro per anno noch aus Geldgründen oder für die „Ehre". Länderspiele scheinen mir heute eher so etwas wie Promo Termine für noch höhere Kontrakte zu sein. Doch die 70er Jahre waren, speziell in Dänemark sehr anders. Und zur Nationalmannschaft reiste man auch nicht immer mit dem vielleicht gebotenen Ernst. Der prämierte Autor Bo Östlund schrieb das geradezu lyrisch in seinem Buch über Allan Simonsen („Europas bedste 30 aar efter"): „Besser wurden die Resultate in den 70ern auch nicht, wo die Spieler die im Ausland beschäftigt waren, die Nationalmannschaft als gemütliche Schullandheimaufenthalte nützten, fort vom täglichen, harten Stress in ihren Vereinen. Ein Sonntagsausflug mit Freunden. Fußball war etwas, was man nicht so schrecklich ernst nahm, in jedem Fall nicht in der Nationalmannschaft oder in Dänemark. Wenn man zwischendurch die Schweden schlagen konnte, war das gut genug." Spätestens mit dem Sponsorat von der Carlsberg Brauerei (unter der gütigen Prämisse die Amateurverhältnisse zu beseitigen) und der Ansetzung vom Deutschen Coach Sepp Piontek (am 1.7.1979) war das Fußballland Dänemark endgültig auf dem Weg in die Moderne. Weil es eben auch zuvor kleinerer, aber wirksamer Schritte dafür bedurfte.

Gerade auch deshalb ist im Nachhinein das Jahr 1978 gewissermaßen der Urknall für die Professionalisierung in Dänemark gewesen. Am 25.2.1978 wurde es dann zugunsten einer Profiliga auf der ordentlichen Mitgliederversammlung der Division amtlich. 100 Ja-Stimmen, 10 Nein, eine Enthaltung. Und die Tageszeitung „Politiken" kommentierte fast frivol: „10 Jahre Schlägerei um den bezahlten Fußball endete in fünfzehn Minuten." Einen Tag später gab es schon das erste „Penge"(Geld-)Spiel. Die Drittligisten Fremad Herning und HIK kickten. Aber dreiviertel des

Sieggeldes von 100 DKK wurde für die Deckung des Spieles benötigt. „Dies zeigte nur", berichtet Dänemark Experte Steen Ankerdal im Buch „Den Dyre Langside", „was das dänische Modell war. Ein reines 5 Öre (1 Pfenning) Profitum." Und Horsens, der Drittligist ging daran sogleich noch in Konkurs…

Vereine wie B 1903 oder der Dorfverein Herfölge (in 2000 sogar Dänischer Meister! der Verf.) die nur mit einem geringen Zuschauerzuspruch zu rechnen hatten, wurden durch private Investments reicher Gönner über Wasser gehalten. Zum einen durch einen Ejendomsmagnaten (und einen Saftfabrikanten).

Die DBU berichtete in einer Broschüre: „Bezahlter Fußball warum nun das", über das Lohnniveau der Spieler, bzw. deren vorgegebenen Rahmen. Erste Liga 0-2700 DKK, Zweite Liga 360-2500 DKK, Dritte Liga 1.100 DKK, was heute etwa 100 Euro sind. Lediglich Mitglieder der Division durften Verträge zeichnen, somit hatten 40 Vereine 524 „Profi"-Spieler. Sechs Jahre später hatten nur noch 26 Vereine 300 Spieler zu entlohnen. Auch wenn die Zeiten vorbei waren, wo Spieler mit einer Brause entlohnt wurden, war eben noch lange nicht alles Gold was glänzte. Und auch, dass der Fußball nun einfach mehr war als nur ein Spiel, leuchtete nicht allen selbstverständlich ein. Klaus Nörregaard, ein Vertragsspieler, der in vier Kopenhagener Vereinen gekickt hatte dazu: „Lass es mich bloß einmal feststellen, Fußball fühlt sich mehr und mehr als Arbeit an, die bestens möglich ausgeführt werden muss. Früher war es weit gemütlicher, man verharrte wesentlich länger in seinem Verein. Die neuen Zeiten haben es schwierig gemacht, den guten, alten Klubgeist zu erhalten. Als Jugendspieler in Hvidovre wunderte ich mich darüber, dass einige überhaupt den Verein wechselten. Heute gehen viele Spieler ausschließlich noch danach, wo der Lohn am höchsten ist." (Was den Autor wiederum stark an die Amateurzeiten im Berlin der 80er und 90er Jahre erinnert.) Nun darf man Dänemark, das Land der ältesten Monarchie der Welt, nicht generell als rückständig reklamieren. Ob bei der Rückgabe von Pfandflaschen im Supermarkt-Automaten über Industriemaschinen in Randers, die uns um zehn Jahre voraus waren, wie es mir mein Vater berichtete, vieles war weiter entwickelt als in der Bundesrepublik. Aber in einem Land der vielen, kleinen verwinkelten Pflasterstein-Gassen, wo Männer Pfeife rauchten und in Holzpantinen schlürften (in diesen kann man definitiv nicht sehr schnell gehen), mag es mitunter ein Kulturschock gewesen sein, auf diverse Annehmlichkeiten zu verzichten, und das geliebte Hobby zum Beruf zu machen.

Allein die nach und nach hie und da stattfindende Verbannung des Bieres aus der Mannschaftskabine sei hier nur exemplarisch genannt. So als der kurzzeitige Bayern München Profi Viggo Jensen, der sich in Dänemark als Trainer einen ausgezeichneten Ruf erarbeitete, seinen Herren Spielern von Silkeborg IF verbot, nachdem Training direkt in der Kabine ihr Bier zu trinken. Damit wollte er der Jugendabteilung ein Zeichen geben. Die „Profis" empfanden es ein wenig als einen „Kulturschock", aber daheim war der Trainer ja nicht mehr in Reichweite, und scherte sich wohl auch nicht sonderlich darum, wer dort sein „bajer" genoss. Auch Allan Simonsen merkte 1983 nach seiner Europa Tournee Heimkunft zu Veile BK, dass ein etwas anderer Wind im kleinen Land zwischen den Meeren wehte. „Es sah so aus, als ob es lustiger war in den 1970er Jahren. Es gab damals mehr feste Zusammenkünfte, wo auch die Spieler ihre Frauen mit dabei hatten. Damit hat es sich nun größtenteils erledigt. Dafür sind eine Menge ökonomischer Probleme entstanden, die fühlbar sind. Nach einem guten Spiel bekommen wir vielleicht ein Bier, aber dann ist auch schon Schluss. Das hat natürlich auch seinen Hintergrund. Wir bekommen Geld für unser Spiel, da können wir nicht in Sack und Asche gehen. Aber das gemütliche Miteinander war schöner als Geld. Es war auch natürlich, dass die Familie, wenn man schon so oft weg von daheim war, mit einbezogen wurde." Simonsen hat hiermit einen wahren Kern getroffen, aber dass er selbst ein Geldverdienen nach seinen lukrativen Jahren in Mönchengladbach und Barcelona nicht mehr allzu nötig hatte, lässt einen solchen Blickwinkel denn auch eher zu. Insgesamt fiel auf, dass der dänische Fußball, wenn man so will „undemokratischer" wurde, die Elite wurde dem Breitensport deutlich vorgezogen und der oft gebrauchte sozialromantische Spruch von den Reichen, die immer reicher werden und, dass die Kleinen immer kleiner und ärmer wurden, hielt Einzug. Bei B 1909 wurden 1978 die Talente förmlich mit Gratisschuhen, Trainingsanzügen usw. geködert. Der Trainer erklärte: „Wenn wir solche Mittel nicht ausschöpfen, können wir schlecht konkurrieren mit Deutschland, Holland oder England. Deutsche Jugendspieler bekommen 100 DM für ein gewonnenes Spiel", echauffierte sich jener Jugendcoach und sah somit gewisse Notwendigkeiten, schon auf der Jugendebene. Auch wenn z.B. Bröndby IF bereits 1987 vermeldete, sich auf das Vollprofitum eingestellt zu haben, so war damit eben keine allgemein gültige Regel aufgestellt worden. Eher im Gegenteil, besieht man sich das Beispiel vom jütländischen Erstligaverein Silkeborg IF. Dieser wurde in 1994 Dänischer Meister (mit dem späteren dänischen

Nationalcoach Bo Johansson als Cheftrainer), doch erst ein gutes Jahr später wurden mit Michael Larsen und Heine Fernandez die ersten beiden Spieler als Vollprofis angestellt, der Rest des Kaders ging also weiterhin einer Halbtagstätigkeit nach (!), was natürlich teilweise zu unliebsamen Verwicklungen führen musste, insbesondere wenn europäische Aufgaben warteten. Spieler Morten Bruun berichtet in seiner Autobiographie: „Ich selbst arbeitete ja als Informationschef der Jütländischen Ballspiel Union, und konnte nicht einmal für einen Monat freigekauft werden, da mein Arbeitgeber ja nicht irgendjemanden an meine Stelle hinsetzen konnte. So bedeutete mein Kombi-Job, dass, wenn ich wegen eines EC Pokal Einsatzes einige Tage fort war, sich in meinem Büro die Akten stapelten." (...) Einmal kam ich von einem EC Cupspiel um vier Uhr morgens nach Hause und musste um 9 Uhr im Büro sein. Dass dies meiner Leistung auf dem grünen Rasen nicht gerade förderlich war, verstand sich dann von selbst." Und noch etwas gab Bruun zum Besten, noch als Meisterspieler musste er jährlich 1500 DKK (heute etwa 200 Euro) für die Waschkosten des Vereins abdrücken...

Und weil wir nun eben schon bei konkreten Zahlen sind: „Bruun hatte seine Gehaltszahlen der Jahre 1988 und 1998 veröffentlicht, also genau zehn und zwanzig Jahre nach der Einführung des Profifußballs in Dänemark. In 1988 kassierte er demnach monatlich 9.590 DKK (1.250 Euro). 1998 (nun waren auch in Dänemark relativ üppige TV-Gelder geflossen) hatte sich sein Gehalt faktisch um 739 Prozent gesteigert. 70.869 DKK (etwa 9.400 Euro). Besieht man sich bundesrepublikanische Profigehälter von Beginn der 1970er (!) Jahre wird einem da dann trotzdem schwindlig. Kay Schiller in seinem Buch „WM 74 Als der Fußball modern wurde": „Knapp zehn Jahre später, 1972, als der DFB die Gehaltsbeschränkungen aufhob, bekam ein typischer Bundesligaspieler zwischen 5.000 und 12.000 DM im Monat. Das entsprach dem Gehaltsniveau zwischen einem Bankfilialleiter und einem Chefarzt."

„Bei meinem ersten Vertrag bei AGF bekam ich (1985, der Verf.) 1.000 DKK (heute 1.300 Euro), das war schon toll, vor allem stand es in der Zeitung, dass ich nun Vertragsspieler sei." (Flemming Povlsen im Video „Musketerne Brian Laudrup og Flemming Povlsen")

Die Geburtswehen waren also unverkennbar, bedenkt man allein eine Anekdote aus 1978, als eben quasi mit einem Schlage alles besser werden sollte. Frem Kopenhagen, der blau-rote Arbeiterclub spielte im

EC Cup der Pokalsieger gegen Nancy, bei denen deren Weltstar Michel Platini aber gerade fehlte. Frem siegte überraschend im heimischen Valby Idraetspark mit 2:0. Beim Rückspiel warteten die französischen Journalisten auf Frem Trainer Jimmy Strains, der jedoch nicht anwesend war, da ihm sein Arbeitgeber nicht frei gegeben hatte. Die Reporter fragten dann nach dem Spieler Lars Larsen, der jedoch wegen seiner Flugangst mit dem Zug anreiste, aber auch noch nicht pünktlich angekommen war. Dann wollten sie eben mit Mittelfeldboss Jakob Rosander sprechen. Antwort: Dieser sei im Zug, Lars Larsen Gesellschaft leisten. Nach Spielschluss, tief in der Nacht kamen die beiden schließlich an in Nancy, ihr Frem hatte aber leider bereits 0:4 verloren…

Der Präsident der DBU Carl Nielsen hatte im Oktober 1978 gefordert, dass „Schluss sein müsse mit der halbprofihaften Einstellung für die Länderspiele. Mit der Bezahlung, die wir ihnen angedeihen, können wir es uns erlauben zu erwarten, dass sie wie in ihren Vereinen auftreten." Markante, verständliche Worte. Der neue Aufbruch in Richtung Professionalisierung war eingeleitet. 15 Jahre nachdem bei uns die Bundesliga gestartet war.

Fast zuerst kam der Ball …

Zwar war, wie wir nun gesehen haben, die Professionalisierung keine sich schnell etablierende Angelegenheit, bei einer weiteren aber sehr bedeutenden Sache waren die Dänen im Fußballsport eminent wichtig und rasch am Werk. Nicht nur Gründungsmitglied der FIFA waren sie, nicht nur den ersten Verein auf dem europäischen Festland, auch den Ball selbst hatten Dänen in die richtige professionelle Form gebracht. Und dies kam so: Der am 15. September 1918 in Esbjerg geborene Eigil Nielsen war Torhüter und zog bereits als Jugendspieler nach Kopenhagen, um sich dort selbstverständlich KB anzuschließen, mit denen er später viermal Dänischer Meister werden sollte (1940, 1948, 1949, 1950). Im Krieg ging er in den Widerstand und floh direkt vor den Dänemark besetzenden Nazis in einem Kajak, wo man ihn jedoch aufspürte und für vier Monate ins Gefängnis steckte. Eine neuerliche Flucht gelang und so konnte er 1945 in sein geliebtes Heimatland zurückkehren. Die Nazi Barbarei war im Königreich mit dem grauslichen Krieg gemeinsam zu Ende gegangen. Von 1940 bis 1951 stand er im Tor der dänischen Landsholdet, typischerweise für die damalige Zeit begann er gegen die Schweden, und beendete die Ländermannschaftslaufbahn auch gegen die Trekroner. Dann startete er sofort seine zweite Laufbahn, die ihm auch deshalb glückte, weil er Sportpsychologie studierte und in der Schuh- und Lederbranche jobbte; er schloss 1951 gleich einen Vertrag mit der DBU, um Fußbälle für die Länderspiele bereit zu stellen. 1962 gelang dem begabten Tüftler dann seine größte, folgenreichste Erfindung, ein Fußball mit 32 Feldern!

1974 gab es mit dem „Derbystar" den ersten handgenähten Ball aus synthetischem Material. Das Produkt der Firma aus Glostrup (liegt in Kopenhagen, Verkaufschef ist übrigens Ex-Profi Sören Busk) ging folglich wahrlich rund um die Welt, und wurde nicht nur bei Länderspielen der Dänen eingesetzt, auch in der deutschen Bundesliga wurden schon in der Saison 1978/80 alle Spiele mit dem tollen Sportgerät absolviert. Mit dem handgenähten „Bundesliga Brillant APS" ist der Derbystar nun auch in der Bundesliga zurück. Prima aus Dänemark wird nun wieder bei jeder geschlagenen Flanke samstagnachmittags ein Gesprächsthema. Eigil Nielsen verstarb im Jahr 2000 mit 81 Jahren während eines Altherrenspiels von KB, sein Lebenswerk wird aber natürlich dennoch auf ewig weiterleben.

Das „Bundesliga Magazin" informiert in Ausgabe 7/8/18: „Jährlich werden rund drei Millionen Bälle exklusiv bei Anwar Khawaja Industries (AKI) hergestellt, einem von Fairtrade zertifizierten Unternehmen. (...) In Sialkot werden täglich 7500 DERBYSTAR- und SELECT-Bälle per Hand genäht. 630 Doppelstiche, 60 Eckstiche aus der Blase, einem 18 Meter langen Faden, 20 Sechsecken und 12 Fünfecken entsteht ein Spielgerät."

EXKURS: Arne Sörensen. Klempner, Nationalspieler, Nationaltrainer. Der unbekannte Held

Als der hier schreibende Autor vor etlichen Jahren in seinem Kopenhagener Lieblingsantiquariat in der Österbrogade, nur einen Steinwurf vom dänischen Nationalstadion „Parken" entfernt, die enge hölzerne Treppe hinabstieg, ahnte er noch nicht, welches zunächst völlig unscheinbare Buch ihm für läppische 30 DKK in seine Sammlung fiel. „Arne Sörensen. Fodbold ruller for Danmark", aus dem Jahre 1959 nämlich. Mit diesem Namen konnte ich zunächst so rein gar nichts anfangen, doch nach einem Mehr und Mehr des begeisternden Lesens, stieg in mir der Wunsch empor, diesen Herrn Sörensen dem deutschen Lesepublikum näherzubringen. Warum müssen Publikationen immer nur von auf den ersten Blick so interessanten Spielern wie Pele, Maradonna, Messi, Neymar oder Beckham handeln, hier liegt zwar eine weitgehend unbekannte Autobiographie von jemanden vor, der keinen Hehl aus seinen Verfehlungen, Leistungen und Empfindungen macht, und der dennoch ein beeindruckendes Leben geführt hat. Er brachte es auf 30 A-Länderspiele (als Kicker), auf 40 A-Länderspiele (als Nationaltrainer) und des Weiteren als Profi - wenn auch im ersten Moment unfreiwillig nach Frankreich. Das beschriebene Buch, welches beim dänischen Verlag Branner und Korch erschien, wurde innerhalb von nur 6 Wochen zweimal um seine Auflage erweitert, sodass es seinerzeit rasch zu 16.500 gedruckten Exemplaren kam. Nicht wenig, bedenkt man das kleine Sprachgebiet, in dem sich ein solches Buch verkaufen lässt. Während also in der Bundesrepublik zur derselben Zeit Fritz Walter, Helmut Rahn, Max Morlock oder Hans Schäfer ihre literarisch recht einfältigen Jubelbiographien schreiben ließen, die Fußballfans wohl mehr um des reinen Sammelns willens kauften. Jedenfalls hat der 1917 Jahrgang einen gut geschriebenen Rückblick erstellt, oder wohl erstellen lassen, ohne jedwede Klimmzüge im Bereich der Verklärung. Vielleicht war er kein Held, keiner im Sinne eines Sepp Piontek, Michael Laudrup oder Morten Olsen. Aber er erlebte und setzte wichtige Meilensteine eines Profis, der dazu freilich eher unfreiwillig gemacht wurde. Denn Arne Sörensen hatte bei einem innerdänischen Vereinswechsel 500 Dänische Kronen vom Handschuhmacher Lund angenommen, und wurde damit unweigerlich zum Profi erklärt, was bedeutete, dass er nicht mehr in der Nationalelf spielen durfte und auf Lebenszeit gesperrt wurde. Ein dänischer Journalist von B.T. verhalf ihm dann immerhin für die Ablösesumme von 16.000 DKK zu einem Vertrag bei Stade Francais.

(Später spielte er auch in Nancy.) Aus Frankreich zurückgekehrt beginnt er - der wahrlich nicht Nachtragende - Trainerkurse der DBU zu absolvieren. Andererseits verdingt er sich (als gelernter Klempner) bei der Installation der neuen Tribüne im Kopenhagener Zentralstadion. Das muss man sich auf der Zunge zergehen lassen, ein Ex-Fußballauslandsprofi arbeitet im Blaumann wieder körperlich... Und, dass er später Dänischer Nationaltrainer wird, ist beachtlich, schließlich wurde er auch als Spieler bereits aussortiert, dank seiner bisweilen zügellosen Lebensweise. So hatte er 1945 bei einem sogenannten „Unionskamp" Auswärtsspiel des Verbandes in Aarhus mit vier Kameraden in einem Nachtclub gefeiert, und das Boot heimwärts nach Kopenhagen somit verpasst. So war nach 26 Länderspielen (zunächst) Schluss mit dem Tragen der Landesfarben.

Seine nicht immer ohne Tragik ausufernde Lebensgeschichte beginnt der Irrationale in den damaligen Höfen des Stadtteils Österbro, wo er mit dem Lederball Fensterscheiben zerdepperte und natürlich hoffte, einmal später als Fußballer groß heraus zu kommen. Der übliche Weg ganzer Generationen von heute nicht mehr vorhandenen Straßenkickern. Doch eines Tages erfüllt sich sein Wunsch, er darf von elterlicher Seite mit neun Jahren in einen Fußballverein eintreten. B 1903 wird es und er und seine Kameraden ziehen sich in einem Klubhaus um, überqueren dann die Öster Allee (direkt vor dem heutigen „Parken") um auf der anderen Straßenseite in den Faelledparken zu gelangen, wo seit Menschengedenken gekickt wird. „Was spielst du denn?" fragt sein Trainer den jungen Lockenkopf, und dieser antwortet frech: „Rechtsaußen!", eine Position, die er nur deshalb kennt, weil sein Nationalspieleridol Henry Hansen diese Position einnahm. Sehr angenehm empfindet der junge Pimpf, dass nun ein Trainer das Kinderspiel leitet, und es nicht mehr die ewig langen Debatten wie auf den Höfen gibt ob es nun Strafstoß geben muss oder ein Foul vorliegt usw. Und Sörensen trifft in seinem Kindertrainingsspiel auch gleich ganze vier Mal. Dann tritt die bekannte Metapher, dass „Lehrjahre keine Herrenjahre" sind in sein Bewusstsein. Von morgens um Sieben bis nachmittags um Fünf ist er mit seiner Klempnerausbildung beschäftigt, ehe er nach einer warmen Mahlzeit abends um sieben in der Berufsschule sein muss, die bis halb neun geht. Anschließend fährt er mit seinem Freund Börge Mathiesen zum Kicken bis in die Dunkelheit. Doch alles was er auf sich nimmt, führt doch am Ende zum Erfolg. Schon früh etabliert er sich beispielsweise in der ersten Männermannschaft der 1903er und mit bereits 19 Jahren debütiert er am 12.9.1937 in der Nationalmannschaft. Eine Endstation

Sehnsucht reichte ihm die Hand. Zu verdanken hatte er seine frühe Nominierung der bekannten deutschen „Breslau Elf". Denn im Mai hatte Deutschland in jener traditionsreichen Stadt die Dänen mit 8:0 förmlich auseinandergenommen, im heutigen Polen also, woher später deutsche Nationalspieler wie Miroslav Klose und Lukas Podolski stammten. Und wo drei Jahre später Sepp Piontek geboren wurde. Jedenfalls führte diese Schmach zur Ausbootung von sieben dänischen Akteuren und mit 5:1 wurde folglich das nächste Länderspiel gegen Norwegen siegreich gestaltet, mit Sörensen als Reservist. Dann folgte die Reise nach Warschau, zum Länderspiel gegen Polen. Das 1:3 ist nicht so aufsehenerregend, eher schon Sörensens Gepäckstück, das er mitführt. Da der junge Lehrling noch keinen Koffer für derartige Reisen besitzt, borgt er sich von seiner Oma eine größere Handtasche, mit der diese für gewöhnlich im Alltag zum Einkaufen geht. Jene Tasche nahm sie dann stolz wieder in Empfang, schließlich prangten nun darauf Aufkleber vom polnischen Hotel…

Ein Länderspiel weiter gab es einen Sieg auf auswärtigem Terrain, der historischen Charakter besaß. So wurde am 3.10.1937 das Rasunda Stadion in Schweden eingenommen, mit einem 2:1 Sieg. Danach sollten Schwedens Fußballplätze für die Dänische Nationalelf schier uneinnehmbar werden, für geschlagene 39 Jahre. Erst am 11.5.1976 (!) gab es mit 2:1 dort wieder einen Sieg. Auf dem Platz die späteren Bundesligakicker Morten Olsen, Ove Flindt-Bjerg und Lars Bastrup, letztere erzielten auch die Tore.

Zwanzig Jahre nach seinem Debüt als Nationalspieler avancierte Sörensen schließlich als „Landestrainer", nicht „Nationalmannschaftstrainer", was bedeutete, dass er im ganzen Lande Vorträge zu halten hatte, was ihm aber überhaupt nicht behagte. Im Übrigen nicht wegen Unwissenheit, im Gegenteil, Sörensen galt als wahrer Taktikfuchs. Er sollte während seiner Tätigkeit des Weiteren die Vereine aufsuchen und nebenher den 10-Jährigen noch Dinge vermitteln, zu viel verlangt für unseren Helden, der daraufhin dann verschmäht wurde. Doch hatte er mehr als reüssiert in seinen Jahren von 1957 bis 1961 (40 Spiele, 21 Siege, 7 Remis, 12 Niederlagen, bei einer Tordifferenz von 95 - 75). Sein größter Coup gelang 1960 mit dem Gewinn der Silbermedaille bei den Olympischen Spielen in Rom. Er war quasi der Einleiter der Moderne im dänischen Fußball, ließ früh das 5-3-2 System spielen und hatte sich auch von seiner Wortwahl her als nicht von gestern gezeigt. So sagte er nach dem Halbfinaleinzug zu seinen Spielern: „Diese Nacht habt ihr frei, ihr könnt trinken und rumhuren so viel ihr wollt. Wer will, kann mit mir gehen. Aber alle haben morgen früh um 9 Uhr beim Training zu sein." Klingt fast nach Altmeister Udo Lattek ...

Auch auf Vereinsebene hatte Sörensen Erfolg. So machte er Esbjerg (1963), KB (1968) und Hvidovre (1973) zum Landesmeister und heimste mit Esbjerg (1964) und KB (1969) noch zwei Pokaltriumphe ein. Arne Sörensen verstarb am 1. Mai 1977 mit gerade einmal 59 Jahren, zu früh.

DIE TRANSFERBEWEGUNG.
VON DÄNEMARK HINAUS IN DIE WELT

Die Dänen erobern die große weite Fußballwelt

Statistik ist für die einen ein notwendiges Übel, für andere hat sie eine schier magische Anziehungs-und Aussagekraft. In der dänischen Transferbewegung hat sie jedoch einen derart eindeutigen Charakter, dass selbst Statistik-Muffel nur noch einsichtig mit dem Kopf nicken können. Sie zeigt nämlich tatsächlich eine immer weiter zunehmende „Verdänisierung" der europäischen Fußballwelt auf. Von 1913, zum ersten Dänen im Ausland kommen wir gleich noch, bis 1949 wechselten 20 dänische Fußballspieler ins Ausland. In den 1950er Jahren waren es 17, in den 1960ern 81, in den 1970ern 121 und in den ersten drei Jahren der goldenen 1980er Jahre schon 46, wobei hier dann natürlich bereits einige heimgekehrte Fußballer darunter waren, die es erneut vorzogen, sich abermals im Ausland zu beweisen. Ehe Ende der 1940er Jahre eine kleine dänische Invasion in Richtung Italien einsetzte, wurde zunächst das englische Königreich beglückt. Im wahrsten Sinne des Wortes, denn der erste Däne, der Cand. Jurist Nils Middelboe, der 1913 zu Chelsea London als Amateurspieler an die Stamford Bridge zog, heiratete sogar in England ein. Als Nils Midddelboe die Insel nach 23 Jahren verließ (als Abteilungsleiter einer Londoner Bank im Übrigen), hatte er einen hohen Beitrag für das Ansehen der dänischen Nation geliefert, die sich auch in den Worten der damaligen FIFA Koryphäe Sir Stanley Rous ausdrückte, der da sagte: „Nils Middelboe war bekannt als ein herausragender Amateur für Chelsea in der Zeit von 1913-1922. Jene, welche ihn spielen sahen, reden noch immer vom „großen Dänen". Er drückte eine Kunstform aus in seinem Spiel, und ich übertreibe nicht, wenn ich sage, dass Chelsea im Speziellen und der Fußball im Allgemeinen bereichert wurde durch seinen Aufenthalt in England."

Nils war einer von drei Brüdern, die anderen beiden waren ebenfalls Fußballer und mit seinem älteren Bruder Kristian spielte er sogar gemeinsam in der Nationalelf. Natürlich als Amateure, denn in England betrieb er sein Fußballspiel ja nur als Freizeitbeschäftigung. Nils absolvierte 15 A Länderspiele und war der Schütze des ersten Treffers. Beim 9:0 Erfolg über Frankreich bei den Olympischen Spielen 1908, im White City Stadium vor 2000 Besuchern in der 10. Spielminute. An der Seite seines Bruders Kristian (fast selbstredend auch ein KBer) und auch von Harald Bohr von AB, dem Bruder des weltberühmten Atomphysikers Niels Bohr, die es inzwischen sogar namentlich in die Quizshow von Günther Jauch „Wer wird Millionär?" gebracht hatten. Nils Middelboe wurde nicht nur zum Idol, weil er so gut kickte, auch außerhalb des Rasens machte er von sich reden. Er hielt Vorträge zum populären Spiel und schrieb Kolumnen in englischen, dänischen und schwedischen Zeitungen. Nachdem er 1936 nach Dänemark zurück kehrte wurde er Direktor der KB Halle. Nils starb mit 88 Jahren und ein von ihm überlieferter Satz hat noch heute seine Relevanz und Gültigkeit: „Es ist keine Übertreibung festzustellen, dass die meisten der großen Fußballnationen in der Welt vom dänischen Fußball lernen können."

Und da dies sehr bald zum geflügelten Wort werden sollte, schwärmten alsbald die humorvollen, technisch beschlagenen Dänen hinaus in die Welt. Ein Fakt, der sich bis zum heutigen Tage zum Glück nicht geändert hat, denn die Wertschätzung der Skandinavier, nicht zuletzt wegen ihrer menschlichen Qualitäten, ist im Allgemeinen ungebrochen. Der erste Profi, der mit dem Kicken im Ausland sein Geld verdiente war der Schuhmacher Sohn Carl „Skoma'r" (Schuhmacher) Hansen, der für 20 englische Pfund Ablöse (er selbst sagte witziger Weise „für 10 Kilo") zu den Glasgow Rangers wechselte. (Zwischen Nils Middelboe und ihm wechselte in 1913 nur ein weiterer Spieler (als Amateur) ins Ausland, nämlich der vom Arbeiterverein Frem Kopenhagen stammende Sophus „Krölben" Nielsen, den es seinerzeit zu Holstein Kiel zog.) Wie so häufig wurde der „Skoma'r" bei einem Spiel (im Frühjahr 1921) entdeckt, genauer bei einem Spiel in Freundschaft zwischen einer dänischen Auswahl (er selbst kickte bei 1903 Kopenhagen, um die es gehen sollte laut einer anderen Quelle) und den Rangers im Idraetspark. Hier beeindruckte der Angreifer mit dem kanonenstarken Schuss (der auf einem Spielfoto wie ein übergewichtiger Rentner in kurzen Hosen ausschaut) die Vereinsführung der Schotten derart, dass sie ihn verpflichteten. Das große Fußballglück ereilte den humorvollen Draufgänger im Whisky-Land dennoch trotz mehrerer sportlicher Triumphe nicht, denn mehrere schwere Verletzungen, als Tribut seiner ungezähmten Spielweise, verhinderten dies. Auf die Frage, wie viele Beinbrüche es in Schottland denn gewesen sind, antwortete der Unverwüstliche: „Es steht nun 2:2 zwischen dem linken und dem rechten Bein." Doch nicht nur diese waren ein Hindernis, auch die Verbandsgewalt der DBU bekam der „Schuhmacher" zu spüren. Denn nach der Rückkehr ins kleine Königreich wurde er, wie damals üblich, für zwei Jahre sportlich gesperrt, ehe er - wie eine Katharsis quasi - seinen

Amateurstatus wiedererlangte, der ihn berechtigte der dänischen Nationalelf wieder die Ehre zu erweisen. 1943 wurde er übrigens nach der „Belästigung" eines Deutschen für mehrere Monate in ein dänisches Gefängnis und das KZ Neumünster gesteckt. Carl Hansen verstarb zwei Tage nach seinem 80. Geburtstag am 19.5.1978 in seiner Heimatstadt.

Ende der 1940er Jahre lockte die Dänen vor allem das Lire Paradies Italien. Hatte zunächst die Weltwirtschaftskrise und der schreckliche 2. Weltkrieg die Transferbewegung vollständig in die Knie gezwungen (von 1928 bis 1947 ging beispielsweise kein dänischer Kicker ins Ausland). Danach wurden dänische Spieler auf den Einkaufszettel gesetzt, nicht zuletzt nach ihrem dritten Platz 1948 bei den Olympischen Spielen in London. 15 Kicker wechselten in den italienischen Stiefel von 1948 bis 1953 und es steckten mitunter amüsante Episoden in den Aufenthalten. Welche Vorteile es hatte, ein wohlgesonnener Fußballprofi zu sein, erfuhr der Spieler Helge Bronee, der mit drei dänischen Seeleuten auf Sizilien im Hafenviertel von Palermo von Mitgliedern der Mafia überfallen wurde. Schon rasch nachdem Uhren und Geldbörsen die Besitzer gewechselt hatten, kamen die Übeltäter noch einmal zurück. „Bist du nicht der Däne, der für Palermo spielt?" Nach bejahender Beantwortung erhielten die Dänen sofort ihr Hab und Gut retour, und Bronee wurde sogar geküsst. „Entschuldige vielmals, aber diese Dunkelheit hier...", hörte er dann noch erleichtert zum Abschied.

Der populärste Däne in Italien wurde in den 1950er und 1960er Jahren aber John „der lange John" Hansen, welcher in 180 Spielen für den FC Juventus 127 Tore erzielte. Fiat Boss Agnelli setzte diesen Transfer gegen vereiseigene Widerstände durch. Seine vielen Tore erzielte Hansen im Übrigen oftmals mit Hilfe von Carl Aage Prest, einem wieteren Dänen, der häufig den linken Flügel aufriss. Hansen, mit vollem Namen John Angelo Valdemar Östergaard Hansen, hatte das Ausstellungsfenster der Olympiade also weidlich genutzt, da er ausgerechnet gegen das stolze Italien viermal traf. Als er mit dreißig Jahren und der obligatorischen Quarantänezeit in Dänemark bei einem Freundschaftsspiel Alliancen gegen Bologna auf sich aufmerksam machte, sagten die italienischen Spieler zu den Dänischen: „Wenn er nach einem solchen Spiel aufhört zu kicken, hätten wir anderen am besten nie begonnen." Gegen die nicht erhaltene Zurückerlangung des Amateurstatus prozessierte Hansen an der Seite anderer „Profiler" wie Leschly, Sörensen, Prest (der mehr als 200 Spiele für Juventus Turin absolvierte) und Aage Hansen. Sie gewannen gegen die DBU, allerdings war der rot-weiße Dress weiterhin tabu.

Nicht immer wusste allerdings ein nach Italien verkaufter Spieler, wo genau er landete. So klingelte einst das Telefon bei Familie Laudrup, und am anderen Ende der Leitung war Juventus Turin, die den 18-jährigen Sohn Michael ja nun verpflichtet hatten. Geschehen war dies u.a. über die Kontakte des Ex-Juventus-Spielers Mario Astori, der schon KB trainierte und zum Zeitpunkt der Kontaktaufnahme im Frühjahr 1983 Coach von HIK war. So kamen die Herren aus Turin in das Haus Astoris draußen auf Amager, worauf sich der Kopenhagener Flughafen befindet. Alles schien binnen drei Stunden perfekt zu laufen. 4 Jahre für den jungen Michael Laudrup, aber er durfte noch eine Zeit zur persönlichen Reifung in Bröndby verbringen, teilten ihm die Italiener entgegenkommend mit. Vor allem weil man noch Boniek und Platini im Kader hatte und nur zwei Ausländer spielen durften. Doch erstens kommt es anders, und zweitens als es das junge dänische Toptalent dachte. Als Laudrup im Juli dann mit den blau-gelben Bröndbyern in Österreich beim Toto Cup weilte, bekamen sein Vater und er einen Anruf von Juventus Boss Giampiero Boniperti. Dieser mahnte, es gebe die akute Gefahr eines Importverbotes für ausländische Spieler, Michael müsse ganz schnell nach Italien kommen, man müsse einen neuen Vertrag aufsetzen. ... „Wir sind genötigt, Michael bei einem der drei Aufsteigervereine zu parken." In Frage kamen Catania (Sizilien), (Lazio Rom und der AC Mailand, der nach seiner Tippskandal-Beteiligung zurückgekommen sei aus der 2. Liga. Die Mailänder hatten sich bereits mit ihren Wunschspielern eingedeckt und nach Sizilien wollte Michael unter keinen Umständen, also blieb Lazio. „Sie hatten einen Vertrag unterschriftsbereit dabei. Danach fuhren wir zurück zum Bröndby-Team nach Österreich. Es ging so schnell, es war so unwirklich" schildert es Laudrup im Buch „Mod nye maal" (1989). Da war sie also wieder vonnöten, die dänische Gelassenheit, das einzusetzende Pendeln zwischen hyggelig (gemütlich) und afslappet (entspannt) um so etwas wegzustecken. Als 19-Jähriger. Doch nicht nur, dass es gar keine Änderung der Bestimmungen über ausländische Akteure geben sollte, auch eine weitere Saison parkten die Turiner ihren Jungstar bei dem Abstiegskandidaten Lazio, und dort hatte er seinen „schlimmsten Trainer" der Karriere zu ertragen. Wenn einer eine Reise tut...Juan Carlos Lorenzo, seines Zeichens argentinischer Staatsbürger hatte, was Michael leider nicht erwähnt hatte, sogar bei zwei Weltmeisterschaften (1962 in Chile und 1966 in England) die Argentinische Nationalmannschaft trainiert.

1971 war er mit Lazio aus der Seria A abgestiegen, und seine plötzliche Rückkehr 1984 nach Italien (er hatte laut Michael Laudrup sich nicht mehr fußballtechnisch mit Italien beschäftigt) schien ein enormes Wagnis. Und der junge Laudrup erlebte in der Tat Sonderbares. So eine neue taktische Trainingsvariante. 11 Mann stellten sich mit Ball in die eigene Hälfte, um sich dann - ohne Gegenspieler! - den Ball zuzuspielen und ein Tor zu erzielen ... „Das konnte Lorenzo froh und zufrieden machen, die Taktik war geglückt." weiß Laudrup beim Erzählen auch nicht so recht, ob das noch lustig war. Aberwitzig auch die Fitnesstipps des Trainers. Der Verteidiger Filisetti hatte am Wochenende gegen Trevor Francis anzutreten. Lorenzo hatte einen Plan: „Hör zu Filisetti, Francis ist unglaublich schnell. Er wiegt 72 Kilo, wie viel wiegst du?" Da der Verteidiger 75 kg wog, befahl im der Trainer diese 3 Kilo abzunehmen. So gab es für den armen Kerl bis zum Match gegen Sampdoria Genua nur noch Brot und Salat, so dass der geschwächte Kerl („er konnte sich kaum noch auf den Beinen halten" so Laudrup) schnell das Nachsehen hatte. Francis traf und legte auf, und Lazio hatte das Nachsehen ...

Italien war aber nicht mehr das einzige Reiseziel ehrgeiziger Player aus dem kleinen Königreich, auch Frankreich hatte längst und im Grunde als erstes einen wichtigen Reisestatus erlangt, als 7 Spieler allein bis 1947 ihre Zelte homogen bei Stade Francais aufgeschlagen hatten. Nun folgten auch Schweden (Sundvall), die Schweiz (Lugano), die USA (Per Knudsen ging 1956 zu den Los Angeles „The Danes") und abermals Frankreich (Marseille, Metz). Es folgten weitere „Invasionen". Zuerst wurde Schottland sportlich und finanziell „in" (8 Transfers 1964/65) ehe dann endlich eine, wenn auch nicht pure, Erfolgsgeschichte dänischer Spieler in der deutschen Bundesliga begann.

Die Dänen in der Bundesliga: Mentalitätsprobleme manchmal inklusive

Im Großen und Ganzen hatte es die Bundesliga mit drei „Volksstämmen" zu tun, die bis heute immer wieder Teil der Bundesliga sind, aber auch ganze Dekaden zeichneten. Die Flut begann mit den Jugoslawen in den 1960er und 1970er Jahren. „Sie verschlangen Kapital, das sich kaum verzinste", resümierte es der „Kicker" wenig schmeichelhaft. Aber dieses Thema spare ich hier besser aus, es ist zu negativ besetzt und ich möchte dennoch keine Vorurteile schüren, es interessiert wenig in einem

Buch über den dänischen Fußball. Nach und nach folgten ihnen die Dänen, ehe in den 1990er Jahren verstärkt auf brasilianische Kicker zurückgegriffen wurde. Zu Beginn des neuen Jahrtausends machte ich mir die Mühe, die Durchsetzungsfähigkeit bzw. Erfolgsquote der Spieler aus diversen Nationen zu berechnen, eben vor allem von jenen aus den drei genannten Einzugsgebieten. Das Ergebnis war, und ich spreche hier wirklich „nur" bis zum Zeitpunkt um das Jahr 2001, recht eindeutig. Die Dänen waren in der Breite gesehen im Grunde die Effektivsten, erst recht auch unter der Prämisse, dass die ersten Erfolgstransfers ja günstig waren, da sie mit Amateurvereinen ausgehandelt wurden.

„Ihrem Bericht zu Folge haben sich von 39 Brasilianern 23 durchgesetzt. Dies ergibt eine Quote von 58,9 Prozent. Nun habe ich diese Statistik auch mit den Dänen in der Bundesliga angefertigt. Von 66 Dänen in der Bundesliga packten es 43, dies macht eine Quote von 65,15 Prozent." (Markus Franz via Internet in der SPORT BILD.) (Fairerweise muss ich aber zugeben, dass mein Hauptkriterium, meine Messlatte sozusagen bei den dänischen Kickern recht niedrig angesetzt war. Schon bei 20 Ligaspielen in der Liga pro Saison gab ich den Spieler als rentiert an.)

Zwar lagen die Brasilianer wohl noch in der Spitze vorn, weil Ailton, Ze Roberto, Marcelinho, Julio Cesar, der leider bereits verstorbene Alves , Emerson oder später der Linksverteidige Gilberto doch größtenteils noch bessere fußballerische Fertigkeiten mitbrachten als Christian Poulsen, Sören Colding und Co, doch rechnet man überteuerte Transfers (Alves) und überteuerte Flops wie Luizao, ab, beide bei Hertha BSC von einem Herrn Hoeneß verpflichtet, sind die Dänen schon insgesamt die lohnenswertesten in der Geschichte der Fußball Bundesliga gewesen. Es gibt bereits ein schönes Buch über dieses Thema, und wir können und werden hier nur noch unsere dänischen Freunde betreffend die Sache weiterverfolgen, ansonsten geriete dies hier zu einem völlig anderen Buch. Was ist beim Dänen von Vorteil, was charakterisiert ihn? Fleiß ganz sicher und eine recht hohe Anpassungsfähigkeit (mental und natürlich klimatisch), überwiegend technisch gutes Rüstzeug, gepaart mit individueller Eigenart, zumeist im sympathischen Bereich. Schreibe ich den Dänen etwas Negatives ins Stammbuch, dann höchstens eine zuletzt immer mehr geschwundene Widerstandsfähigkeit. Dies hat jedoch leider häufig auch mit schlechten Ratgebern zu tun. Dieses ewige Verleihen und Rosinen rauspicken hat derart überhandgenommen, dass der Vorwurf an die Spieler sich auch teilweise schon wieder in Grenzen hält. Der „Berater" hat gerade wieder einen tollen neuen Club gefunden, dann nichts wie hin, doch fällt eben auf, dass Spieler die in 6 Jahren bei acht Vereinen spielten, selten Stars werden, sondern bald nur noch als Auslaufmodelle betrachtet werden. Am Beispiel des Angreifers Peter Madsen, den mein Anwalt dereinst nach Bochum brachte, werde ich dieses Phänomen an anderer Stelle noch kurz erläutern dürfen. Muss man bei der Mentalität der Dänen schon deutlich zwischen hemdsärmeligeren Stadtmenschen (aus Kopenhagen, aber auch Aarhus) und den oft gemütlichen Jütländern unterscheiden, eint doch alle Dänen häufig ein Begriff in mehr oder weniger starker Ausprägung, den des „Tryghedsnarkoman". Das bedeutet so viel wie „harmoniesüchtiger Mann", und immer wieder erfahren wir, dass gerade dieses Geborgenheitsgefühl ein wichtiger Punkt für so manchen Dänen darstellte. Sie benötigen eine professionelle, strukturierte Umgebung aber eine auch recht familiäre Atmosphäre, und dies ist so banal wie wahr. Jan Bartram, Ex-Nationalspieler und Ex-Profi bei Bayer Uerdingen kann ein Lied davon singen, dass bei aller mitzubringender Anpassungsfähigkeit doch die in Dänemark übliche Gelöstheit (wir kennen ja nun die dänische Spitzenvokabel „aflslappet") mitunter ein Fremdwort sein kann. Bartram berichtet in seinem Buch von einem „Kulturschock", der ihn dereinst hier empfing: „Es wurde bewusst Spannung aufgebaut zwischen den Spielern und Aggressionen untereinander gefördert. Alles was in Machiavelli`s Buch „Der Fürst" von 1532 steht, konnte hier gut gelten, vor allem: „Es ist sicherer gefürchtet zu sein als beliebt.". Straftraining war ständig anberaumt, wie die Zirkus Pferde wurden wir im Kreis gescheucht. Hätte bloß noch gefehlt, dass der Coach eine Peitsche dazu geknallt hätte. Das deutsche „Ordnung muss sein", in der Jugendabteilung schon gelehrt, ließ ein Aufmucken gegen Autoritäten nicht zu." Erst mit Ankunft von Brian Laudrup besserte sich Bartram`s Gemütszustand und wenn hier der eben gemeinte Trainer aufgedeckt wird, werden alle Fußballkenner nur allzu wissend mit dem Kopf nicken: Es war Rolf Schafstall! Vieles musste er über sich ergehen lassen der Gute und auch streitbare Bartram. Kurz nach seiner Ankunft wurde er nach Nürnberg geschickt, um Spezialschuhe anfertigen zu lassen. Auch hier ein recht deutlicher (deutscher) Empfang: „So hässliche Füße habe ich ja seit Katsche Schwarzenbeck nicht gesehen…" Auf Schafstall folgte Horst Wohlers, ehe mit Timo Konietzka wieder ein Exerziermeister das Ruder übernahm. Da gab es ihn also prompt wieder, den im kleinen Königreich so verpönten „Arschtritt" des Schikanierers. Was konnte man dem „Fussel" Wohlers nicht alles an Streichen spielen, ohne an die Wand genagelt zu werden. Es war dann wieder genauso wie in der Dänischen

Nationalelf, losgelöst und trotz allem leistungswillig. Auch wenn Bartram ganz ehrlich einräumte: „Ab und an benehmen wir uns wie eine Horde aus der unteren Schulklasse."

Brian Laudrup, in Wien geborener Dribbelkönig und wie gerade vermerkt Mannschaftskamerad von Bartram in Uerdingen, Krefeld hat schnell für sich erkannt, warum Bayer 05 Uerdingen für ihn als Einstieg in eine spätere große Karriere genau der richtige Verein war (Brian kam mit 20 Jahren nach Deutschland). Er wollte zu einem Club, bei dem er jeden Samstag sicher spielen würde, und wo das Umfeld nicht hysterisch sei und übergroße Erwartungen stelle. Damit traf er den Nagel auf den Kopf. Für das Videoprojekt „Musketerne" wusste er auch Mitte der 1990er Jahre sehr wohl, was denn dazugehöre, sich im Ausland zurechtzufinden. Er nennt schnell die Anpassungsfähigkeit, schon im dritten Satz das Erlernen der neuen Sprache, aber ganz zuerst erwähnt er das alte Sprichwort vom „stik fingre i jorden", was wörtlich übersetzt „stecke den Finger in die Erde" heißen würde. Doch die dänische Sprache ist tückisch bisweilen. Mein Freund erklärt dazu: „Bedeutet so etwas wie ein Gefühl für die Realität bekommen, nachfühlen was sich tatsächlich rührt, nicht vom Boden abheben, nicht in Theorie verfallen." Genau dies tat Brian Laudrup, ging später zum FC Bayern und blieb stets ein feiner Kerl.

Eine harte Gangart erlebten in der Bundesliga im Grunde fast alle Generationen von Angreifern, der sogenannte „Trash-Talk" war aber schon sehr früh Teil des Spiels der Gegnerbeeinflussung. Ulrik Le Fevre, Linksaußen von Borussia Mönchengladbach hatte am 11. Oktober 1969 im Bremer Weserstadion zu kicken. Sein Gegenspieler: Sepp Piontek. Dieser hatte schon zehn Jahre vor seinem Wechsel nach Dänemark seinen ersten dänischen Satz auswendig gelernt. „Hvilken hospital vil du?" fragte er den schüchternen Ulrik. Folglich habe dieser, laut Auskunft Pionteks „(…) wenn ich in den Zweikampf ging abgehoben, um wegzukommen. Es konnte eben wichtig sein in bestimmten Begegnungen die psychologische Kriegsführung zu beherrschen." Le Fevre wurde ausgewechselt. Aber nicht zur Halbzeit, wie Piontek erinnerte, sondern erst in der 80. Minute, über das Kurzgespräch und Pionteks Härte im Spiel besteht indes kein Zweifel…

Und weil Jan Bartram die Sache mit der Schulklasse schon einmal erwähnt hatte; als Allan Simonsen, klein mit sehr schmächtigen Schultern, als dritter Däne nach Ulrik Le Fevre und Henning Jensen die

Fortsetzung der dänischen Fußballkultur im beschaulichen Mönchengladbach wurde, dachte man mehr an einen Schüler als an einen Mann, zumindest auf den oft trügerischen ersten Blick. Dieser junge dünne Schlacks sollte sich mit all den bulligen Knochenbearbeitern vom Schlage eines Schwarzenbeck behaupten? In der Rückrunde 1972/73 machte er noch 8 Spiele, im zweiten Spieljahr waren es derer 9, garniert mit zwei Törchen. Die Zahl der Zweifler wuchs allmählich, ob sich die 200.000 DM an Ablöse, welche die Borussia Vejle BK vermutlich überwiesen hatte (zu dieser Zeit wurden Transfers nämlich sogar oft noch in bar bezahlt, wie ich von einem inzwischen verstorbenen Vorstand eines Zweitligisten erfuhr) jemals rentieren würden. Simonsen fühlte sich auch nicht unbedingt pudelwohl, es sei normal gewesen, dass die neu dazugekommenen Youngsters den Stars noch deren Fußballschuhe putzen mussten, was bei Netzers 47er Schuhen sicher gedauert haben dürfte. Dass Simonsen den eigenen Mitspieler, „Terrier" Berti Vogts später als seinen härtesten Gegenspieler nannte, verdankt er Coach Hennes Weisweiler, der den energisch zupackenden Vogts im Training auf den kleinen Jütländer förmlich ansetzte. Doch all die körperlichen Malaisen war der kleine Däne im Stande zu ertragen, er wollte ja lernen und sich durchsetzen (wobei er sicherlich mitbekam, wie Manager Helmut Grashoff vergeblich versuchte, Simonsen bei einem anderen Club unterzubringen). Doch was der Coach eines Tages zu ihm sagte, mag ihm mehr Schmerz bereitet haben. Im Zuge einer Generalschelte an alle Spieler sagte er zum auf einer Bank kauernden Allan: „Und Du Däne… und du Däne… und du Däne… du kannst sofort nach Dänemark zurückfahren!" So schien die Transferabwicklung in einem Warteraum des Flughafens Kopenhagen-Kastrup im Dezember 1972 unter keinem guten Stern gestanden zu sein.

EINWURF: Am 14. Dezember, wenige Tage vor Allans 20. Geburtstag traf er Ejgil Jensen, und seine Eltern gemeinsam mit Gladbachs Manager Grashoff im Flughafen Kastrup, wo man auf normalen Stühlen, also ohne ein irgendwie ja doch dazugehöriges Ambiente saß. Jensen war ein Tausendsassa im dänischen Fußball, leider ist er kürzlich im Juni 2017 im Alter von 89 Jahren verstorben. „Für mich war er wie ein Vater", sagte Simonsen als er die Todesnachricht erhielt. Ejgil Jensen, Clubikone in Vejle (der kleine Verein hielt sich nicht zuletzt durch sein Wirken von 1975 bis 1991 in der ersten Dänischen Liga) hatte im Übrigen auch das allererste Livespiel im dänischen Fernsehen zu Ende verhandelt. Im November 1965 übertrug Danmarks Radio die Meisterschaftspartie zwischen Vejle BK und Esbjerg fB für die damals fast gigantische Summe von 25.000 DKK. Der Mitgrund für das Treffen auf dem Flughafen war u.a. laut Simonsen, dass es noch kein Faxgerät gab, und man alles dann persönlich ansehen musste. Die Eltern von Allan waren auch nicht nur zur moralischen Unterstützung ihres Sohnes anwesend, sondern schlicht aus dem einfachen Grund, dass Allan damals noch nicht 21 Jahre, und somit volljährig gewesen war. Simonsen zeigte sich im Buch von Bö Östlund schon auch stolz auf die Tatsache, dass er mit dazu beitrug, dass Borussia Mönchengladbach ein „Dansker Klubben" wurde. „Ulrik Le Fevre (der später als Vermittler etwas weniger schüchtern, Spieler zur Borussia transferierte, der Verf.) und Henning Jensen machten es wirklich gut, so dass der Verein die Dänen und ihre Mentalität kannte. Später kamen ja Carsten Nielsen und Steen Tychosen zum Verein. Und in jüngerer Zeit Spieler wie Peter Nielsen, Morten Skoubo, Bo Svensson, Kasper Bögelund, Sebastian Svärd, Mikkel Thygesen und Thomas Helveg zur Borussia." (Plus Johnny Mölby).

Die Wankelmütigkeit von Trainer Weisweiler schien sich jedenfalls in die falsche Richtung auszutarieren, der Fernet Branca Trinker hatte fast schon genug. Der „Stürmer der Zukunft" schien auf dem Bökelberg keine mehr zu besitzen. Der HSV war an ihm dran, Rot-Weiß Essen aber noch viel näher, der unterschriftsreife Kontrakt lag schon bereit. „Ich will ihn ja gar nicht loswerden" polterte Weisweiler, von dem kurz zuvor noch der Satz kolportiert wurde „Ich glaube, wir sollten ihn verkaufen, wenn ihn überhaupt jemand nimmt." Allan musste sich eben eine Weile von seinem Trainer, den er aber für fachlich sehr gut hielt, auf der Reservebank halten lassen, was Weisweiler im Rückblick sogar als eigenen Fehler einräumen sollte.

In der Spielzeit 1974/75 (höchste Zeit, Simonsens Vertrag ging vom 1.1.1973 an nur 2,5 Jahre) war Allan dann nicht mehr wegzudenken aus dem recht engen Borussia Trikot. Der Trainingsanzug des Reservisten blieb gänzlich unbenutzt, denn er machte alle 34 Bundesligaspiele und traf stolze achtzehn Mal. Nur einmal wurde der „Hänfling", den sie den „kleinen Professor" nannten (Simonsen sollte später zum Beispiel als Dänemarks Weinexperte Nr. 1 gelten), ausgewechselt und auch in den kommenden Spielzeiten kam er auf dieselbe ermunternde Bilanz, je 34 Spiele, bei nur einer Auswechslung. Das häufig anberaumte Kraftraumtraining hatte sich gelohnt.

„Ich hätte mir nicht einmal in meiner wildesten Phantasie vorstellen können, dass er sich zu einem der besten Angreifer der Welt entwickeln könnte", sagte Henning Jensen, sein direkter Vorgänger bei der Borussia. Diese Einschätzung zeigte auch deutlich, dass in jedem Transfer eines ausländischen Talentes ein gewisses Risiko, eine nicht unerhebliche Vakanz liegt. Aber eben auch eine große Chance. In seiner Zeit bei der Borussia gewann Simonsen einmal als Reservist den DFB Pokal, drei deutsche Meisterschaften und zweimal den UEFA Cup. Siege und Niederlagen geschehen freilich immer im Mannschaftskollektiv, aber persönlich war sein Anteil an diesen Titeln zweifellos ganz enorm. Hier kann die Statistik einfach nicht lügen 178 Bundesligaspiele, 76 Tore.

Jahre später sollte Preben Elkjaer nahezu dieselbe Prozedur über sich ergehen lassen, und erneut hieß der Coach Hennes Weisweiler. Diesmal ließ er aber freilich nicht Vogts (der in Gladbach weilte), sondern den eisenharten Stopper Karl-Heinz Konopka auf den Jüngling ansetzen. Tritte oberhalb des Knöchels? Schläge ins Gesicht? Ja, auch das, es war schließlich Training am Geißbockheim … Und nicht nur das machte dem jungen Mann Probleme, es war vor allem die geistige Umstellung auf den, wie auch er es ausdrückt: „Kulturschock", der ihn in Deutschland empfing. Hier gab es Hierarchien, und es waren nicht alle gleich und Kumpels wie in Kopenhagen!

Da gab es einmal beispielsweise einen Eckball in der Fußball Bundesliga, als Peben Elkjaer endlich die deutsche Härte verstanden hatte, die ihn zum richtigen Profi gemacht hatte und hier im Oberhaus auflaufen durfte. Preben positionierte sich in aussichtsreicher Position, und wollte logischerweise seine Kopfballstärke nützen. Da tippte ihm jemand auf die Schulter, sein Teamkamerad Dieter Müller nämlich. „Das ist mein Platz, hau ab!" verwies er den eigenen Mitspieler an einen anderen Ort im Strafraum. „So musste ich mich woanders hinstellen, das war ja Dieter Müller", erinnert sich Preben. Und auch der Egoismus der Profis missfiel ihm: „Grundsätzlich war der Gedankengang in meiner neuen Umgebung superegoistisch. Jeder war sich selbst der Nächste und hatte kein Interesse für die Probleme der anderen. Zum Glück kann ich heute sagen, dass ich niemals später, weder in Belgien, Italien oder in der Nationalmannschaft auch nur annähernd ähnliches erlebt habe", erinnerte er im Jahre 2012 gegenüber dem Buchautor Peter Sloth.

EINWURF SCOUTING: Damals und heute,
Preben Elkjaer (1976) und Thomas Delaney (2016)

Am Beispiel von Preben Elkjaer erkennt man schnell wie zügig, zielsicher und pro aktiv das Scouting seinerzeit ablief. Im Gegensatz zu heute, wo der Profifußball mit abertausenden Daten bis auf die puren Knochen ausgeleuchtet wird, dadurch aber auch nicht automatisch eine professionelle Handhabe entstehen muss. Früher kam der Chef (Trainer) noch selbst zum Sichten und stand sich auf Amateurplätzen die Beine in den Bauch, dann hieß es: er kam, sah und siegte. Preben wurde bei einem Jugendländerspiel zwischen Dänemark und Deutschland gescoutet, zunächst beim Spiel in Deutschland, dann beim Rückspiel im Mai 1975 im Sundby Idraetspark. Da waren dann Rinus Michels (Ajax Amsterdam), Hennes Weisweiler (1.FC Köln) oder Udo Lattek von Mönchengladbach. Schnell ging es zur Sache. Stuttgart und Köln wollten ihn haben, der fünische Coach Jack Johnson sowie ein dänischer Journalist wurden durch den Verein kontaktiert, und der FC aus der Domstadt erhielt den Zuschlag, nicht zuletzt, weil der 18-jährige Stürmer von dort schneller nach Hause fahren konnte. Bereits nach diesem Spiel (!) fuhren Kölns Manager Karl-Heinz Thielen, mit Preben und dessen Vater in das Haus des dänischen Journalisten. „Unterschreiben Sie hier unten auf der Linie, wenn Sie in die Bundesliga wollen, Herr Larsen", klang Thielens Aufforderung in Prebens Ohren fast wie ein Befehl. Schon damals gab es Grundgehalt, Sign on fee (Geld bei der Vertragsunterschrift) und Punktprämien. Preben interessierte nicht, was der Journalist abbekam, ihm ging es natürlich um sein persönliches Gehalt, und wie man sich dort um den Youngster kümmerte.

Kommen wir zum Beispiel des jetzigen Dortmunder Profis Thomas Delaney. Das ist nun alles 40 Jahre später passiert, und er spielt auch eine andere Position, aber an seinem Beispiel wird deutlich wie immer noch zufällig und willkürlich heute Transfers zustande kommen (können). Der Mittelfeldspieler kommt aus Frederiksberg, einer eigenständigen Kommune in Kopenhagen. Wenn man vom Hauptbahnhofe die Vesterbrogade eine Weile herunterfährt (oder läuft), steht man inmitten dieses Bezirks. Er trat als Kind dem KB bei, der ja noch immer - eigenständig zwar - dem FC Kopenhagen angehört. 2009 erhielt er beim FCK einen Profivertrag und gut vier Jahre später, im Oktober 2013 gab er, nachdem er zuvor U-Nationalspieler war, sein Debüt in der „Landsholdet". Im Januar 2017 griff Werder Bremen endlich zu und lotste den kopfball- und schussstarken Spieler für nur 2 Millionen Euro

Ablöse an die Weser. Eineinhalb Jahre später vergoldete sich der Transfer für Werder nun wirklich, als Borussia Dortmund im Sommer 2018 das Zehnfache für ihn überwies, satte 20 Millionen Euro. (Das ist heutzutage aber gar nicht einmal zu viel, angesichts des Transferwahns und für einen Spieler der im richtigen Fußballalter (27), und bei der WM reüssierte.) Aber für uns ist hier nur die Blindheit der Scouting-Abteilungen allenthalben zu bemerken, denn dieser Spieler stand jahrelang im Ausstellungsfenster Superliga Dänemark, und selbst jener deutsche Club (hier Werder Bremen), der ja überdeutlich von ihm profitierte, musste letzten Endes noch zu seinem Glück gedrängt werden!

Denn der Trainer des FC Kopenhagen (Ex-1. FC Köln) sagte es gegenüber der Tageszeitung „Ekstra Bladet" im Juni 2018 frei heraus: „Ich denke, es war niemand anderes, der es tat. Ich war es, der bei Werder Bremen anrief und meinte, ihr solltet Delaney kaufen, und dass sie ihn sogar für den halben Preis bekommen, wenn wir ihn nur ein halbes Jahr noch behalten können, damit er uns in die Champions-League schießen kann." Und: „Sie wollten nur einen Spieler, und das war Ludwig Augustinsson, Delaney wollten sie nicht. Doch ich sagte, wenn ihr nicht noch einmal nach Delaney schaut, bekommt ihr ihn (Augustinsson) nicht."

Wie oft fuhren die Scouts der 1. Und 2. Bundesliga nach Dänemark, und interessierten sich doch nicht wirklich für diesen Top-Kicker? Eine deutliche Frage, die nun durchaus rhetorisch gestellt werden darf...

Ebenfalls aus Vejle (wie Allan Simonsen) kam 1997 der Mittelfeldspieler Thomas Gravesen zum Hamburger SV. Sogar dessen erstes Bundesligaspiel sah ich zufällig, es war am 29 August 1997 im Berliner Olympiastadion als der HSV bei Hertha BSC mit 2:0 zu siegen vermochte. Auch Allan K. Jepsen, (später Aalborg BK) kickte seinerzeit beim HSV. Doch bester Mann an diesem Abend in Berlin war laut dem „Kicker" Thomas Gravesen (der hier noch in der zentralen Verteidigung spielte). In seiner Autobiographie „Min Version" zeigt sich der kahlköpfige spätere Nationalspieler heiter und ehrlich, aber auch recht autoritätsgläubig, jedenfalls erscheint sein Berater und Vermittler hier als so etwas wie sein Ersatzvater zu sein, der bitte alles für ihn erledigen möge. Sei es drum, seine Zeit beim HSV erinnert er schon positiv, abgesehen von seinem Verhältnis zu Trainer Frank Pagelsdorf: „Man hat (in Deutschland, der Verf.) eine spezielle Sicht die Dinge in Angriff zu nehmen. In jedem Fall war mein Trainer, Pagelsdorf, sehr speziell. Er war „östtysker" (was DDR-Bürger meint in Dänemark, aber das war Pagelsdorf ohnehin nicht), mediengeil (sic!), hatte überall den Hammer drauf und alles sollte sich am liebsten nur um ihn drehen. Wenn es gut lief, war dies sein Verdienst, aber wenn es schieflief, waren die Spieler schuld. Wir missverstanden uns einfach. Als ob er angegriffen wurde, reagierte er darauf, dass man ihm ja Überschriften stehlen konnte. Also musste man aufpassen, was man der Presse sagte." Pagelsdorf konnte zudem auch schlecht damit umgehen, dass der schwer zu zähmende Spieler ständig auf dem Platz herumschrie, was Gravesen aber als seine Art „Fußball zu leben" ausdrückte. Es setzte auch Strafen, vor allem wenn Gravesen ohne zu fragen wieder einen Tag nach Hause gedüst war. Doch Thomas Gravesen versicherte: „Von all den Geldstrafen die ich erhielt, habe ich nicht eine bezahlt. Niemals irgendeine, weder in Hamburg, noch in England."

Hatte Preben Elkjaer als Cola-Trinker und starker Raucher sicher auch so manchen gesundheitsapostolischen Hinweis anzuhören, störte Stig Töfting der enorme Gesundheitsaspekt beim Hamburger SV doch massiv, wie er seinem Tagebuch anvertraute (veröffentlicht in „No regrets", Seite 179): „In Deutschland ist es offenbar so, dass alles außer Apfelsaft und Mineralwasser nicht getrunken werden darf, weil das nicht gut für den Körper sei (...) ich werde 31 und soll nicht selbst bestimmen, was ich trinke... Aber in Deutschland ist es völlig okay Kuchen zu essen, der fast so aussieht als ob man aus dem vierten Stock draufspringen kann, ohne dass sich etwas verändert. Kaffee in Strömen ist auch okay. „Ordnung muss sein" ist die pure Doppelmoral. Hier zum Abendessen kam ich mit einer ganz wahnsinnigen Frage zum Trainer, ob ich mir nämlich einen Orangensaft bestellen könne. Die Antwort war Nein. Kindergarten in voller Blüte."

Peter Madsen: Eine große Karriere wurde es leider nicht.

Ich lasse Sie nun kurz allein mit den Karrieredaten des 1,84 m großen, enorm begabten Stürmers:

Jahre	Station	Spiele (Tore)
1996–2003	Brøndby IF	110 (38)
2003	VfL Wolfsburg	4 (0)
2003	VfL Wolfsburg II	1 (0)
2003–2005	VfL Bochum	51 (18)
2005–2007	1. FC Köln	21 (0)
2006–2007	1. FC Köln II	3 (0)
2006	FC Southampton (Leihe)	9 (2)
2007–2012	Brøndby IF	50 (5)
2007–2008	Brøndby IF II	- (6)
2011–2012	Lyngby BK (Leihe)	29 (3)

Fällt es auf? Ich weiß es nicht, aber, wenn man dies alles subsummiert ist am Ende ein einziger Fakt sehr ausschlaggebend für das spätere Straucheln dieses tollen, begabten Spielers. Das glaubt man zunächst sicherlich nicht, aber, wenn man die internen Hintergründe kennt (mein Anwalt brachte Madsen 2003 zum VfL Bochum) lässt sich die Statistik leicht zu einem schlüssigen Bild zusammenfügen. Nach einer wirklich guten ersten Saison beim VfL Bochum mit 13 Treffern, ging es auch im ersten Spiel gut los, sein Elfmeter bei Hertha BSC brachte dem VfL den ersten Ligapunkt. Am 18. August 2004 traf er dann im dänischen Nationaldress beim 5:1 gegen Polen dreimal, es schien wirklich seine Saison zu werden. Am 4. Spieltag vergab er dann einen Elfmeter gegen Dortmund, wurde noch später von Odonkor böse gefoult, und fehlte für 5 Wochen (u.a. beim UEFA-Cup Aus gegen Lüttich). Formkrise, diese Verletzung, eine Sperre und der immer heftigere negative Sog des Abstiegskampfes erfasste natürlich irgendwo auch ihn, und seine Form.

Der Herr Stürmer konnte es sich 2005 einfach nicht leisten, mit dem VfL Bochum als A-Nationalspieler in die 2. Liga zu gehen. Meinte er, und vor allem wohl sein Berater. Aber, was hätte dies bedeutet (im Nachhinein ist man natürlich immer klüger) nur ein Jahr Zweite Liga, Direktaufstieg und mehrere Jahre unter Marcel Koller mit dem VfL erstklassig. Peter Madsen wäre eine Art Stürmerkönig von Bochum geworden. So aber ging es prompt abwärts, im wahrsten Sinne des Wortes. Denn Vereine die größer sind als der VfL Bochum waren eindeutig nicht seine Jacke, und er selbst war ja auch nicht immer pflegeleicht. Doch der VfL Bochum war wieder in seinem gewohnten Plus-Minus-0 Schema, also, wenn man das investierte Geld ja nur zurückbekommt, dann wird eben verkauft. So gab es dann 850.000 Euro von Köln. Klar, dass sein Berater diesen Transfer in Gänze befürwortete - dort gab es ja wieder die nächste Provision für ihn.

Ich kenne den 1979er Jahrgang von seinem ersten Profieinsatz für Bröndby IF, den er sogleich mit einem frechen Tor krönte. Als er dänischer Torschützenkönig wurde in 2002, mit 22 Treffern, ward er im Fokus zahlreicher Vereine. Gelandet ist er dann beim zahlungskräftigen VfL Wolfsburg, wo aber Trainer Jürgen Röber nicht auf ihn setzen wollte, was eventuell der übergroßen Eitelkeit beider Personen geschuldet war. (Madsen war jedoch am Knie verletzt, und der VfL Wolfsburg kreidete Bröndby IF an, diese Verletzung nicht gemeldet zu haben, bzw., dass sie wohl noch aus seiner Bröndby-Zeit stammen müsste.) Der VfL Bochum griff zu, verhandelte in Gestalt meines Kopenhagener Rechtsanwaltes mit den Wolfsburgern und mit Bröndby IF, die als eigentlicher „Besitzer" selbstverständlich mit im Boot saßen.

Es ist schon bemerkenswert, wie sehr sich die heutigen Ablösesummen dagegen abheben. Peter Madsen hatte noch 2 Jahre Vertrag in Bochum, war 27 Jahre, schoss 13 Saisontore (+ 5 Assists) und sein Verein erhielt 850.000 Euro vom 1. FC Köln. Niclas Füllkrug war im Sommer 2018 25 Jahre und sein Vertrag galt noch zwei Jahre, als Borrusia Mönchengladbach 18 Millionen Euro für ihn bot („Kicker Sonderheft"). (Erst danach verlängerte er bis 2022.) Natürlich sind die beiden nicht identisch, Füllkrug ist schneller, Madsen dafür kopfballstärker und rein fußballerisch besser, doch die Veränderung der Ablösesummen ist wirklich immens.

Morten Skoubo: Die Geschichte eines Transfers.

Im Zuge unserer Transferanbahnungsaktivitäten hatten wir immer auch den Bröndby-Angreifer Ruben Bagger auf dem Zettel, und zahlreiche Vereine dessen Lebenslauf somit bald in ihrem E-Mail-Fach. Vor allem in 2001/2002. Bagger traf bei Bröndby letztendlich insgesamt in 338 Spielen, 88 Mal (Quelle: transfermarkt.de) Nun könnte man meinen, gut, die dänische Superliga ist absolut nicht die Bundesliga, das kann man überhaupt nicht 1:1 übersetzen, jedoch, Bagger traf auch in vielen

Europacup-Schlachten für Bröndby IF. Die Reaktionen auf meine E-Mail waren jedenfalls sehr unterschiedlich, wehten aber ins Presseecho deutscher Zeitungen. Peter Neururer vom VfL Bochum wunderte sich z.b. bei seinem Amtsantrittt in Bochum, warum man ihn damals nicht geholt habe... Die „Bild" Zeitungs Ausgabe des Ruhrgebiets verkündete die Frage, ob (Duisburgs damaliger Trainer) „Litti nun seinen Tore-Bagger kriegt?" und ein Manager eines Bundesligisten aus dem hohen Norden Deutschlands, der mir noch in anderer Hinsicht übel mitspielen sollte, und dessen Namen zu nennen es wirklich nicht bedarf, gab zu, dass der Spieler angeboten worden sei. Er wäre aber „zu teuer" für seinen Verein, was alleine schon deshalb Schwachsinn war, weil mit keiner Silbe über Geld gesprochen oder geschrieben worden war...Dass, nennen wir es süffisant Flunkern (Lügen klingt so fies deutlich) zum Tagesgeschäft von Fußball-Managern gehört, ist wohl allenthalben bekannt. Inzwischen nennen sich diese, oftmals noch dazu ohne Berufsausbildung (!) mit Millionen hantierenden Helden, nun auch häufig „Sport Vorstand". Das klingt wohl seriöser als „Manager" (eher wie ein Kleingartenvorstand, also gewählt und abwählbar, durch Leistungen anerkannt...).

Einer dieser Herren ist der stets sehr souverän auftretende Christian Hochstätter, als Spieler in Mönchengladbach fachlich richtigerweise geehrt und bei den Fans beliebt, der die Wandlung von kurzer Hose zur Krawatte gleich noch mit einer Art Milieuanpassung zu verbinden mochte. Jedenfalls hatten wir der Borussia besagten Bagger auch angeboten, und sie fuhren später auch tatsächlich, wie gleich geschildert, zum Spiel Rosenborg BK gegen Bröndby IF, also Trainer Hans Meyer und Manager Hochstätter.

Die Verletzung des Goalgetters Arie van Lent zwang den Club zum Handeln, obwohl sie noch einen Benjamin Auer im Kader hatten. Ich rief Gladbachs damaligen Chefscout Luc Balkenstein an, und berichtete, dass Ruben Bagger günstig zu haben wäre. Er bat mich, einen Lebenslauf vom Spieler zu fertigen. Er wollte dann eben mit Christian Hochstätter darüber sprechen. Auch Hansa Rostock schien laut „Kicker" ein Interesse an Bagger zu haben („Kommt nun Bagger?" 27.8.2002).

Jedenfalls klingelte bereits am nächsten Morgen nach dem Gespräch mit Balkenstein mein Handy und der Anrufer war unverkennbar Herr Hochstätter, über den ich bisher eigentlich nur Positives erfahren hatte. Wenn ich mich recht entsinne, war noch ein Rechtsanwalt aus dem

Revier mitverantwortlich, dass ich von MG angerufen wurde. Hochstätter fragte nach dem Preis für Ruben Bagger, und ob der Stürmer am 31.8.2002 aus seinem Kontrakt käme, und ob er bei besagtem Champions League Quali- Spiel in Rosenborg überhaupt auflaufe. Dies konnte ich bejahen. Recht mutig, aber nicht gerade fern der Realität nenne ich eine Ablösesumme von rund 300.000 Euro. „Sie werden ihm ja nicht bloß einen Ein Jahresvertrag geben!" „Nein", antwortet Hochstätter, „wenn dann zwei Jahre plus Option."

Mein Anwalt Nico in Kopenhagen erreicht unterdessen Bröndbys Generalsekretär Emil Bakkendorf, von dem er erfährt, dass Ruben im Lerkendal Stadion von Rosenborg spielen wird. Bröndby Boss Bjerregaard sagt zu Nico das was wir schon wissen und hinsichtlich der Fairness des Bosses auch nicht anders gewöhnt sind: „Bagger ist ein verdienter BIF Spieler und darf preiswert gehen. Nach zehn Jahren Vereinstreue lege ich ihm keine Steine in den Weg." Der Mann weiß Geschäft und Ethik wirklich zu verbinden, empfinde ich spontan.

Nun jedoch der springende Punkt, der uns noch später sauer aufstoßen wird. Durch die Kirch-Krise (im Jahre 2002 wurde publik, dass die TV-Gelder künftig massiv für die Bundesligisten zurückgehen würden, so dass wenigstens etliche Clubs durch ihre den Spielern verliehene Top-Kontrakte in arge Bedrängnis gerieten, und anscheinend nicht viel Geld für Ablösesummen mehr übrig war), und ständigem Lamentieren von Seiten der Borussia, machte Nico Per Bjerregaard klar, dass Mönchengladbach wirklich wenig Geld habe. Dies war faktisch unser Informationsstand, ohne Wenn und Aber. Wenn wir nur geahnt hätten, was in den nächsten Tagen noch passieren würde...

Aber hinterher ist man immer klüger, und dem Leser bleibt die Spannung für einen Moment immerhin erhalten.

Am Nachmittag (wir schreiben Dienstag den 13.8.2002) ruft Hochstätter mich erneut auf dem Handy an. Ich fühlte mich zugegebenermaßen ein wenig gebauchpinselt, der Manager von Mönchengladbach ruft mich an...

„Schießen sie mal los!" war er ganz neugierig auf die Fakten, die ich nun abrief. Erneut nannte ich die Zahlen der Ablösesumme: „200.000 bis 400.000 Euro".
„Ihr Wort darauf Herr Franz?"
„Ja."

Und beim Gehalt nenne ich auch eine Zahl: „So etwa 300.000 bis 400.000 Euro pro Jahr".
„Das wäre aber schon das Äußerste, was möglich ist", sagt Hochstätter glaubwürdig (siehe oben).

Ich machte wieder ein Video von Bagger fertig, nachdem ich diese moderaten Gehaltsvorstellungen des Spielers genannt hatte. (Das bekäme heute jeder 18-Jährige im ersten Profivertragsjahr, aber mindestens.) Am folgenden Tag erfahre ich über einen deutschen Anwalt, der uns beim Kontakt mit Christian Hochstätter geholfen hatte, dass Gladbach erheblich verstimmt sei, da ein dänischer Vermittler der Borussia im Falle Bagger seine Dienste angeboten habe... Eine völlige Unsitte in der Branche. Auch Bagger besaß keinen Berater und in einem solchen Fall spätestens wird blind auf gut Glück bei Vereinen angerufen: „Ich kann dir den besorgen..." (Bei unserem 1. Transfer, dem mit Sören Colding, prahlte übrigens ein dänischer Agent herum, diesen Abschluss habe er bewerkstelligt, und er habe von Bochum sein Geld bereits erhalten"...) Mein Anruf bei Herrn Hochstätter sorgt für Klarheit: „Finger weg von diesem Trittbrettfahrer, der blufft, wie immer!"

„Wir ziehen die Sache durch", sage ich entschlossen. Einen Tag übrigens nachdem ich Gladbach Bagger empfohlen hatte, wusste eine große dänische Zeitung bereits davon. Es verschlug mir schier die Sprache, denn noch nie hatten wir wegen Transferangelegenheiten mit der Journaille gesprochen...

Am Donnerstag schlagzeilt der „Kicker": „Bagger unter Beobachtung". Alle Details über Baggers sportliche Karriere entstammten übrigens von meiner E-Mail an die Borussia. Freitag berichtet Dänemarks Zeitung „BT" vom Gladbacher Besuch in Trondheim. Der Transfer rückt dichter und dichter heran, schreibt das Blatt. Mich juckt es schon unter der Bauchdecke, Ameisenhaufen scheinen meinen Magen zu bevölkern. Sonntag spielt Bröndby gegen Viborg. Bagger trifft, macht der „Kicker" deutlich, doch Herr Hochstätter sagt, man wolle ihn weiter beobachten. Innerlich verabschieden wir uns in diesem Moment von diesem Transfer, als die Bombe einschlug.

Am Donnerstag den 22. August verpflichtet Mönchengladbach das Sturmtalent Morten Skoubo vom FC Midtjylland. Wir sind schwer verwundert... Ein Talent für Arie van Lent zu holen, das ist doch nicht wahr. Schockiert sind wir vor allem über die finanziellen Rahmenbedingungen, die wir aus absolut sicherer Quelle dazu noch erfahren.

Borussia zahlt 2,7 Millionen Euro Ablöse! Und der Spieler erhält in seinem 5 Jahresvertrag (!) jährlich 500.000 Euro Festgehalt. Um Gottes Willen, die Broussia hatte ihre Unschuld verloren. 5 Millionen Euro waren somit in Summe verschlungen. „Sport Bild" schreibt etwas von 1 Million Ablöse, verkehrt. Beim Angebot der Borussia konnte Midtjyllands Präsident nicht nein sagen, erfahren wir intern an Zusatzinfo. Das glaube ich gerne, Borussias Manager glaubte ich indes natürlich nichts mehr.

Schlussminute der Story:
Morten Skoubo machte in 2 Jahren bei der Borussia nur 27 Spiele und traf „ganze" 4 Mal, bis man ihn ziehen ließ. (Die Tore zu den beiden knappen Klassenerhalten 2003 + 2004 schossen andere wie Demo, Forsell, Sverkos und dann wieder: van Lent.) Ich sah ihn dann zu Bröndby-Zeiten, wo er wieder gut einschlug, in der „Ströget" Kopenhagens Fußgängerzone, die vom „Kongens Nytorv" bis zum Rathausplatz verläuft, und welche die älteste der Welt ist. Er machte einen netten Eindruck. Es tut mir etwas leid, dass er in Mönchengladbach bis zu einem Saisonspiel gegen Werder, wo er zweimal netzte, vom Publikum geradezu feindlich ausgepfiffen wurde. Der Spieler kann ja am wenigsten für einen Transfer! Ove Pedersen, sein Trainer damals in Midtjylland sagte zu Nico jedenfalls: „Das war viel zu früh für ihn, er war damals einfach noch nicht so weit."

DAS WAHRE FUSBALLMÄRCHEN.
BRÖNDBY IF UND ANDERE SPITZENCLUBS UNTER DER LUPE

Die schier unglaubliche Geschichte von Bröndby IF

Fangesang der Kurve, aber auch des bisweilen gesamten Stadions:
„Stolthelten er kolossal, helt unormal, vi staar sammen om vor klub, Bröndby IF
Vores vilje er af staal, et faelles maal, vi staar sammen om vor klub, Bröndby IF, hey, hey, hey!"
(Der Stolz ist kolossal, ganz unnormal, wir stehen zusammen zu unserem Klub, unser Wille ist aus Stahl, ein gemeinsames Ziel, wir stehen zusammen für unseren Klub, Bröndby IF!)

Als sich der norwegische Verteidiger Dan Eggen am 31.10.1995 schwer in Richtung englischen Abendhimmel erhob, um an der berühmten Anfiel Road ein Tor zu erzielen, da waren die Gelb-Blauen aus der eigenständigen Kommune südlich in Kopenhagen, endgültig in Europa angekommen. Bröndby IF besiegte an jenem Europacup Abend den FC Liverpool mit 1:0, und da das Hinspiel in Dänemark 0:0 geendet hatte, war der turmhohe Favorit quasi auf eigener Bahn aus dem Europacup bugsiert worden. Von einem nordischen Emporkömmling, der die Begriffe „Klubgeist" und „Märchengeschichte" mühelos auf sich vereinen kann. (Ein deutscher Verein siegte übrigens bis dato nie an der Anfield Road!)

Nahezu beispiellos ist die Historie des Vereins, der 2014 erst sein 50-jähriges Bestehen feiern konnte, und der mit Herz, Akribie und einem echten Konzept bewiesen hat, wozu ein einstiger Kreisligist alles fähig sein kann, und dies ohne - siehe Hoffenheim, RB Leipzig und Co - bevor die Valuta an Ort und Stelle zur Verfügung stand. Doch bemühen wir ruhig die Chronologie ordnungsgemäß und gebührend, um das interessante Ausmaß der Vereinsgeschichte der Gelb-Blauen aus dem Südosten der Stadt Kopenhagen richtig einschätzen zu können. Begonnen hatte alles irgendwie am 1.2.1909 als sich Einwohner der kleinen Kommunen Avedöre und Bröndby (zu Deutsch Brunnenstadt) zusammenfanden, um die (wieder auf Deutsch) Gymnastikvereinigung Vorwärts („Gymnastikforeningen Fremad") aus der Taufe zu heben. Doch schon am 29.4.1909 wurde der erste Fußball angeschafft, zum Preis von 12 DKK. Ein Jahr später besagte der erste Geschäftsbericht, dass der Verein einen Kassenstand von 0,15 DKK aufweise. Für das Jahr 1910 bezahlte man z.B. 50 Kronen für die reine Platzmiete. So richtig revolutionär wurde es dann erst gut zwanzig Jahre später. Am 26.3.1929 schlägt man vor, sich einen eigenen Fußballplatz zu erschaffen, und am 4.10.1929 erläutert man die Möglichkeit der Zusammenarbeit von Bröndbyöster und Bröndbyvester, zu jener Zeit eine Farce, da unterschiedliche Strömungen zunächst wenig hilfreich sind. Denn dieses Ost und West Bröndby hat, obwohl von der Quadratmeterzahl doch so sehr übersichtlich, seine Mentalitätstücken. (Noch 1927 hatten sich die beiden Vereine aus „G. Fremad" herauskristallisiert). Speziell in den 1950er Jahren zeichneten sich die Unterschiede von West und Ost deutlich heraus. Mit umgekehrten Vorzeichen könnte man Bezüge zur alten BRD VS der DDR herleiten. Die Ost-Leute waren in Bröndby eben die modernen Stadtmenschen, die West-Bröndby'er Dorfmenschen, die an ihrer unmodischen Kleidung erkannt wurden, und die ein wenig als „Landeier" verspottet wurden, auch weil sie seeländischen Dialekt sprachen, was bei den „Städtern" aus dem Osten wirklich nicht gang und gäbe war. Der Zusammenschluss war dann dennoch eine irgendwie logische Konsequenz, auch dessen geschuldet, was demographisch in den Nachkriegsjahren geschehen war. Allein die Einwohnerzahl Bröndby's verzehnfachte sich nahezu zwischen Kriegsbeginn 1939 und 1960.

Mit dem neuen Mut der Nachkriegszeit, frei von der deutschen Besatzung (die von 1940 bis 1945 dauerte) und dem 2. Weltkrieg, setzte ein wahrer Bau- und Babyboom ein, und der hatte eben auch Kopenhagen erfasst. Die Familien begaben sich eben dann auch gerne an den Rand der Stadt. Bröndby wurde dadurch ein Teil des urbanen Kopenhagens, wenigstens geographisch.

Bröndbyvester war rein sportlich den Öster Leuten bereits überlegen, und da sich gerade in den jungen Jahrgängen eine verhasste Rivalität breitgemacht hatte, schien ein Zusammenschluss wirklich anorganisch. Doch wie so oft kehrte angesichts anderer Umstände doch die Vernunft ein, nachdem die Kommune sich bereit erklärt hatte, den Bau eines akzeptablen Stadions mitzugestalten. 1962 war bereits „Mr. Bröndby", der Chirurg Per Bjerregaard bei den Öster-Leuten dabei gewesen, er sollte - im Übrigen bis im Grunde heute - Garant sein für einen sportlichen Aufschwung, der nahe an die vermeintlich in den Himmel wachsende Bäume erinnerte.

1971 gewannen sie die Seeland Meisterschaft (Kopenhagen befindet sich bekanntlich auf dieser großen Insel)
1974 gewinnt Bröndby IF die „Danmarksserien" (4. Liga)

1977 Aufstieg in die 2. Liga (zusammen mit Lyngby BK)
1981 Aufstieg in die 1. Liga (damals noch 1. Division, in die heutige Superliga, ohne Abstieg, garniert mit einem 40000 DKK Scheck der Carlsberg Brauerei)
1985 werden sie erstmals Dänischer Meister
1986 führen sie als erster Verein in Dänemark das Vollprofitum ein
1987 geht Bröndby IF als erst zweiter Verein der Welt (nach den Tottenham Hotspurs) an die Börse

1991 stehen sie im Halbfinale des UEFA Cups! Das Hinspiel ging 0:0 aus, nun steht es in der vorletzten Minute 1:1. Der Traum ist in greifbarer Nähe gerückt, ein ehemaliger Dorfverein im EC Cupfinale…Doch dann fällt das 2:1 für die Roma doch noch. Torschütze ist ein gewisser Rudolf Völler aus Hanau. Rudi, Tante Käthe, Deutschlands Idol, und dieser gab in seiner Biographie auch unverblümt zu, dass dies der wichtigste Treffer seiner Karriere war. Auch wenn er alle Gelb-Blauen bis heute zu Tränen trieb…

Doch dies war alles nichts an Unbill, die dem Verein durch eigenes Verschulden kurz danach noch drohte. Bröndby hatte sich dazu entschieden, die „Interbank" zu kaufen, um sich künftig relativ unabhängig vom sportlichen Erfolg zu behaupten. Indes, die Sache ging gehörig schief, und es erschien sogar ein investigatives Buch „Bröndbys Hintermänner", in dem dieses scheinbar abgehobene Luftschloss noch einmal aufgearbeitet wurde. Wie auch immer, es standen 400 Millionen DKK an Schulden im Geschäftsbericht, das war, vor allem zu dieser Zeit, als Bröndby ja gerade einmal in finanzieller Hinsicht begonnen hatte ein echter Profiverein zu werden, so gut wie der Kolllaps. Lizenzentzug, Zwangsabstieg in die 4. Liga, das wehte überdeutlich in Vestegn im Wind, und das sportliche Desaster kam erschwerend hinzu. Morten Olsen, die dänische Ikone wurde am 11.Mai 1992 als Trainer entlassen. Das Märchen schien jäh beendet, Rotkäppchen wurde von der Wolfsrealität scheinbar gefressen, ohne großes Aufhebens. Knallhart. Ein Sponsorat rettete aber den leck geschlagenen Dampfer dann in quasi letzter Sekunde. War man im November 1991 noch in der 90. Minute aus der Champions League Quali gegen Lokomative Moskau unglücklich ausgeschieden, und hatte die dringend benötigten Millionen somit verspielt, konnte wirklich nur noch ein Wunder den Verein vom Bröndby-Strand retten. Es erschien in Form von Peter Zobel.

Zobel war der Boss der großen dänischen „Codan" Versicherung und dereinst Trikotsponsor bei B 1903. Aus dem dann 1992 - auch das noch für Bröndby ein Pech - der F.C. Kopenhagren entstehen sollte. Hatte man bisher andere Trikots getragen, war man sich bei B 1903 einig, dass der Sponsorname von Codan allein in schwarzer Schrift auf weißem Grund gut funktionieren würde, der Legende nach der Hauptgrund, warum der FCK heute in Weiß spielt. Wie auch immer, Peter Zobel bekam im Verein nicht die von ihm gewünschten Mitspracherechte und verließ B 1903.

Als neuer Verein kam von daher - wenn schon denn schon - nur Bröndby in Frage, die direkte Konkurrenz! Und auch nur, wenn Per Bjerregaard als Chef weiterhin die Zügel in der Hand hielt, die ihm jüngst in diesen Tagen so fast völlig entglitten waren. Aber eben nur fast. „Phönix Per" wäre für den Chirurgen, der dereinst selbst bei Bröndby spielte wohl der richtige Spitzname, denn wie ein Phönix aus der Asche stieg er mit Bröndby- und der Cpodan Versicherung wieder auf. Aus dem Chaos, zurück in die dänische Spitze. Am 20. Mai 1992 (das bekannte Lied wonach am 30. Mai der Weltuntergang drohe, war in Bröndby zum Greifen nah gewesen) trat Peter Zobel also als Sponsor an, und am 17. April 1997, also nur fünf Jahre später, konnten die Gelb-Blauen nicht ohne Stolz vermelden, dass der Verein zum 30.6.1997 schuldenfrei sei! Und da feierte man bereits wieder die zweite Meisterschaft in Folge (Peter Zobel, hinterließ 2017 bei seinem Tod sechs Kinder und seine schöne Frau Henriette, die in Dänemark durch ihre Vortragsabende eine öffentliche Person ist.)

Die weiteren Erfolge von Bröndby lesen sich wie folgt: Dänischer Meister 1987, 1988, 1990, 1991, 1996, 1997, 1998, 2002, 2005.

(Die Meisterschaft im Jahre 2018 war schon so gut wie schon eingepreist, aber die armen BIFer sollten ihren sicher geglaubten Titel tatsächlich in der 6. Minute der Nachspielzeit (!) durch ein einziges Gegentor im letzten Spiel noch verlieren, dabei waren sie schon Wochen zuvor wie der sichere Meister gehandelt worden, eine sehr traurige Angelegenheit, nach dieser unheimlich langen Zeit ohne Meisterschaft noch so abgefangen zu werden, dagegen war ja Schalkes so genannte „4 Minuten Meisterschaft" 2001 noch „harmlos". (Zu den Königsblauen komme ich gleich noch einmal.)

„Ich rufe Michael nachher an, ich habe ja nun die Familienehre gerettet, da er niemals Dänischer Meister wurde" (Brian Laudrup nach dem 1987 Saisonfinale, als er den Landestitel errang).

Dänischer Pokalsieger 1989, 1994, 1998, 2003, 2005, 2008, 2018 (mit dem deutschen Trainer Alexander Zorninger).

Im Europapokal gab es zahlreiche Duelle mit deutschen Vereinen. Ausgeschieden waren sie gegen Eintracht Frankfurt (2006), Hertha BSC (2009) und dem Hamburger SV (2000). Ausgeschaltet hatte man jedoch: Hertha BSC, Eintracht Frankfurt, Bayer Leverkusen, BFC Dynamo, Schalke 04. (Und Bayern München wurde in der Champions League 2:1 besiegt.) Das 100. Spiel auf europäischer Bühne absolvierten sie eben im Jahre 2004 gegen Schalke 04. Ein Verein, der erst seit 40 Jahren existiert mit 100 EC Cupspielen, das war und ist nur phantastisch. Das Spiel hatte auf mich ohnehin relativ stark gewirkt, was den simplen Hintergrund hatte, dass wir Schalke 04 den Bröndby Stürmer Mattias Jonson angeboten hatten. Die E-Mail ging an den Vorstand Josef Schnusenberg. Sie blieb, wie 90% aller E-Mails in solchen Fällen, in denen man einen Spieler anbietet, unbeantwortet. (Wobei mir beispielsweise Rudi Assauer zweimal gebührend per Brief sehr freundlich antwortete, eine positive Ausnahme!) Deshalb konnte ich mir ein süffisantes Lächeln nicht verkneifen, als eben dieser Jonson das 2:1 für Bröndby IF erzielte und damit eine Verlängerung plus Elfmeterschießen anberaumte. Und Schalke schied aus. Im Oktober 2018 wurde bekannt, dass Ebbe Sand Sportdirektor von Bröndby IF ist. Im Journalisten-Sprech würde es nun heißen: der Kreis hat sich geschlossen.

Bröndby Romantik

An der Autobahn, ja wirklich, an der Autobahn laufe ich entlang. Wie hieß es doch in der Unterzeile des Bröndby IF Buches von Kurt Thyboe „Ein Fußballabenteuer...um einen Traum, der zwischen zwei Autobahnen geboren wurde". Es ist Anfang April im Jahre 1999. Bröndby soll heute Abend gegen Aalborg BK antreten, ein Spiel um den Titel ist es, ein Vortentscheidungsspiel, zumindest psychologisch. Statt wie sonst anzureisen, habe ich einfach einen Linienbus genommen, der etwas mit „Brönd y" in der Endhaltestellenanzeige im Schilde führte. Das war verkehrt, aber Bröndby ist eben vieles, hat einen Dorfkern, nahe der S-Bahn, eine Trabantensiedlung und nicht allzu weit vom Stadion (das heute „Vilfort Stadion" heißt, nach dem treuen ehemaligen Spieler) entfernt sogar einen Strand. „Vestegn", wie diese Gegend heißt, ist eben anders, undefinierbar anders. Großstadt und Dorf, großer Sport und eben mit diesen Scheißautobahnen. Es fängt an zu regnen, ein Sprühregen ist es, der gleich im gleißenden Flutlicht des Stadions geradezu romantisch anmutet. Alleine in großer Geselligkeit, angenehm allein mit den eigenen Gedanken, nach diesem Fußmarsch zum Stadion. Ich besorge mir einen riesigen Kaffeebecher, verwerte noch 1-2 Johanniskrauttabletten und bin wie im Fußball-Nirvana. Verregneter Abendhimmel, was war das schön hier. Ich war ja nun wirklich nicht das erste Mal dort, aber dieser Abend machte eine „Reise auf die Insel" nach England in Zukunft schier überflüssig. Ich erinnere mich an das Kaufvideo, wo Menschen die Anfänge von BIF 1964 auf Super-8 Film gebannt hatten, und was hier eben auf diese Cassette überspielt war. Bretter wurden hochgezogen, alles hier draußen zur Fertigstellung des Vereinsheimes. Alles hier unten, am fußballerischen Ende der Sehnsucht für mein Gemüt, weit ab vom Schuss. Es schmerzt förmlich, wenn der ZDF Reporter wieder von „Bröndby Kopenhagen" spricht, das klingt wie „Dortmund 04". Bröndby ist nicht Kopenhagen. Dort sitzt der Hass auf Bröndby, bei den FCK Fans, was aber auch umgekehrt der Fall ist. Doch es gab in der Tat Überlegungen des BIF-Masterminds Dr. Per Bjerregaard und seiner Mitstreiter im Vorstand so etwas wie der „Stolz der Stadt" (Kopenhagen) zu werden. Ende der 1980er Jahre spielte Bröndby nämlich im Idraetsparken in Österbro seine internationalen Begegnungen und schlug dort Eintracht Frankfurt oder Bayer Leverkusen aus dem Feld. Die Wurzeln aufgeben. Konnte das das Bröndby-Herz vertragen? Per Bjerregaard ahnte, was danach kommen konnte und sagte im Nachinein ganz ehrlich: „Im Augenblick sah ja alles sehr gut für uns aus, aber ja eigentlich nur, weil es die anderen recht schlecht machten. In Wirklichkeit konnten wir uns mit den Mitteln die wir hatten hier unten ja gar nicht durchsetzen. Wir sahen voraus, dass der Zeitpunkt kommen würde, wo die anderen alten Clubs wieder erwachten. Diese hatten ganz andere Möglichkeiten, sie hatten alte Spieler die in Führungspositionen saßen und die beginnen würden, die Sponsoreinnahmen zu ihren Gunsten zu besorgen, wenn sie etwas befähigter waren. Und so würden wir es sehr schwer bekommen, unsere Kommune hier ist sehr klein, und wenn wir uns behaupten wollen, so ist unser einziger Vorteil, dass wir viele Leute haben, die mit beiden Händen zupacken. Also gut, wir HATTEN eine relevante Diskussion inwieweit wir nach Kopenhagen sollten." Kürzlich maßen zwei Forscher übrigens das

Schwingpotential der Fan Tribüne im Vilfort Stadion. Es war schon beeindruckend anzusehen, wie sehr sich der Beton bewegte, unter den springenden tausenden Fans. Aber, so versicherten die beiden jungen Forscher, eine Einsturzgefahr bestünde wirklich nicht. Bröndby Fans hatten nämlich im August 1996 in Vejle in dieser Hinsicht etwas Schreckliches erlebt. Beim Torjubel gab der Beton nämlich nach und 50 Anhänger fielen 3 Meter tief in einen Schacht, 24 kamen sofort ins Krankenhaus, aber nur einer hatte einen Bruch. Wenn man sich diese Bilder auf Video anschaut, läuft einen noch immer ein eiskalter Schauer über den Rücken. Und dies im so korrekten Dänemark!

Das Spiel gegen Aalborg wogte im Nieselregen hin und her, Abendspiel mit zwei Teams im klassischen 4-4-2. Ich bin im Urlaub, und entspanne hier wie sonst kaum am Strand. Hinter dem Tor der Gelben mache ich ein Foto, und ich stehe direkt hinter der Werbebande. Sören Colding steht am langen Pfosten, Ebbe Sand schaut sich nach potenziellen Gegenspielern um, und ich fühle mich angekommen. Bröndby verliert das Spiel mit 1:2, Aalborg BK wird später verdienter Meister. Hätte mir aber an jenem Abend eine gute Fee ins Ohr geflüstert, dass ich den Spieler Colding gut zwei Jahre später mit meinem guten Freund nach Deutschland transferieren würde, ich hätte es natürlich nicht geglaubt. Pure Fantasterei eines naiven Fans.

Wie sagte Ebbe Skovdahl, ehemaliger beinharter Meistertrainer von Bröndby IF und im Grunde auch passend zu dieser Niederlage: „Es kann gut sein, dass der Gegner vorbeikommt, aber sollte es so sein, dann in jedem Falle ohne Schuhe und Strümpfe." Auch das populäre „man kann uns schlagen, aber niemals besiegen" war Bröndby-Sprech.

Jeder Transfer ist schwer

Ich möchte die Gelegenheit nützen, in puncto eigenem Erleben eines Transfers, das Zusammenspiel von Presse und Realität etwas auszuleuchten. Es geht um unseren Transfer von Peter Graulund von Bröndby nach Bochum. Und es hat noch verdammt viel mit der „Bröndby Romantik" von eben zu tun. Am Montag, dem 11.6.2001 gab es die Verhandlung um 12:00 Uhr mittags, wo ich zirka 60 Meter weiter im Restaurant „Sportiv" am Bröndby Stadion mich zu Tisch begab. Nicht mehr sonderlich aufgeregt, es lief alles auf einen Wechsel hinaus, und der schon entlassene VfL Manager Klaus Hilpert konnte wie in früheren

Fällen nun auch nichts mehr umstürzen. Schiefgehen konnte immer etwas, auch in letzter Sekunde. Jeder Transfer ist schwer, aber der grundsätzliche Rahmen war über einen längeren Zeitraum ausgearbeitet worden. Pessimismus war fehl am Platze und letztendlich sollte es bis zum unerwarteten Auftauchen von Vereinen wie der TSG Hoffenheim und RB Leipzig der teuerste Transfer in der Historie der zweiten Bundesliga werden. Darauf ist man nicht stolz, aber es gehört erwähnt. Am Dienstag den 12.6.2001 berichtete die Zeitung „BT": „Bochum möchte Peter Graulund kaufen."

Am Mittwoch den 13.6.2001 hob mein Freund seinen Daumen aus seinem Wagen: „Alles klar jetzt!". Dies sagte er mir wenige Stunden vor dem letzten Heimspiel Bröndbys gegen Viborg FF, wo es noch um Platz 2 ging und vor allem um Peters dänische Torjägerkanone... „Mein Vater und Herr Bjerregaard haben mir nichts erzählt von Interessenten", äußert Peter Graulund gegenüber „Ekstra Bladet".

Ich hocke mich ins prachtvolle Bröndby Stadion mit seinem Fassungsvermögen von 28.000 Zuschauern. Sie hatten es bis 2000 noch einmal umgebaut, nun war es praktisch im jetzigen Zustand (auch wenn in 2007 noch ein weiteres Mal verändert wurde). Kühles Bier und eine Zigarre mit Vanillearoma gönnte ich mir in diesen Stunden, ich wollte einfach nur noch laufen lassen und genießen. Auf dem Rasen ergab sich ein ordentlicher Kick unter dem schönen skandinavischen Abendhimmel. Und in der Halbzeitpause begann die Fanschar hinter dem Tor und eigentlich auch fast das ganze Stadion plötzlich orkanartig zu jubeln, Sören Colding erschien da nämlich live auf der Anzeigetafel zum Interview. Aufgrund von technischen Problemen konnte sich aber leider kein Ton dazu gesellen, aber dies war mir in diesem Moment egal. Nach dem Abpfiff wurde den Bröndby-Akteuren je eine Silbermedaille für den 2. Platz in der Meisterschaft umgehangen. Peter Graulund wurde auch ohne Treffer im letzten Saisonspiel Torschützenkönig. Er rannte mit einem Blumenstrauß zur Fan Tribüne, die ihn ausgiebig feierte. Mir kullerten die Tränen herunter. Ich, der Bröndby IF Liebhaber stahl ja indirekt seinen anderen Fans ihren Stürmer!

Graulund schmiss den Strauß dann ins Publikum, Fußball war eben doch Theater, weil ja auch bei Bröndby Heimspielen ohnehin alles zelebriert wird. Machen sich die Spieler warm, werden sie einzeln gerufen. „Peter Graulund...", dann rennt der Lizenzspieler mit dem gelb-blauen Herzen zu den Anhängern hebt dreimal den Arm, während die Fans dazu

„hey.hey.hey" brüllen. Das muss man erlebt haben. Die Fans hielten Peter G. indes sein Trikot mit der Nr. 11 entgegen, als Zeichen ihrer Huldigung. Ich habe diese Szene noch auf Videocassette. Abschied ist echt ein scharfes Schwert.

Donnerstag 14.6.2001.Graulund befindet sich auf dem Weg ins Ruhrgebiet, zur Vertragsunterzeichnung und zuvor natürlich zum Arztcheck. Derweil bekleckert sich Dänemarks größte Zeitung „Ekstra Bladet" noch am Morgen davor nicht gerade mit Allwissenheit:

„Peter Graulund ist einer von den Bröndby-Spielern der im Scheinwerferlicht der ausländischen Clubs war. Aber so wie er im letzten Monat gespielt hat, sind keine großen Chancen, dass er verkauft wird."

Während der dänische Pensionär diese Zeilen am Frokost-Tisch las, unterschrieb Peter G. also im Grunde schon derweil in Bochum, bzw. war der Wechsel zwischen den Vereinen beschlossene Sache. Informationspolitik pur.

„BT" war am Folgetag morgens am 14.6.2001 besser „up to date": „Bröndby drückt Bochum, die heiß sind auf Topscorer Graulund. Preis 10 Mio. Kronen. Steen Uno schreibt dazu:

„Bröndby meldet sich bereit zum Abschied vom gelb-blauen Rettungsmann, Superliga Torschützenkönig Peter Graulund, wenn Bochum den Preiszettel von etwa 2,5 Mio. Mark oder gut 10 Mio Kronen bezahlt. Nach deutschen Informationen zu BT kann Sören Colding und Thomas Christiansens deutscher Abstiegsclub ein positives Signal zum Angebot bekommen. Schon heute oder morgen." Und Peter G. spricht auch noch mit dem Blatt: „Ich habe Kenntnis von Bochums aktuellem Interesse. Bin aber zum jetzigen Zeitpunkt nicht orientiert wie nah oder fern ich nun von einem deutschen Vertrag bin", kommentierte Peter Graulund zu BT, nachdem er am Sonntag im Parken (beim FCK) von Bochums Sport-Direktor Heinz Knüwe besichtigt wurde.

Und warum war es uns überhaupt möglich, binnen 6 Monaten drei große Transfers zu erledigen? Unter anderem deshalb, weil alle drei Spieler keinen Berater besaßen. Selige Zeiten, für uns und die Spieler!

Vereinsporträt Lyngby BK:
Die blau-weißen Wikinger aus dem Norden Kopenhagens

Das Restaurant „Hold-on" war am 30.3.1921 die Gründungsstätte vom Lyngby Bold Klub. „Kick-inn" benannte es sich dann später um. (Im Internet liest man aber nun wieder vom Namen „Hold-on") Nachdem sie jahrelang u.a. auf einem Platz am Mini Flughafen Lundtofte kickten, zogen sie 1949 in das bis dato ungenutzte Lyngby Stadion, welches zurzeit ein Fassungsvermögen von ca. 10.000 Plätzen bietet und umgeben ist von akkurat geschnittenen Gartenhecken.

1951 gewann Lyngby die Seelands Meisterschaft, der Verein verblieb jedoch weiterhin in der vierten Liga. Als der dänische Verband DBU 1978 das Profitum im Lande einführte, war LBK drittklassig. Von 1980 bis 2001 gehörten sie zur Creme de la Creme der ersten Dänischen Liga. Seither erlebt der Verein stürmische Zeiten. Zuerst kam für Lyngby FC (der Verein hatte sich zwischenzeitlich in eine Aktiengesellschaft gewandelt) im Jahre 2001 der finanzielle Kollaps, der Verein ging Konkurs, da er nicht die zum Überleben notwendigen Transfererlöse erzielen konnte, und fing in der 3. Liga neu an, wieder unter dem Namen Lyngby BK. Da der Konkurs mitten in einer Spielzeit geschah, musste die zweite Herrenmannschaft von Lyngby den Verein bis zum „bitteren Ende" wertungslos in der 1. Liga vertreten, was die Amateure auch würdevoll absolvierten. Eine Fusion mit Farum FC lehnten die stolzen Lyngby Fans völlig ab „Fusioner er for kujoner!" (Vereinigungen sind etwas für Feiglinge).

Im Jahre 1983 wurde Lyngby, das nicht zu Kopenhagen selbst, sondern zur Kommune Lyngby- Taarbaek zählt, erstmals Dänischer Meister und 1992, mit angeführt vom späteren Gladbacher Peter Nielsen, wiederholten sie diesen zumindest in Dänemark sehr beachtlichen Triumph. 1984, 1985 und 1990 war Lyngby zudem noch dänischer Pokalsieger. Macht also 5 nationale Titel binnen einer Dekade, was auf einen attraktiven, erfolgreichen Fußball schließen ließ. So wirkte ich durchaus etwas gerührt, als ich mich vor dem Trophäenschrank des Vereins ablichten ließ, nachdem ein Gespräch stattgefunden hatte, welches im folgenden Brief noch einmal von einer großen Kopenhagener Anwaltskanzlei festgehalten wurde:

„An Herrn Markus Franz
Kopenhagen, 22. März 2000
Betr. Lyngby FC
Sehr geehrter Herr Franz,
mit Hinweis auf das Gespräch zwischen Ihnen und dem Präsidenten und Cheftrainer des Lyngby FC am vergangenen Freitag, bestätige ich hiermit die Vereinbarung wonach Sie als Beauftragter des Vereins und in enger Zusammenarbeit mit dessen Cheftrainer und Geschäftsleitung den deutschen Spielermarkt beobachten. Dies im Zuge eines gezielten Informationsaustausches.
Ihre Aufgabe ist weiter für Lyngby FC relevante Kontakte zu den deutschen Profi-Vereinen zu knüpfen.
Die näheren Modalitäten Ihrer Tätigkeit sind noch zu vereinbaren.
Mit freundlichen Grüßen"

Zudem war der LBK 1970 und 1980 im dänischen Pokalfinale und 1991 Vizemeister. Klaus Berggreen, direkt am Stadion groß geworden, war Lyngbys erster A-Nationalspieler, er gehörte zur erfolgsverwöhnten goldenen 1980er Truppe. In Pisa, Rom und Turin gestaltete sich seine weitere Karriere. Er sollte aber bei weitem nicht der letzte prominente Kicker sein, der im beschaulichen Lyngby (zu Deutsch Heidestadt) seine Fußball-Töppen schnürte. (Vereinslegende Flemming Christensen ging übrigens 1982 als Erster ins Ausland zu St. Etienne.) Als da wären noch Peter Nielsen, Torben Frank, Claus Christiansen und Henrik Larsen, die bei der EM 1992 zum Titel gelangen würden (die beiden Letztgenannten standen beim Finalabpfiff auf dem Rasen), Dennis Rommedahl (erzielte beide Treffer beim 2:1 Sieg gegen Deutschland im Jahre 2000), Thomas Rytter (VfL Wolfsburg Spieler, der vier Jahre Superliga für Lyngby spielte), Kim Christensen (Hamburger SV Spieler, der leider durch den Konkurs von Lyngby FC kostenfrei wechselte und - siehe Brief an mich - der mehr oder weniger einzige Spieler gewesen war, den man nach Deutschland vermitteln konnte), Claus Jensen (A-Nationalspieler, der viele Jahre Premier League spielte und in der Nationalelf Frank Arnesen als geselligen Gitarrenspieler ablöste), Niclas Jensen (Borussia Dortmund und Manchester City Kicker), Miklos Molnar (FC Sevilla), Carsten Fredgaard (FC Sunderland), Lasse Schöne (wechselte 2002 nach Heerenveen, spielt seit 2012 bei Ajax Amsterdam und wirkte auch beu der WM 2018 ordentlich mit), sowie natürlich jüngst Yussuf Poulsen, aktueller Nationalspieler, der in der Saison 2012/13 in 34 Spielen 11 Treffer markierte und danach bereits richtigerweise bei RB Leipzig unterkam oder Emre Mor, der einen Vertrag in Dortmund erhielt und dort Bundesliga spielte. Und der aktuelle BVB Profi Jacob Bruun Larsen (der sogar in Lyngby geboren ist) wurde auch zwei Jahre in der Jugend von Lyngby BK ausgebildet. Oder denken wir an Uffe Bech von Hannover 96, vom 13. bis 19. Lebensjahr wurde er, also in den entscheidenden Jahren im Verein mit dem Wikingerkopf im Wappen ausgebildet.

Bis 2017 war zudem mit David Nielsen jemand Trainer der Profimannschaft, der 1996/97 im Bundesliga Kader von Fortuna Düsseldorf stand. Es ist also zwischen den akkurat geschnittenen Gartenhecken ein ganz schöner Betrieb. Nur ein Spitzenteam in der Superliga, der echte Konkurrent für Bröndby, das war Lyngby ab 1992 fast durchgehend nicht mehr. Der Hauptgrund dafür war das Erscheinen des FC Kopenhagen.

Vereinsporträt F.C. Kopenhagen:
„Byens Hold" - Die Löwen aus dem Stadtteil Österbro

„Klubben som alle de kender (Den Club den alle kennen)/ Som ingen ku'overgaa (Den niemand übergehen kann)/ Du er mit et og alt (Du bist mein Ein und Alles)/ Vi skilles aldrig (Wir trennen uns niemals)/ Det her er FCK (Das ist hier der FCK)"
(Fangesang der C-Tribüne)

Zunächst zum Geschäftlichen: Die Aktie der „Parken Sport & Entertainment", denen der FC Kopenhagen gehört, hat in den letzten zehn Jahren 91,46 % eingebüßt, und des Weiteren berichtet das Portal von „ran", dass der dänische Serienmeister FC Kopenhagen auf dem unrühmlichen 19. Platz liegt in Europa, wenn es um die Verschuldung geht. 138 Millionen Euro betragen die Verbindlichkeiten angeblich. Quo vadis FCK?

Doch bemühen wir die Chronologie der Ereignisse von diesem spannenden Verein, der sich im August 1992 aus den Vereinen KB („Kjöbenvans Boldklub") und B 1903 fusionierten sollte. Im Herbst 1991 war B 1903 in der neu gegründeten Superliga und begann vor läppischen 637 Besuchern. Kurz darauf erlebten sie ihren sportlichen Höhepunkt. Am 22.10. 1991 empfingen sie im berühmten Gentofte Stadion im UEFA Cup den großen FC Bayern München, die zu diesem Zeitpunkt vom als Trainer überforderten Heldenspieler Sören Lerby trainiert wurde. Die Kulisse glich nun auch endlich echter Profifußballatmosphäre, denn

14.000 Zuschauer kamen an jenem Dienstagabend. Am Ende versank Deutschlands größter und erfolgreichster Verein mit dem sagenhaften Resultat von 2:6 auf dänischem Terrain. Ein kleines Land stand wieder einmal Kopf. Dennoch, die Fusion war beschlossene Sache, und wurde im Land mit großem Neid und Misstrauen bedacht. „Aborten!" hallte es dem neuen Verein hinterher, und gleich im ersten Jahr wurden sie dänischer Meister. Ein Kaltstart, der sofort zum Titel führte, und den Verein dadurch gewiss nicht beliebter machte. Zwar kickten die Jugendmannschaften weiterhin unter den traditionsreichen Kürzeln B 1903 und vor allem KB, aber dieses Hineinplatzen eines Retortenvereins in die elitäre dänische Fußballgesellschaft; schmeckte vielen Anhängern anderer Vereine überhaupt nicht.

Weshalb gab es diese Fusion eigentlich wirklich?

Wenn zwei so populäre Vereine sich zusammenschließen, geschieht das nicht ohne Not und etwa aus purem Größenwahn. Der Serienmister KB hatte 1980 zuletzt den dänischen Meisertitel erringen können. Danach wurde aus dem einstigen Vorzeigeverein eine Art Fahrstuhlmannschaft. 1982 und 1984 stiegen sie in die 2. Liga ab. 1986 wurde man in der 1. Division (damals die erste Liga) nur 10. in der Saison darauf gar nur 11. Ehe es 1988 und 1990 wieder in die bedeutungslose Zweitklassigkeit ging, sprich KB nie ein Teil der neuen Superliga mehr werden sollte.

Lediglich B 1903 konnte Lyngby und Bröndby noch etwas entgegensetzen, indes, hatten sie auch ihre massiven Sorgen, und von daher war Lyngby in Gentofte folglich der große Konkurrent. Kamen die Lyngby Kicker in den 1960er und 1970er Jahren noch gerne zu B 1903, weil sie natürlich in der 1. Liga spielen wollten, versickerte diese Quelle mit dem sportlichen Erstarken Lyngby's Mitte der 1980er Jahre fast plötzlich. Bezeichnenderweise war das 1992er Titelfinale für Lyngby gegen B 1903 im Gentofte Stadion der allerletzte nötige Beweis dieser unerwarteten Wachablösung. Der „Kampf um den Lyngbyvejen" war nun auch noch verloren gegangen, und die Zuschauer, die B 1903 generierte kamen jedoch auch gar nicht ursprünglich vorwiegend aus der Gegend um Gentofte, sondern aus zentralen Kopenhagener Stadtteilen, wie Nörrebro, Vesterbro oder Ryparken. Die Mitglieder kamen zudem aus der Arbeiterschaft und wollten kampfbetonten Fußball sehen, es waren keine Bürgerlichen aus Gentofte, die den Verein spielen sehen wollten. B 1903 Mäzen und Chef, der reiche umtriebige Alex Friedmann, wusste von daher spätestens Mitte der 1980er Jahre, dass mit den lediglich 2000 Besuchern bei den Heimspielen, kein Staat zu machen war, und eine Fusion hermüsse, um zu Dänemarks stärkster Kraft im Profifußball zu werden. Zumal die B 1903er von „ihrer" Gentofte Kommune keineswegs so prächtig unterstützt wurden, wie zum Beispiel Bröndby durch seinen sozialdemokratischen Bürgermeister Kjeld Rasmussen. Nur, mit wem sollten sie fusionieren? Mit dem Erzfeind KB? Mit Bröndby? Nein, das ließ sich nicht machen, Per Bjerregaard hatte sein Erfolgsmodell in der Tasche und setzte es bereits grandios um. (Bis er eine Bank gründen wollte, und Bröndby beinahe in Konkurs ging, aber auch das hat der Verein und er auch überstanden.) Mit Lyngby? Da scheiterte Friedmann an dessen Boss. So wurde im November 1990 von den B 1903 Mitgliedern einer Fusion zugestimmt, die reichlich abenteuerlich klang. B 1903 gemeinsam mit KB, Frem und Fremad Amager.

B 1903: Die Arbeiter wollen mitspielen im Konzert der Großen.

„Um dass unser Verein einen guten Klang haben möge/ darum - für das Werk der Zukunft/ einmal waren wir noch gering geschätzt/ doch gefürchtet - groß und stark/ echter Zusammenhalt gab die Kraft/ echter Wille brachte uns vorwärts/ männlicher Sport will betrieben werden/ Jungs aus den Heimen der kleinen Männer"
(Vereinslied, holprig übersetzt, erschien in der 25-Jahres-Broschüre zum ersten Clubjubiläum).

Der Maurerlehrling Carl Andersen traf sich am 2.6.1903 mit seinen Kumpeln im Vibenhus Gaestgivergaard, um diesen Verein zu gründen, der folglich gleich in der Nähe, nämlich im Faeelledparken spielen sollte. Der „Gemeinschaftspark" befindet sich gegenüber vom Zentralstadion, und war damals auch ein angeblicher Treffpunkt der berühmten Atomphysiker Niels Bohr mit seinem deutschen Kollegen Werner Heisenberg. Der Faelledparken hatte größere Ausmaße als heute, viele Vereine betrieben dort ihre Spiele, und die riesige Wiese musste auch noch mit Kühen und Pferden geteilt werden. Andersen war allein deshalb befugt, einen Verein zu gründen, weil er einen von seinen Eltern vermachten Fußball seinen Besitz nennen konnte. Damit war man im Jahre 1903 wirklich ein kleiner König. Die Vereinsfarben waren Weiß-Blau, doch durch eine erste kleine Fusion mit dem Faelledparkenverein

„Dana" in 1908 kam ein Rot zum Weiß. „Boldklubben von 1903" hieß es nun konkreter, nicht mehr nur „03". Der Weg unter die feine Kopenhagener Fußballgesellschaft um KB, AB, Frem oder B 93 (aus Österbro) wurde nun wirklich angestrebt, und ein Kopenhagener Pokaltitel 1917, nach einem Sieg über ÖB (aus, klar: Österbro) gab dazu auch ein wenig Anlass. Drei Jahre später kickte man schon erstklassig.

Zum großen Glück, besser zum besseren Selbstverständnis musste jedoch ein eigener Platz her. KB (hatte schon von 1894 bis 1924, als erster Verein eine eigene Heimspielstätte, Granen in Frederiksberg, da wo heute das Forum liegt), AB und auch B 93 waren in dieser Hinsicht bereits versorgt. Eine das erste Mal angedachte Vereinigung mit KB scheiterte der Legende nach daran, dass ein Herr von KB den *Wunschbrief* der „03"er in seinem Frack vergessen haben soll…

So war es dann erst 1929 soweit. Am Lyngbyvejen ergatterte man seine neue Heimat, das war schön, aber eben „draußen", und die Zuschauer von dort strömten auch nicht in Scharen. Am 27. September 1942 wurde dann das Gentofte Stadion eingeweiht, die scheinbar endgültige Heimstätte des Vereins. Wieder einmal also „draußen", im Norden, in der gutbürgerlichen Gegend. Man fühlte sich wohl dort, lieber spielend als im Idraetsparken, auch wenn dort mehr Zuschauer kommen würden. Das Gentofte Stadion bot 15.000 Besuchern Platz, doch mehr als 1.500 Zuschauer kamen ohnehin nicht. Im Jahre 2012 wurde das Stadion zum Gentofte Sportpark umgebaut (und das Spielfeld, wie zuvor das Parken in der Umbauphase, gedreht.) 2014 war man fertig, inzwischen gibt es Skaterbahnen, eine Eishalle und vieles weitere. Als Konzert Location ist es aber jüngst auch nicht mehr stark in Erscheinung getreten, in den 1980er und frühen 1990er Jahren hatten sich hier noch Stars wie Tina Turner, Prince, Simple Minds, Pink Floyd, Michael Jackson, Metallica oder AC/DC das Mikrofon in die Hand gegeben, doch es liegt wohl abermals am Parken (jüngst mit Megabesuchererfolg die Band Volbeat) mit seinen Live Ereignissen - war dies zuletzt eben nicht mehr der Fall. Jedenfalls landeten die B 1903er dann in neuem Gewand wieder in Kopenhagen-Österbro, im Parken, denn am 31.12.1991 hatten die Mitglieder einer Fusion zum F.C. Kopenhagen zugestimmt.

Der FCK hatte einen großen Löwen im Vereinswappen und nannte sich keck „Byens Hold", zu Deutsch: „Die Mannschaft der Stadt". Nach einem 2. Platz in der Folgesaison, machte der Verein jedoch deutliche Rückschritte, sportlich wie auch finanziell. Die Plätze 6 (1995), 7 (1996) und 8 (1998) waren gewiss nicht annähernd das, was der Verein sich zum Ziel gesetzt hatte.

Im Vorstand befand sich unter anderem der hemdsärmelige Karsten Aabrink, der später als Spielerberater vermögend wurde. Über seine Leistungen beim FCK schwanken die Aussagen, Fakt ist, dass er gerne Geld für Spieler ausgab und handwerkliche Pflichtaufgaben bisweilen versäumte. So vergaß er bei drei Spielern (Henrik Larsen, Bjarne Goldbaek und Jacob Svinggaard) Ärztecheck plus Versicherung, was im Falle des Letztgenannten teuer war, da dieser leider Invalide wurde. Von 3 Millionen DKK war die Rede. Handwerklich ging es also recht bieder zu in der Zettelwirtschaft des Karsten A. Als der wertvolle Torhüter Antti Niemi zu den Glasgow Rangers wechseln sollte, tauchte ein Brief auf, worin stand, dass der fünische Ex-Club an einem Weiterverkauf partizipieren würde. Leider ließ sich nichts davon in den Dokumenten davon finden. Auf Nachfrage rückte Aabrink dann einen handgeschriebenen Zettel mit seiner Unterschrift heraus, wo dies stand. Ein Schelm, wer Böses dabei denkt...

In jedem Falle wurde der Phrasenschwein-taugliche Satz, wonach „der Fisch vom Kopf stinkt", hier einmal mehr besonders deutlich. Denn auf dem Rasen ging es mittlerweile ähnlich bieder zu. Der mit großen bis übergroßen Erwartungen gestartete Retortenverein wurde 1995 6. Und im Jahr danach gar nur 7. in der Superliga. Junge Knirpse tauchten beim Training auf und verspotteten die Profis nun bereits, und die Presse tat ihr Übriges dazu. Im „Ekstra Bladet" tauchten im Frühherbst 1996 Fusionsgerüchte zwischen Lyngby und dem FCK auf, was der feinfühlige Top-Sportberichterstatter Steen Ankerdal in einer seiner EB-Kolumnen besorgniserregend wahrnahm: „Es ist im Grunde unmöglich, dass sich die Spieler noch versammeln, um Fußball zu spielen, es muss doch in deren Köpfen umhergehen, nicht zu wissen, ob sie gekauft oder verkauft sind. Nicht zu wissen, ob es eine Profizukunft in Lyngby gibt, und wie die dann aussieht." Indes, diese Fusion kam zum Glück nie zustande.

Das Licht am Ende des Tunnels brachte dann der Ex Lyngby Vorstand Flemming Östergaard zurück, der im Februar 1997 13 % der Anteile des damals noch nicht börsennotierten Clubs erwarb. Flemming Östergaard hatte im Jahre 1986 als Anfangsvierziger einen schlimmen Unfall. Er wurde in Kopenhagen von einem Auto auf dem Gehweg so schwer angefahren, dass die Diagnosen Beängstigendes besagten: Amputation, Rollstuhl oder steifes Bein für alle Zeit. Doch Flemming, den sie später

„Don Ö" nannten, kämpfte sich ins Leben zurück. Trainierte 8 Stunden täglich. Und kam äußerst beachtlich zurück. Nur 8 Monate nach diesem schockierenden Unfall, gewann er im dänischen Trönröd eine Tennis Clubmeisterschaft. Und da war Flemming nicht der einzige, der weinte", schrieb Kurt Thyboe in einem Buch über den FCK in 1999. Östergaard baute das eigene Unternehmen Kinnarps Büromöbel zu einem großen Konzern aus, und drängte mit seinen Business-Befähigungen arg in den Profifußball. Im Juli 1997 ward er offiziell im Vorstand des FCK, selbstverständlich war Karsten Aabrink nun nicht mehr an Bord der FC Kommandobrücke, eine Zusammenarbeit hatte „Don Ö" natürlich kategorisch ausgeschlossen.

In weniger als zwei Jahren stellte Don Ö, auch mit Hilfe des Ex-KB Profis Niels Christian Holmström (der als Sportdirektor fungierte) wirklich Sagenhaftes auf die Beine, einen wahren Husarenritt in wenigen, aber kräftigen Schritten. Als erstes ging er mit dem FCK an die Börse. Im Herbst 1997 generierte er für die „Parken Sport & Entertainment" (so hieß die Aktiengesellschaft im Folgenden, denen der FCK dann gehörte) in zwei Tranchen (86 + 65 Millionen DKK) insgesamt 151 Millionen DKK (umgerechnet etwa 19,3 Millionen Euro). Er erwarb damit zwar auch „Beine", indem er sehr gute dänische Spieler aus dem Ausland heim ins weiße Trikot des FCK holte (Thorniger aus Perugia, Niclas Jensen aus Eindhoven, später ja Borussia Dortmund, Thomas Rytter vom FC Sevilla, Lönstrup aus Cagliari, vor allem aber als Königstransfer par excellence am 28.10. 1998, sogar Brian Laudrup, siehe gleich). In erster Linie aber investierte er in „Steine", denn er kaufte das Parken Stadion!

Das Zentralstadion Dänemarks, die Bühne der Landsholdet! Völliger Größenwahn? Keineswegs, gebaut für 600 Millionen DKK, geschätzt auf etwa 400 Millionen DKK erwarb der FCK dieses Prachtstück für nur 138 Millionen DKK (umgerechnet absolut lächerliche 17,6 Mio Euro!). Ein Mega-Coup. Dem am 22.2.1999 der nächste, kleinere, aber auch imponierende folgte, ein Sponsorendeal mit der Carlsberg Brauerei über geschätzte 50 Mio DKK. Und das in einer Superliga, die als Hauptsponsor die „Faxe" Brauerei besaß, ein Stinkefinger gegen Jantes Gesetz und die gesamte Liga? Don Ö dachte nicht in solchen Kategorien, er tat einfach das, was gut für sein Geschäft war. (So verkaufte er Peter Nielsen auch noch einmal nach Mönchengladbach. Für 7 Millionen DKK.)

Brian Laudrups Trikot wurde allein im Dezember 1998 gleich 8.000 Mal mit seinem Schriftzug veräußert. Brian, von Chelsea London nach

Dänemark geholt, da staunte wirklich das ganze Land. Vor allem aber jene draußen in Bröndby, die 1996, 1997 und 1998 dreimal Dänischer Meister in Folge geworden waren, eine Titelaneinanderreihung der von Seiten des FCK entgegen zu wirken war. Doch die Sache ging nicht gut aus. Brian spielte nur 19 Spiele (2 Tore) und meldete sich dann per Fax beim FCK ab. Dem Autoren Kurt Thyboe steckte eine Quelle: „Flemming Östergaard wird die Art, wie Brian Laudrup per Fax absagte nie verzeihen. Er fühlte sich grob ausgenützt und fand Brians Entschuldigungen, warum er den FCK verlasse, leer und nicht schlüssig". Da half wohl auch Brians Ausspruch nicht, dass er vielleicht „zu sensibel für dieses harte Geschäft sei."

Sehr interessant war die tabellarische Entwicklung seit der Ägide von Flemming Östergaard, die von 1997 bis 2010 ging. Wurde der FC Bayern zuerst sportlich eine große Nummer, und dann finanziell, war es hier eben nicht so. Es brauchte eben seine Zeit. 1997 wurde man nur 8., 1998 immerhin schon 3. in der Superliga. Dann 7. und wieder 8. Das konnte es doch nicht sein, mit dieser Startruppe und diesem Stadion! Doch der nationale Durchbruch zum besten Club des Landes kam quasi mit dem internationalen Durchbruch parallel zustande. 2001 wurde man Dänischer Meister und schaltete Ajax Amsterdam aus dem UEFA Cup aus. (Was ihnen wirklich sogar 2006/07 noch einmal gelingen sollte). Mit den weiteren Platzierungen lasse ich sie nun einfach allein: Vizemeister (2002), Meister 2003 und 2004, Vizemeister 2005, Meister 2006 und 2007, 3. 2008, Meister 2009, 2010, 2011, Vizemeister 2012, Meister 2013, Vizemeister 2014 und 2015, Meister 2016 und 2017, Vierter 2018, Meister 2019.

Und die neuen Schulden, die angefallen sind? Es wäre nicht verwunderlich, wenn sich dieser Verein nicht noch einmal selbst davon befreien sollte.

Nachtrag: Es ist Mitte Oktober 2018, Nico ist spontan auf Besuch in Berlin und kommt bei uns auf einen Kaffee vorbei. Wir sprechen über Flemming Östergaard, als er mich schockt: Der sei ja nun im Knast, macht er mir deutlich und ich kann kaum glauben, was ich da höre. Flemming Östergaard hat wohl in den Jahren 2008 und 2009 angeblich an Kursmanipulationen der FCK-Aktie mitgewirkt. Daraufhin wurde er im März 2017 bereits zu 18 Monaten Haft verurteilt, konnte aber die Haft aus gesundheitlichen Gründen zu dieser Zeit noch nicht antreten. Nun ist er laut Zeitung „BT" vom 7.9.2018 wirklich hinter schwedischen

Gardinen. Mit 74 Jahren und dieser Lebensleistung. Ich bin bekanntlich weit eher Bröndby IF zugetan, aber ich empfinde null Schadenfreude, ganz im Gegenteil, das tut mir richtig weh und leid um diesen Mann.

Fussballshow, buntes Fest und Randale: Die hitzigen Derbys Bröndby vs FCK

Ob es im Leben Zufälle gibt, sei einmal dahingestellt. Aber dass ich bei den drei vermutlich besten Derbys dieser beiden ewigen Kontrahenten als Berliner live im Stadion war, macht mich schon froh, und dieses Kapitel noch einmal ganz besonders. Vor allem wegen der Fakten rund um die Geschehnisse auf dem oft ramponierten Rasen des Parken Stadions (ja, alle drei Spiele waren Heimspiele des FCK).

Bei der Anfahrt zu meinem ersten Derby am 24.3.1996 (es war das bereits 15. seiner Art) fragte ich meinen Freund Nico: „Sage einmal, Stichwort „Derby", wie sieht es hier eigentlich mit der Fußballrandale im Lande aus?" „Hier wird nichts so heiß gegessen, wie es gekocht wird, die gibt es hier praktisch nicht..." Auch hier also alles im grünen Bereich? Nichts war faul im Staate Dänemark? Offenbar hatte er den sogenannten „Schwarzen Freitag" im dänischen Fußball nicht mehr in Erinnerung, denn an diesem 23.9.1994 hatte es bereits auf dem Weg zum Parken heftig gerappelt. Bröndby Anhänger hatten sich betrunken und stahlen auf ihrem Marsch auch Bierkästen aus diversen Kiosken, sodass von einer frühzeitig aufgeheizten Atmosphäre die Rede sein konnte. Im Stadion platzierten sich die gelb-blauen Fans dann auf der neu erschaffenen „Ekstra Bladet"-Tribüne und sie waren gegenüber der recht überschaubaren Schar der FCK Fans klar in der Überzahl. Der FCK ging in Führung, doch Bröndby hatte in Person des ehemaligen Dortmunder Angreifers Marc Strudal seinen „Chancentod" für diesen Tag in den eigenen Reihen. Wobei, den zwischenzeitlichen Ausgleich machte er ja immerhin doch (24. Minute). Das, was diese Derbys noch gemeinhin als charakteristisch künftig darstellen sollte, waren Treffer in der allerletzten Spielminute. In diesem Fall war es Allan Nielsen, der im Trikot der Kopenhagener tatsächlich den FCK zum Sieg verhelfen sollte. (Allan machte genau ein Bundesligaspiel für den FC Bayern München, beim 7:3 über Hertha BSC im Jahre 1991!). „Als FCK Spieler war es ein Vergnügen, Bröndby zu schlagen!", ließ er sich entlocken, und dieser Allan sollte nun hier gleich wieder auf sich aufmerksam machen. Zum

„Schwarzen Freitag" war noch zu berichten, dass es 22 Festnahmen gegeben haben soll, der Treffer zum 2:1 Sieg löste nämlich einiges aus: ekstatischen Jubel bei den FCK Fans auf der A-Tribüne und Gewalt und Frust bei den Bröndby Anhängern, von denen etliche nun zu Hooligans wurden, oder es bereits waren - und nun äußerten. Brennende Sitzplatzschalen flogen durch die Luft, und der dänische Fußball hatte seine Jungfräulichkeit nun leider doch abgelegt. Die Roligan Kultur war beschädigt. Die dänischen TV-Zuschauer müssen beim Anblick dieser bewegenden, bewegten Bilder wohl zunächst an eine Übertragung aus Italien gedacht haben, anstatt an ein dänisches Lokalderby… (Aber FCK Typen randalierten 2018 auch im Viilfort Stadion zu Bröndby als sie mit Stangen auf Polizisten einschlugen, und ein Stadiontor aushebelten.)

Zurück zu meinem ersten Derby, bei dem es einen neuen Zuschauerrekord geben sollte. 39.640 Besucher machten das Ganze zu einer wahren festlichen Angelegenheit. Und ich mittendrin.

Wenn man etwas als Ausländer nicht unbedingt tun muss, ist es, sich auf einen Verein im Ausland festzulegen, bzw. als Gaudi sich dessen Utensilien zu besorgen. Ich gastierte in Österbro, ich liebte dieses Kopenhagen, also erwarb ich eher zufällig in einem Fußball-Fanladen, der seinerzeit noch in der Classensgade existierte, eine weiße, ziemlich trendige FCK Jacke mit Stehkragen. Auf der Rückseite befand sich in Groß das Wappen, also der Löwenkopf mit der Clubaufschrift. Fein, ich war also für den FCK. Und da Naivität meist auch eine kleine Bestrafung nach sich zieht, setzte ich wie immer auf einen scheinbaren Verlierer… Denn auf dem Feld rannte ein Bröndby Spieler mit blau gefärbten Haaren herum, der das Spiel seines Lebens absolvieren sollte, Allan Nielsen. Kurz bevor er an die Tottenham Hotspurs verkauft wurde, machte er seinem Ex-Verein den Garaus. 3:0 siegte Bröndby, diese Gelb-Blauen (und ein Tor bereitete mit großem Einsatz ein gewisser Sören Colding vor), die mich irgendwie leidlich an Eintracht Braunschweig erinnerten, und die ich zunächst nicht mochte. (Erst am 3.12.1996, auch noch dem Geburtstag von Bröndby IF, konnte ich mich so richtig für die „Drengene fra Vestegn" erwärmen, sie gewannen beim Karlsruher SC im UEFA Cup auswärts mit 5:0, und ich sah dieses Spiel live am TV-Gerät.) Doch kommen wir lieber zu etwas anderem, der fantastischen Atmosphäre nämlich. John „Faxe" Jensen hatte den umgekehrten Weg gewählt, saß bei Bröndby zunächst auf der Bank und kam frisch von Arsenal London aus England retour. Für Kim Vilfort wurde aber in der 33. Minute ein EM-Held für einen anderen ausgetauscht. „Faxe" hatte die Stimmung anfangs kaum begreifen können, wie er dem Autorenduo Rasmussen und Rachlin schilderte: „Die Fan Kultur hatte eine ganz andere Richtung genommen. Die Spieler winkten im „Fenerbahce" Stil und die Fans hatten massig Schlachtgesänge parat. Zuvor war man es nur gewohnt, dass wohl ein Tor gefallen war, weil die Zuschauer klatschten, nun waren die Fans eine halbe Stunde vor dem Anpfiff im Stadion und es ging mit Gesängen zwischen den Fangruppen hin und her." Es war etwas ganz Sonderbares, dieser stimmungsgewaltigen Kulisse, in diesem Stadion mit den steilen Stufen beizuwohnen, auch als Gast aus Deutschland. In der Bröndby Fanschar hinter einem Tor sah man weit mehr als 10 Bengalos glühen. Birger Peitersen, Trainer und Buchautor und stets mit fundierten Kenntnissen in der Tasche sagte zu diesem „New Firm" Deby einmal: „Als Fan ist es nicht nur toll ins Stadion zu gelangen, sondern eben auch, Teil einer einzigartigen Begebenheit zu werden. Auf diese Art und Weise wird man in die Geschichte und Mythologie eingereiht, und das ist auch ein wesentlicher Teil des Erlebnisses."

Dass es zu so einem wurde, war im Übrigen auch dem dänischen Fernsehen zu verdanken. Denn wie auch in Deutschland, wurde der Konsument langsam aber sicher von der Vorstellung befreit, dass wenn Spiele live im TV laufen, keiner mehr ins Stadion geht. Auch hier war das Gegenteil der Fall, und das TV ging in Dänemark sogar so weit, schon Stunden vor dem Derby mit einer durchgängigen Berichterstattung zu beginnen. Die Zahlen sprechen auch eine überdeutliche Sprache. Die Divisionsforeningen hatte zu Beginn der 1900er Jahre einen heute eher harmlosen Vertrag mit TV 2 geschlossen. Von 1990 an zahlte man der Liga 75 Mio Kronen für 5 Jahre, das waren in heutigen Ziffern lediglich 9,6 Millionen Euro. Danach war ein anderer Sender („TVS") mit im Boot, der jedoch 1997 in Konkurs ging. Dann kam TV 3 mit einigen tollen, sachlich fundierten Sendungen (fast alles was ich über Taktik anfangs lernte, lernte ich aus dänischen Medien) und diese zahlten nur 50 Millionen Kronen pro Jahr. Das Auseinanderdriften von Zuschauern bei der „Schlacht um Kopenhagen" unterschied sich signifikant von anderen Livespielen der Superliga. Im Jahre 2005 sahen 326.000 Betrachter eine „New Firm" Liveübertragung im Gegensatz zu 152.000 bei einem anderen Liga-Livespiel. Immens, wenn man sich den kleinen Zuschauerraum dazu denkt. Ein Freitagabend Spiel live senden? Nein, lieber nicht, meinten die Fernsehmacher, es sei denn Bröndby trifft auf den FCK! Der Straßenfeger des dänischen Sports konnte schmerzfrei gezeigt werden, selbst mit 7 Stunden an Beiwerk zu den 90 Spielminuten, in denen übrigens - ganz derbytypisch! - nicht immer der momentane Favorit das Spiel siegreich gestalten konnte...

Mein zweites Derby war am 22.8.1997, und stellte wieder einen Meilenstein dar. Meine weiße FCK Jacke war mir bei einem Wohnungsbrand verschmort worden, so dass klar war: das ist bestimmt nicht mein Verein im Ausland. Kapiert hatte ich auch inzwischen die Rivalität des „Klubs" (Bröndby) mit dem „Konzern" (FCK). Jens Thiede, Bröndby Fan der ersten Stunde und Schreiber des genialen Buches (zu deutsch: „Mit gelb-blauer Ehre und Seele"), einer Art dänisches „Fever pitch" sagte seine Meinung zur Feindschaft zwischen den Vereinen frei heraus: „Ich bin ziemlich überzeugt davon, dass die Feindschaft der etwas hochmütigen Art, des rhetorischen Selbstbewusstseins, und wie sie Bröndby einfach überrunden wollten, geschuldet war. Siemachten daraus ja kein Geheimnis. Der FCK hat Bröndby nie auf irgendeine Art respektiert, und das spiegelt sich bis heute einfach wider."

Das Jahr 1997 war insofern etwas Besonderes im Verhältnis Bröndby VS. FCK, weil es neben der erwähnten TV-Deckung noch drei weitere wichtige Komponenten zusammenfügte.

1. Das Fan-Aufkommen. Bei diesem 22. Derby waren abermals satte 31.197 Besucher anwesend, an einem ohnehin heißen Abend. Selbst die anschließende Nachttemperatur unterschritt nie 21 Grad. Das lag auch an der landesweiten Entwicklung in den Jahren 1995 bis 1997. Ausgerechnet die Fans von Aalborg BK begannen einen Supporter-Klub zu organisieren, was dann weitere SC's nach sich zog. So stieg die Zahl der organisierten Fans in Dänemark von 6.264 auf 25.013.

2. Die 1990er Jahre waren von Neuheiten und großen skandinavischen Fußballüberraschungen geprägt. Da schwang natürlich der EM Titel von 1992 noch mit hinein, doch auch die dänischen Vereine waren nicht mehr weiterhin nur Kanonenfutter für ihre europäischen Kontrahenten. So schaltete B 1903 den FC Bayern aus (1991), kam Bröndby ins UEFA Cup Halbfinale (ebenfalls 1991) und nicht zuletzt schied Real Madrid 1994 (mit Michael Laudrup, Butrageno usw.) gegen das tapfere Odense BK aus, und Bröndby warf 1995 zudem noch den FC Liverpool heraus. Dazu waren 13 von 20 Auswahlspielern bei der 1992er EM aus der heimischen Liga, bei der EM 1996 waren es wieder 13, diesmal von 22 Auserwählten, auch dies ein Zeichen für den deutlichen Leistungsanstieg der heimischen Profiliga.

3. Bröndby war 1996 und 1997 Dänischer Meister. Auch nach diesem Spiel (wir wissen, ich bin für Bröndby - also verloren sie natürlich hier mit 1:4…) sollten sie am Ende der Saison den Titel für sich einheimsen. Trotz der Verkäufe von Peter Möller und Dan Eggen. Aber: ein Wachwechsel war just in dieser Zeit schwer im Gange. Flemming Östergaard sagte viele Jahre später nach diesem unerwarteten hohen Sieg: „Dieses Match steht ganz deutlich in der Erinnerung, das war einen Monat nachdem ich zum FCK gekommen bin. Wir gingen durch sportlichen Tumult und der Sieg kam zu einem Zeitpunkt, wo man sagte: Bingo Mann! Was passiert hier? Wir sind wieder zurück!"

Sein Kontrahent im Südosten Per Bjerregaard hat diese Periode und auch das Erscheinen der Weißen aus der Stadtmitte noch gut in der Erinnerung parat: „Es war in jedem Fall leicht für sie, denn wir waren auf den Knien" (…) Es war gut für sie, dass sie eine ruhige Arbeitsatmosphäre dort schufen. Wir waren da anders aufgestellt, 1995/1996 hatten wir ein negatives Eigenkapital und jeden Sommer mussten wir uns im Kreise drehen, wenn wir einen neuen Spieler holen wollten. Das war ein Vorteil für den FCK zu diesem Zeitpunkt. Und als wir wieder fähig waren zu agieren, war der FCK faktisch im Begriff in Konkurs zu gehen!"

„Supra Societatem Nemo" - Was in Bröndby gilt, gilt für den noch FCK lange nicht!

Niemand darf über dem Verein stehen, ist das Leitbild von Bröndby IF. Ein Verein, der seine Werte lebt, war Bröndby immer. Die vielen stolzen Jugendspieler, die vielen freiwilligen Helfer, man merkt es deutlich, wenn man sich am Trainingsgelände oder der Kantine von BIF aufhält, wie froh alle sind, Teil dieser Sportfamilie zu sein. Betrachtet man den Verein, muss man aber zweifelsfrei bei zwei Namen etwas ins Stocken geraten. Da ist zunächst natürlich „Mr. Bröndby" Dr. Per Bjerregard, der, geboren am 26. Januar 1946, mit dem Namen Per Larsen als Kind bei seinen Großeltern in Randers aufwuchs, während seine Eltern in Odense arbeiteten, und der diesen Verein ja wirklich von der Pieke auf geleitet und geprägt hat. Aber der Chirurg Dr. Bjerregaard war immer der besonnene Mann im Hintergrund, den es nie wirklich vor die Kameras zog. Ganz im Gegensatz zu Flemming Östergaard, der wohl ohne Probleme sagen würde, der FCK sei im Grunde mit der Hilfe seines Sportdirektors Niels Christian Holmström allein sein Werk. Der andere Name der bei Bröndby sofort ins Gedächtnis kommt, ist der von Michael

Laudrup. Das Eigengewächs von Bröndby (allein diese Bezeichnung würde man beim FCK nie für voll nehmen). Spieler kauft man einfach, wenn sie benötigt werden) wurde zum Weltstar und die Personalie zu einem großen Transfer in die Welt 1983, als ihn Juventus Turin kaufte. Damit hatte der FCK Vorgängerverein B 1903 seine liebe Not. Wie war das möglich, aus dem Stand heraus, einen solchen Spieler gewinnbringend ins große Italien zu veräußern? Doch Michael Laudrup stellte sich auch nie in den Vordergrund. Selbst als er Trainer von Bröndby von 2002 bis 2006 war, und dies nicht unbedingt nur von Erfolgen gekrönt war, blieb der Leitsatz bestehen, eben aufgrund des bescheidenen Auftretens der beiden Bröndby Ikonen Per Bjerregaard und Michael Laudrup.

Beim FCK hingegen liebte man das Showelement von Beginn an. Da zog einmal ein Elefant mit riesigem FCK Schal vor dem Anpfiff eines Spieles in die „Manege" des „Parken" Stadions, da war vor allem „Don Ö" allzu gerne parat, mit Siegesposen der theatralischen Art ins Bild zu rücken. Den Höhepunkt erreichte dieses Gebahren, als der oft mit Schlüsselbund an der Anzughose agierende Flemming Ö tatsächlich sein Oberhemd (!) nach einem Triumpf seiner Mannschaft in die Fanschar warf...Von ohnmächtigen Damen konnte aber daraufhin wirklich nicht die Rede sein. Man kam sich plötzlich als Betrachter wie unter Senioren am Ostseestrand vor. Sei es drum, „Supra Societatem Nemo" kam im Selbstverständnis des FCK Erbauers „Don Ö" (und niemand bestreitet seine enormen Verdienste!) einfach nicht vor. Diese Clubs hatten wirklich eine völlig unterschiedliche Herangehensweise. Doch die Show bot man beim FCK dennoch oft genug - zum Glück - auf dem grünen Rasen, der alljährlich durch die hohen Betontribünen des „Parken" nur noch, mangels Licht, speziell im Frühjahr einem Kartoffelacker glich.

So war mein drittes „The New Firm"Derby, welches ich an der Seite des Ex-VfL Bochum und ghanaischen National-Coaches Ralf Zumdick verbrachte, am 10.6.2001 (Colding war bereits in Bochum aktiv, Graulund absolvierte hier sein vorletztes Spiel und wurde dann ein Bochumer Junge). 40.281 Besucher füllten die Ränge bei herrlichstem Fußballwetter (ein abermaliger Superliga Zuschauer-Rekord war dies), als der spätere Bielefelder Profi Sibusiso Zuma den Treffer seines Lebens erzielte, einen der schönsten Treffer in der Geschichte der Superliga, die hier noch „Faxe Kondi" Ligaen hieß. (Das heutige Fassungsvermögen des „Telia" Parken hat übrigens noch 38.065 Plätze, und das Saisonticket für die untere C-Tribüne kostet umgerechnet 243 Euro.) Auf den

Trainerbänken waren zwei Prominente, auch ein Zeichen für die wachsende Stärke dieser Liga. Gut, Age Hareide war damals einfach ein ehemaliger norwegischer Internationaler (Verteidiger) und geriet erst in jüngster Zeit durch seine Erfolge als dänischer Nationalcoach in den öffentlichen Fokus, während der FCK Trainer Roy Hogson niemand mehr vorgestellt werden muss.

Dieser 32. vorletzte Spieltag der „Faxe Kondi" Ligaen 2000/2001 war wirklich ein Titelendspiel. Denn Bröndby hätte sich mit einem Sieg seine Titelchnace noch gewahrt. Der FCK führte mit 57 Punkten die Tabelle an, Bröndby lag mit 55 (und dem zudem besseren Torverhältnis) in Lauerposition. Doch Ruben Bagger und Peter Graulund konnten sich offensiv nicht gegen die megastarke FCK-Defensive durchsetzen. Dies war auch nicht so verwunderlich, denn allein 5 FCK-Spieler an diesem Tage sollten in den folgenden Jahren in die Deutsche Bundesliga wechseln, davon allein vier Defensive! Und Bröndby hatte zu jener Zeit auch kein richtig gutes Mittelfeld, das „wichtigste, der Motor in einer Mannschaft", wie es Sören Colding immer ausdrückte. Mikkel Jensen spielte zu viele Fehlpässe und Magnus Svensson war zwar ein guter fußballerischer Rasenmäher, aber im technischen Spiel doch recht limitiert. Auch Dan Anton Johansen war hinten rechts in der Viererkette kein gleichwertiger Ersatz für den nach Bochum gewechselten Sören Colding.

Ein Blick in das Programmheft der Partie klärt indes jedoch auf, warum BIF im Motorraum so bieder besetzt war. Kim Daugaard, der auch Offensiv Akzente setzen konnte, fiel mit einem Muskelfaserriss aus, und Mattias Jonson, der dribbelstarke linke Offensive sowie der zentrale Allan Ravn Jensen waren gesperrt. Somit war diese Niederlage von 1:3 nicht mehr ganz unerwartet. (Ravn Jensen ist genau jener Spieler, der gegen den FC Bayern München 1998 das 2:1 Siegtor in der Champions League Saison per sagenhafter Bogenlampe erzielte.)

Hier aber nun die FCK-Aufstellung, versehen mit einigen Hinweisen, wo jene Spieler karriretechnisch noch landen sollten:

Thomas Myre, Thomas Rytter (VfL Wolfsburg), Kim Madsen (VfL Wofsburg), Jacob Laursen, Niclas Jensen (Borussia Dortmund), Christian Lönstrup, Michael „Mio" Nielsen, Christian Poulsen (Schalke 04), Thomas Thorninger, Sibusiso Zuma (Arminia Bielefeld), Heine Fernandez.

Zu zweien von ihnen muss ich noch kurz in die Anekdotenkiste greifen. Christian Poulsen machte zum Beispiel eine tolle Karriere (die ihn auch nach Italien und die Niederlande trieb), er kam aus der dritten dänischen Liga aus Holbaek, und spielte nur 45 Spiele für den FCK, ehe er zu Schalke 04 ging. Zuvor war Borussia Dortmund gerüchteweise an der hohen Ablösesumme gescheitert. Weniger ein Gerücht als vielmehr ein Hinweis aus einer sehr gut unterrichteten Quelle besagte, dass Flemming Povlsen (der Ex Borussia Dortmund Angreifer!) bei diesem Transfer zu Ruhrrivalen 1 Million DM als Provision - wofür auch immer - erhalten haben soll …

Viel schöner ist aber die Szene, die ich ein Leben lang mit dem sehr guten Linksverteidiger Niclas Jensen verbinde. Zwei Monate zuvor sah ich mit Nico und dem Vorstand des VfL Bochum das Ligaspiel Lyngby FC - FC Kopenhagen, welches 0:0 endete. Aber eben nicht gänzlich ohne „Treffer". Denn Niclas Jensen drosch einen auf seiner linken Abwehrseite springenden Ball weit auf den linken Flügel, so jedenfalls der Plan. Doch der Ball drehte sich aus dem Spielfeld und flog direkt in einen Mülleimer neben der linken Eckfahne von Lyngby! Das ganze Stadion johlte begeistert, ob dieses unerwarteten Blattschusses, was auch im TV zu hören war, nur leider eben nicht zu sehen, da die TV-Kamera längst abgedreht hatte.

Im Programmheft zu diesem Derby hatte „Don Ö" wieder in Fettdruck mit: „Ich glaube, das ist ein guter Tag zum Träumen" auf die Pauke gehauen, zudem genugtuend geäußert, dass sie auch 80.000 Karten für das Derby hätten verkaufen können, und Bröndby wenigstens mit einem Nebensatz willkommen geheißen. Auch verwies er auf die Zuschauerzahlen der letzten drei Heimspiele: 19.400 gegen den FC Midtjylland, 25.000 gegen Lyngby, 40.000 nun gegen Bröndby. Sportchef Christian Holmströn hatte noch etwas tiefer gegraben, aber nicht mit minderem Stolz ob des bis dahin erreichten. 1. Platz der Fairplay Wertung (das war nicht uninteressant, da das fairste Team des jeweiligen Landes in einen Topf getan wurde, aus dem Europacup Teilnehmer gezogen wurden). Nur eine Niederlage in 26 Spielen. (Dass man nur 15 Heimspiele hatte und in Aalborg, Viborg, Midtjylland, Silkeborg und Aarhus doppelt anzutreten hatte, und, dass man ja den Ausfall seines Spielmachers Staale Solbakken für alle Zeit zu registrieren hatte, der bekanntlich für 13 Sekunden während eines Trainings unser Dasein verließ, zum großen Glück aber gerettet werden konnte, aber eben nicht mehr als Spielmacher der genialen Art zur Verfügung stand.) Die Sache mit den Heim

- und Auswärtsspielen war in der Superliga damals wie folgt geregelt: Bei 12 Teilnehmern, haben bei 33 Ligaspielen die ersten 6 der letzten Saison einmal mehr Heimrecht. Denn man trifft ja auf jeden Verein dreimal, wird man nur 7. oder schlechteres, muss man eben - siehe oben - auf manche Gegner auswärts doppelt treffen, und nur einmal in den heimischen Gefilden.

Doch nun zum Tor der Tore. Sibusiso Zuma, der Fußballzauberer aus Südafrika, stand in der 55. Minute mit dem Rücken zum Tor, links, auf Höhe der Strafraumgrenze. Hinter ihm stand Top Verteidiger Per Nielsen. Zuma nahm den Ball mit einer weichen Brustannahme entgegen. Urplötzlich fasste er den Entschluss, zu einem Fallrückzieher anzusetzen. Und tatsächlich, der Ball flog hart in einem Bogen in Richtung Tor von Mogens Krogh, und unhaltbar senkte er sich hinein und die Goldmedaille zur Meisterschaft für den FC Kopenhagen und hatte ihr absolutes Sahnehäubchen erhalten. Ein Traumschuss mitten ins Herz der Gelb-Blauen. Der FCK hatte es geschafft. Das Bier schmeckte mir schal, doch schwer beeindruckt zog ich dennoch von dannen.

Über Grün (AB), zu Blau (Lyngby), zu Gelb (Bröndby)

Wir hatten die Grünen von AB bestimmt nicht aus dem Blick verloren, aber die zahlreichen Transfers in der Erfolgsphase des Vereins liefen völlig ohne unser Zutun ab. Nichtsdestotrotz waren wir aber nicht traurig deswegen, gute Fußballspieler sind stets nachwachsend, wie Rentner oder neue Fußballfans, es wird sie einfach immer geben. Mein Anwalt hatte indes einen guten Draht zu Lyngby FC, dessen Marketingchef er kannte, und dessen Präsidenten eben auch. So hatte ich also im März 2000 besagtes Vorstellungsgespräch, und begann meine wenigen Kontakte zu aktivieren und neue, fremde aufzubauen. Dass Ralf Zumdick zu dieser Zeit Trainer des VfL Bochums in der Bundesliga war, erwies sich für uns dann als sehr großes Glück, denn in Deutschlands Profifußball kannten wir zu Beginn auch niemand anderen. Es gab eben auch ein tolles schwarz-weißes Pressefoto von mir mit Zumdick. Es war scheinbar ein absoluter Zufall, dass dieser nette und noch richtig menschliche ehemalige Bundesliga Torwart gerade bei meinem deutschen Lieblingsverein beschäftigt war, wenngleich wir von Marie Ebner-Eschenbach ja wissen: „Der Zufall ist die in Schleier gehüllte

Notwendigkeit." Es war also eher eine schicksalhafte Fügung. Ich hatte Zumdick als jugendlicher VfL Fan zweimal gesprochen, und einmal wurde eben dieses Foto geschossen, ich zu Gast bei einer Mannschaftsbesprechung werde vom VfL Torhüter begrüßt. Natürlich konnte er sich nicht recht an mich erinnern, aber ein Gespräch mit ihm wurde schnell in Aussicht gestellt: Ich erreichte ihn dann einige Male telefonisch in seinem Trainerbüro, lernte ihn kennen und durfte später auch einige Scouting Berichte für ihn anfertigen. Man verstand sich einfach. So wies ich ihn auf die unsere dänische Fährte hin, wo es genügend gute, und oft auch bezahlbare Spieler gab, und wir eben sehr gute Kontakte hatten. Wir wussten schnell was ein Spieler kosten würde, ob er einen Berater hatte, etc. Wir hatten dann Karten für die Begegnung Lyngby FC - Bröndby IF am 10.9.2000 vorbestellt, und Zumdick hatte zugesagt, jemanden zu senden, oder selbst zu kommen. Samstag war bereits mein Abreisetag nach Dänemark und die Vorfreude stieg erheblich an. Ich bringe „meinen" VfL Bochum in „mein" Dänemark... Doch am Freitagmittag zuvor klingelte zuerst mein Telefon, dann läutete es in meinem Schädel. VfL Manager Klaus Hilpert hatte sich nun doch, obwohl im Verein bereits reichlich geschwächt, eingeschaltet. Über Tote soll man nicht schlecht reden, deshalb schildere ich rein den Dialog. „Um was geht es da bei diesem Spiel denn?" - „Es geht um einige Spieler von meinem Auftragsverein Lyngby, u.a. um Mittelstürmer Kim Christensen und den Linksaußen Bradley August." „Ich schicke doch nicht blind jemanden da runter. Ich brauche einen guten Stürmer und möglichst noch einen Verteidiger (und dies bei einem 31 Mann Kader nach Saisonstart, der Verf.) Und Bradley spielt gar nicht, der ist bei der Südafrikanischen Nationalmannschaft!" Ich war gelinde gesagt geschockt, jetzt war alles umsonst und ich mental angeschlagen, doch, ich wagte zu kontern: „Hören Sie, ich rufe seinen Trainer jetzt sofort an, weil, das ist mir völlig neu, dass Bradley nicht spielt. Und außerdem Herr Hilpert, haben wir bereits Karten im VIP Raum gebucht! Wie sieht denn das nun aus, wenn der VfL nicht erscheint?!" Klaus Hilpert reagierte resignierend, fast gleichgültig: „Der Lothar Woelk wird sich bei ihnen melden..." Ich legte auf, rief Lyngby Trainer Poul Hansen an und erfuhr, dass Bradley August natürlich für Lyngby am Sonntag aufläuft...

So kamen die ehemaligen VfL-Profis Lothar Woelk und Heinz-Werner Eggeling ins Lyngby Stadion und Bradley August markierte in der 22. Minute (als die blau-weißen Lyngbyer nur noch zu Zehnt spielten) das 1:0! Doch wirklich überzeugen konnte die beiden VfL Scouts im Grunde eher Mattias Jonson von Bröndby und ein weiterer von den Gelben 3:1 Auswärtssiegern.

Als wir im VIP-Raum stehen sagt Nico mit leiser Stimme zu mir: „Sie wollen Colding..." Den quasi Gegenspieler von Bradley August! Und was nun? Nico wollte mit dem Päsidenten von Bröndby sprechen, bis dieser mit sich reden lasse. So etwa war die sinngemäße Antwort. Aber dieses Phänomen, dass jemand gesichtet werden soll, und jemand anderer dann geholt wird, ist mehr als ein kleiner „Part oft he Game". Es kommt öfters vor, als man gemeinhin denkt. Doch Colding anbieten, diesen renommierten Nationalspieler, darauf wäre ich nie gekommen, der war sicher viel zu kostspielig für den VfL. Wir setzten nun also auf Gelb (Bröndby), erst recht als Lyngby kurz darauf in Konkurs ging...

Um das mit dem „Part oft he Game", dieses „einen konkreten Spieler ansehen, und einen anderen wollen" noch weiter aufzudröseln, kommt nun noch eine aussagekräftige Episode obendrauf: Am 4.11.2000 spielte der VfL Bochum daheim in der 1. Bundesliga gegen 1860 München. Das Spiel endete leistungsgerecht 1:1 und ich hatte den Videotext der ARD noch an, als 10 Minuten nach dem Abpfiff im Bochumer Ruhrstadion mein Festnetztelefon klingelte. Ralf Zumdick, der amtierende Bundesligatrainer rief an, noch vor der Pressekonferenz, ich fühlte mich richtig gut dabei. Ob denn alles klar gehe mit diesem Termin in Dänemark am Montagabend wollte er wissen. „Ja klar, der Nico holt dich vom Flughafen ab und fährt mit dir raus nach Herfölge." Und so kam es, bei regnerischem Wetter, auf tiefem Boden bezwang das kleine Herfölge Bröndby mit 3:2 und der anzuschauende Sören Colding wurde noch einmal gesichtet. Wirklich entdeckt wurde aber der Linksaußen von Herfölge BK, Thomas Christiansen! „Besorge mir alles über den, was du finden kannst, der hat ja alle schwindlig gespielt", sagte „Katze" Zumdick. Und so geschah es, Christiansen wurde 2003 für den VfL Bochum Torschützenkönig in der Fußball Bundesliga...

Vereinsporträt FC Midtjylland

„Vi er FC's drenge (Wir sind die Jungs vom FC)/ Vi kommer her fra Midtjylland (wir kommen hier aus Mitjütland)/ Synger og er vilde (singen und sind wild)/ Vi er den tolvte (12.) mand (wir sind der 12. Mann)"
(Fangesang der FCM-Anhänger).

In Herning war ich auch schon einmal. Im Spätsommer 1985, zu Besuch bei meinen Vorfahren sozusagen, denn, auch wenn es unglaublich klingt, die Deutschen waren es, die hier Gutes taten, und dereinst als Bauern das Land dort urbar machten. Zählte Herning im Jahre 1840 noch lediglich 21 Einwohner, und waren Kartoffelfelder der sehenswerte und fruchtbare Grund dieser Siedlung, war es später die Textilindustrie. Doch Herning kann noch mehr, nach Kartoffeln und Pullover lebt man dort nun ganz gut mit dem was man „neudeutsch „Events" schimpft. Das eher karge Herning ist zu einer dänischen Metropole der Unterhaltungskunst geworden! Musikstars treten dort auf, die Eishockey WM 2018 wurde dort, mit Begeisterung der deutschen Kommentatoren absolviert, es gibt viele Möglichkeiten gut essen zu gehen, und es gibt den FC Midtjylland, der 2017 zum zweiten Male Dänischer Meister geworden ist (nach 2014). Trainiert wird die Truppe vom Ex-Bayer Uerdingen Angeifer Jess Thorup, der abermals auf Spieler aus exotischen Ländern zurückgreifen kann. Vor allem im Angriff, ein Spieler kommt aus der Ukraine, einer aus Costa Rica, und Paul Onacho aus Nigeria, wie der FCM mit dem Verein aus dem Paul stammt (FC Ebedei) eine Partnerschaft bildet. Begonnen hatte es mit afrikanischen Spielern zwar nicht in Herning, sondern mit Biri-Biri aus Gambia, den Nationalcoach Kurt Nielsen 1972 vom Wallidan FC nach Nyköbing holte, doch mit Spielern aus Ghana machten sie beispielsweise gute Erfahrungen (wie mit Razak Pimpong und Kwadwo Poku, auf den Ralf Zumdick immer große Stücke hielt, der ihn in deren Nationalteam trainierte). 2004 eröffnete der Verein dann in Nigerias Hauptstadt Lagos eine Fußballschule.

Wir haben es hier erneut mit einer Fusion zu tun, die auf den allerersten Blick recht eigenartig anmutet. BK Herning Fremad (von 1918) war keine große Zugnummer im dänischen Fußball und nur der Fusionsverein Ikast FS (von 1935) konnte sich kleinere Erfolge auf die Vereinsfahne schreiben (u.a. die Teilnahme im dänischen Pokalfinale). Nach der Saison 1998/99 taten sich jedenfalls die beiden sich eigentlich wenig mögenden Vereine zusammen, Ikast war 3. und Herning 4. In der zweiten Liga, sodass der 1. Juli 1999 das Gründungsdatum des FCM darstellte. Ihr Stadion, die AHC Arena, befindet sich gleich beim Herning Messecenter und fasst 11.800 Besucher, zuvor hatte man wechselweise in Ikast und Herning gespielt. Prominentester Transfer war der des leicht verrückten Ägypters Mohamed Zidan zu Werder Bremen (ich kannte ihn schon von AB Gladsaxe und empfahl ihm den VfL Bochum, leider resultatloserweise), doch auch ein sehr bekannter Bundesligastar gehörte umgekehrt zu den Schwarz Roten aus der „Mitte Jütlands", Raffael van der Vaart erlebte in Herning seinen zweiten Frühling und genoss das Fußballspielen in Dänemark ganz hörbar deutlich. Das Ziel, Aarhus und Aalborg aus Jütland, Odense aus Fünen und den Clubs der Hauptstadt FC Kopenhagen bzw. Bröndby, der eigenständigen Kommune, Paroli zu bieten ist voll aufgegangen.

EXKURS: Familie Laudrup

Lone Laudrup erinnerte sich genau: „Als Sechsjährige begannen Michael und Brian Fußball im Verein zu spielen, in Vanlöse und Bröndby, und wir verfolgten alle Spiele, soweit wir dazu im Stande waren. Gut kann ich sagen, dass dies ein gemischtes Vergnügen war, zu erleben wie die Eltern die armen Kinder riefen und schrien, sodass diese weder ein noch aus wussten." Die ehemalige professionelle Handballspielerin hatte derartige Aufführungen nicht nötig, denn die ungezwungene Freude am Spiel war ihren beiden Söhnen derart in Gene und Blut gelegt, dass daraus von Beginn an keine Chance bestand, die beiden noch weiter anzustacheln.

Finn Laudrup, geborener Jensen (Eltern Ernst Anton Jensen und Inge Bodil Laudrup) Ehemann von Lone, wurde am 31.7.1945 geboren und gab unbewusst den Weg seiner Söhne vor, denn Finn war Fußballprofi, Angreifer. Mit 21 Jahren debütierte er schon in der dänischen Nationalmannschaft, aus der er 1969 ausgeschlossen wurde, da er als Profi ins Ausland ging. Nach 127 Spielen beim Kopenhagener Verein Vanlöse ging er zum Wiener SC, wo er zwei Jahre lang (1968 bis 1970) kickte. Mit der Ballbehandlung „wie ein Brasilianer", wie es der Dänische Superstatistik-Papst Palle „Banks" Jörgensen in Worte fasste: „Er konnte mit seiner sublimen Schusstechnik phantastische, präzise Vorlagen geben."

Die Floskel, jenes berühmten Apfels, der nicht weit vom Stamm falle, darf hier also ohne Schmerzen getrost gezogen werden. Denn die Laudrup Eltern staunten nicht schlecht, als der vierjährige Zögling Michael mit damals noch flachsblonden Haaren und einem blau-roten Hemd (Barcelona wirkte also auch schon in gewisser unbewusster Hinsicht) in Sandalen auf einem Wiener Hinterhof zwischen Wäscheleinen einen Fußball durch die Gegend pufferte. Sehr zur Freude des wohl gescheitelten Papas. Der aber natürlich nicht ahnen konnte, dass sein kleiner Wonneproppen bereits mit 13 Jahren von Ajax Amsterdam umworben werden sollte, und an seinem 18. Geburtstag (!) tatsächlich für die dänische Nationalelf debütierte, inklusive einem Torerfolg. Die Mutter Lone zeigte sich verwundert: „Stundenlang beschäftigte sich unser Kleiner mit dem Ball, den er immer wieder unermüdlich gegen eine Mauer trat, ohne dass er groß registrierte, was um ihn herum sonst noch geschah. Okay, er hat auch einmal beim Cowboy und Indianerspiel mitgemacht, aber das Spiel mit dem Ball war ihm wichtiger." Und der nächste Ballzauberer „schlüpfte" unterdessen ja bekanntlich auch noch, Brian Laudrup, 1969 in der österreichischen Hauptstadt geboren, schien schon in den Windeln den Ausruf „Lasst mich mitspielen" zu tätigen, wesentlich differenzierter war das, was er später auf den Fußballfeldern der Welt zelebrierte kaum erklärbar. Jedenfalls nicht aus einem brutalen Druck seitens engagierter Eltern, die ihren Nachwuchs (siehe oben) eher die Lust am Spiel nahmen mit ihrem krankhaften Ehrgeiz.

Kommen wir zu den Nachfahren von Finn Laudrup, denn der Opa (und Oma Lone) können wahrlich auch auf ihre Enkel stolz sein. Brian Laudrup, der Superdribbler mit dem tief liegenden Schwerpunkt sorgte als Erster für Nachwuchs, Nicolai Laudrup (später Fußballprofi) wurde am 4.10.1988 geboren. Michael Laudrup hat sogar zwei kickende Söhne. Am 9.2.1989 kam Mads Laudrup in Mailand zur Welt, während ein Jahr später Andreas Retz Laudrup am 10.11.1990 in Barcelona das Licht der Fußballwelt erblicken sollte. Sein Stammverein wurde der FC Nordsjaelland, wobei er auch in jungen Jahren ein Jahr bei Real Madrid spielen sollte.

Das Fußball-Gen wurde von den Laudrup Brüdern somit auch noch tatsächlich in die dritte Generation getragen. In der Countrymusik gab es dieses Phänomen ja auch schon einmal. Hank Williams, Countrystar der 1920er Jahre bekam kurz vor seinem zu frühen Tod noch einen Sohn, der später in Vaters Fußstapfen treten sollte, und Mainstream-Country (also in Richtung Schlagercountry) machen sollte. Dessen Sohn ist nun wiederum musikalisch on Tour, nennt sich Hank Williams 3 und macht Alternative-Country, also fast in Richtung Punk.

Im Internet stolpere ich förmlich über diesen FC Graesrödderne („FC Graswurzel"), der mit vielen bekannten dänischen Ex-Spielern bestückt ist (u.a. mit Dennis Cagara Ex-Hertha BSC). Und ich sehe, Klaus Lykke ist auch dabei, ein ehemaliger Spieler (Kapitän) von AB, mit dem der Autor persönlich gut bekannt ist. Klaus Lykke antwortet mir: „Der FC Græsrødderne ist ein Club, den Mads Laudrup und ich gegründet haben.

Ein Club für ehemalige Fußballspieler die das soziale Zusammenkommen großschreiben und natürlich den Fußball, also der Sache die wir alle lieben. Wir beriefen frühere Mit- und Gegenspieler und Freunde, die dereinst Fußball spielten. Wir trainieren nicht, treffen uns nur zum Spiel und machen es uns dann gemütlich. Andreas Laudrup ist nicht mehr Teil der Mannschaft, da er verletzt ist und schon seit einigen Jahren ausfällt. Wir begannen in der 4. Amateurliga, stiegen aber dreimal hintereinander auf und sind nun in der ersten Amateurklasse."

Auf die Frage wie es sich mit den Laudrups so verhält sagt er: „Ich sehe Mads Laudrup öfters. In der Familie selbst war ich auch einige Male, das sind alles supernette Leute!"

Dem dänischen Fernsehsender TV 2 gab Lone Laudrup im Jahre 2007 ein offenherziges Interview. Darin verriet sie, dass sie ihren ersten Sohn Michael beinahe abgetrieben hätte. Sie war erst 16 Jahre jung, als sie erfuhr, dass sie schwanger war. Ihre Mutter war niedergeschlagen, aber man wusste, dass es Adressen in Kopenhagen gab, wo man damals Abtreibungen ausführen lassen konnte. Doch ihr Vater traf die zum Glück völlig richtige Entscheidung, auch weil er wusste, dass es ja unter Umständen die einzige Schwangerschaft für seine geliebte Tochter sein könnte. Er sprach zu ihr: „Ich ging die Vesterbrogade auf und ab. Und jetzt gehen wir zu deiner Mutter und sagen ihr, dass ich diese ominöse Adresse einfach nicht finden konnte." Vor allem die Fußballwelt und alle Fußballästheten sind ihm und Lone dafür sicher sehr dankbar.

DIE DÄNISCHE NATIONALMANNSCHAFT DAMALS UND HEUTE

Det Danske Landsholdet. Der Stolz eines ganzen Landes
(Legionäre auf Heimattreffen)

Das war ja alles, auch rein statistisch, ziemlich eindrucksvoll, wie sich die dänische Länderspielgeschichte bereits am Anfang zutrug. So wurden von den ersten 20 Länderspielen der DBU (Dansk Boldspil Union) 16 gewonnen und nur vier verloren. Am 19.10.1908 absolvierte Dänemark bei den Olympischen Spielen im Londoner White City Stadium sein erstes offizielles Länderspiel, das mit 9:0 gegen eine B-Elf Frankreichs gewonnen wurde. Nur drei Tage später hatte man dann gegen das A-Team derselben Nation anzutreten. Und auch hier wurde alles andere als klein beigegeben, mit 17:1 (!) wurde die „Equipe Tricolore" förmlich sportlich gedemütigt. Das dritte Spiel, das Endspiel gegen das Mutterland des Fußballs wurde dann mit 0:2 verloren. Doch eine Revanche folgte sobald auf dem Fuße. Am 5.5.1910 trat Dänemark am Sct. Markus Platz (der Heimstätte von KB Kopenhagen, (dem ersten Fußballverein auf europäischem Festland) zum ersten Länderspiel auf heimischem Boden an, und schlug jenes England mit 2:1.

Mit den Deutschen hatte man anfangs recht wenig Probleme. 3:1 hieß es am 6.10.1912 (es war das erste Länderspiel im 1911 eingeweihten Idraetspark im Kopenhagener Ortsteil Österbro, dem noch heutigen Nationalstadion) und sogar 4:1 siegte man am 26.10.1913 in Hamburg gegen die DFB Auswahl. Alle vier Tore erzielte an der Elbe Poul „Tist" Nielsen (KB), der es auf sagenumwobene 52 Tore in 38 Länderspielen brachte, ein bis heute natürlich gültiger Rekord. Zusammengefasst hatte Dänemark in den ersten zehn Jahren seiner Länderspielgeschichte eine gute Bilanz vorzuweisen. 37 Spiele, 26 Siege, 2 Remis und nur 9 Niederlagen. Und den Deutschen gab man ab etwa 1915 öfters Absagen für ein weiteres Länderspiel, ganz einfach, weil die Qualität der deutschen Auswahl den Dänen nicht ausreichte…

Buchwald war schon dabei

Doch graben wir wieder einen Spatenstich tiefer in die Geschichte ein, stellen wir erstaunt fest, dass wir zwar die Anfänge der DBU Geschichte wiedergegeben haben, dass es aber noch eine andere historische

Sichtweise gibt, die nicht unterschlagen werden soll, und die auch etwas wegkommt von bloßer Statistik. Denn bereits 1906 nahm eine dänische Länderauswahl bei den Olympischen Spielen in Athen teil und gewann sogar das Turnier! 1905 hatte sich das Dänische Olympische Komitee gegründet, und der „ABer" Carl Andersen war es schließlich, der die Truppe auf Reisen brachte. In den DBU-Annalen sind diese Spiele indes nicht einmal vermerkt, was eventuell mit eigenen Eitelkeiten zu tun haben könnte. Die mit weißem Hemd kickenden Dänen (unter ihnen der ABer Cricketspieler Charles Buchwald!) bezwangen eine Mannschaft aus Smyrna (dem heutigen Izmir), welche aus einem Griechen, zwei Franzosen und 8 Engländern bestand, wohingegen unsere dänische Vertretung „nur" aus Dänen bestand. Nicht zufällig 5 Akteure vom Akademisk Boldklub (AB), klar, diese hatten aus Zeit und Geld um eine solche Reise überhaupt zu stemmen (siehe auch Kapitel „Fußball in Dänemark, über Arbeiter und Akademiker"). 5:1 siegten die Dänen im Übrigen, unter der Leitung eines skurril gekleideten Schiedsrichters. Mit einem weißen Hemd, einer langen schwarzen Stoffhose, einem üppigen Gürtel und einem an einen Polizeihut erinnere Kopfbedeckung (!) konnte man im Prinzip rein vom Schwarz-Weiß-Foto her nicht erahnen, was dieser gute Mann darstellen sollte ... Das Finale bestritt Dänemark dann gegen eine griechische Auswahl, die beim Halbzeitstand von 0:9 aufgab. Gold für Dänemark! Alles damit geklärt also? Mitnichten. Denn bereits am 18.4.1897 hatte eine dänische Auswahl ihr erstes inoffizielles Länderspiel bestritten. In Hamburg traf man auf eine Auswahl aus Hamburg-Altona. 5:0 wurde dort im kühlen Hamburg gewonnen, und die Truppe wurde von der DBU zusammengestellt, aus den vier Kopenhagener Vereinen AB, KB, B 93 und Frem. (Es gab auch schon einen Emil Buchwald beim ersten Fußballclub des europäischen Festlands, KB Kopenhagen um 1886, wie auf einem Mannschaftsbild, die Spieler übrigens in langen weißen Hosen, erkenntlich ist.)

1908 gab es dann bekanntlich das offizielle DBU Länderspieljubiläum bei der Olympiade in London, und Dänemark trat erstmals in roten Trikots und weißen Hosen an. Eine Kuriosität verdient es, mehr als am Rande erwähnt zu werden. Nicht nur, dass Charles Buchwald abermals mitwirkte, sondern auch ein anderer kleiner Verteidiger erregte ein gewisses Aufsehen. AB Teamkollege Harald Bohr ward auf dem Mannschaftsbild zu sehen. Bereits 1906 hätte er dabei sein können, doch war er zeitlich verhindert. Er half nämlich seinem später weltberühmten Bruder Niels Bohr bei dessen Doktorarbeit. Wo gibt es das historisch sonst auf der Welt? Ein Fußball-Nationalspieler der auf einem Bild mit

Mittelscheitel und sehr klugem Gesichtsausdruck ohnehin nicht per se vordergründig als Fußballer zu erkennen ist, mit einem berühmten Atomphysiker in der Familie...

Die Aufstellung vom 19.10.1908: Ludvig Drescher (KB), Charles Buchwald (AB), Harald Hansen (B 93), Harald Bohr (AB), Kristian Middelboe (KB, Kapitän), Nils Middelboe (KB), Oskar Nielsen (KB, hieß ab 1916 Nielsen-Nörland), August W. Lindgren (B 93), Spohus Nielsen (Frem), Wilhelm Wolfhagen (KB), P. Marius Andersen (Frem).

Die (Erfolgs-)Geschichte einer Nationalmannschaft hängt natürlich nicht zuletzt von den Befähigungen der jeweiligen Übungsleiter, sprich Trainer ab. Dabei interessieren vor allen Dingen die Schwerpunkte, welche die Coaches setzen. Vom ersten Übungsleiter, dem - natürlich - Engländer Charles Williams, bis zu heutigen Taktikfüchsen wie Morten Olsen, oder aktuell dem Norweger Age Hareide, die beide im Übrigen bereits Trainer von Bröndby IF waren. Olsen war nicht zuletzt- trotz seiner riesigen taktischen Fähigkeiten ein Freund geradezu ausufernden Trainings. Doch darf das eine ohnehin das andere nicht ausschließen. Ex-Nationalspieler Sören Colding sagte mir über Morten zu Olsen einmal am Telefon: „Fußball ist sein Leben, da interessiert ihn immer alles. Wie es deiner Frau geht oder was mit deinem Säugling los ist, danach fragt er nicht, aber den Fußball, den liebt er. Selbst an Trainingstagen, wo nur eine kleinere Einheit angesetzt war, gab es oft kein Ende. Heute nur eine Stunde Spiel, aber dann sind es auch schon wieder zwei geworden..."

1943 zeigte sich ein Paradigma von Eintönigkeit in der damaligen Trainingslehre par excellence. Nationalcoach Sophus Nielsen sagte anlässlich eines Ländervergleichs gegen Schweden rein gar nichts vor dem Heraustreten aus der Kabine. Erst Nationalspieler Kristian Middelboe sprach zum Team, und vermutlich seinem Trainer auch noch aus der Seele, als er verlautbaren ließ: „Um Taktik kümmern wir uns nicht, wir spielen einfach nur...", ein Vorläufer des Deutschen „Kaisers" mit seinem „Geht's raus und spielt's Fußball". Nur Fußball-Ikone Knud Lundberg, der sich kritisch über das „nutzlose Training" ereifert hatte, erhielt eine kleine Laudation vom Coach auf dem Weg zum Spielfeld: „Sei froh, dass du mitspielen darfst, aber sei dir sicher, das ist dein letztes Länderspiel." Motivation einmal völlig anders, und wie gesagt, eine Taktik spielte keine Rolle, bei fünf Debütanten in jenem Spiel auch irgendwie egal..."

Im Krieg: Begegnungen mit den Deutschen

Die Deutschen wollte ja so gerne gegen die Dänen ein Länderspiel absolvieren, so gerne...Die Besetzung des kleinen Dänemarks, so die „krampfhafte" Nazi Theorie nach Arne Sörensen, sei ja nur eine freundschaftlich gemeinte Handlung um die Dänen vor den hässlichen Engländern zu bewahren. Allein um solch einen Unsinn glaubhaft zu halten, mussten also „kameradschaftliche" Sportbegegnungen her.

Eine erste Anfrage wurde von der DBU negativ beschieden. Das machte die Besatzer rasend, die auch sogleich in einer „willst-du-nicht-mein-Bruder-sein-schlage-ich-dir-den-Schädel-ein"-Manier antworteten. Wenn denn die Dänen die freundschaftliche Einladung nicht annähmen, dann verböte man eben flugs den Fußballsport in Dänemark!

So reisten die Dänen, im Grunde gezwungenermaßen nach Hamburg, um am 17.11.1941 auf die deutsche Auswahl zu treffen. Doch der Zug hielt zunächst nicht planmäßig, sondern stoppte bereits in Hamburg-Altona. Zwar blieben die Erklärungen hierzu von offizieller Seite aus, doch unsere Fußballfreunde aus dem kleinen Königreich hatten selber Augen im Kopf. Beim Hinausblicken aus den Zugfenstern sahen sie englische Bomberflugzeuge am Himmel über Hamburg...

So ging es also erst einmal in einen Luftschutzkeller, ehe das Team in ein zu diesem Zeitpunkt verlassenes Hotel gebracht wurde. Am nächsten Morgen konnten die Dänen das Ausmaß des Bombenangriffes vor ihrem Hotel sehen, nur rund zweihundert Meter entfernt waren einige Häuser ausgebombt worden. Aber auch das wurde von offizieller Seite mit keiner Silbe erwähnt. Das Spiel wurde dann mit 0:1 „in Freundschaft", kann man da wohl nur zynisch bemerken, abgegeben.

„Nach dem Match herrschte eine merkwürdige Stimmung, alles wirkte so inbrünstig und verlogen", konstatierte Sörensen. Ein Jahr später traf man in Dresden erneut aufeinander. Die Deutschen hatten auch hier abermals Kicker aus einverleibten Ländern dabei, wie den Polen „Ezi" Wilimowski oder den Österreicher Hahnemann. Das Spiel wurde zu einem harten Fight, da die Deutschen schnell merkten, dass sie die Dänen nicht so einfach ausspielen konnten, wie es ihnen behagte. Dass sie zudem unter besonderer Beobachtung ihrer „Führung" standen, trug ein Übriges zum harten Einsatz bei. Und als auf den dänischen Spieler Walter Christensen regelrechte „Mordversuche" verübt wurden, so Sörensen, sah der Schiedsrichter einfach geflissentlich darüber hinweg.

Das reichte dann Börge Mathiesen, den wir ja noch als Sörensens Begleiter aus jugendlichen Tagen kennen, sodass er dem Spieler Kitzmann mächtig und deftig in die Parade fuhr. Fortan hielt sich zumindest dieser in der Folgezeit des Spieles merklich zurück. Nach der Begegnung hatte sich die hirnlose Ideologie der deutschen Führung natürlich nicht verflüchtigt, ein 1:1 des Großdeutschen Reiches gegen das kleine Dänemark konnte für diese Barbaren natürlich nicht angehen. Die beiden Gebälktreffer waren eben keine Tore geworden. Als Reichstrainer Sepp Herberger nach dem Spiel von DFB-Mann Felix Linnemann (Leiter des unter den Nazis eingerichteten „Fachamt Fußball") öffentlich gerüffelt wurde, sodass dies sogar die dänischen Spieler mitbekamen, da rief der dänische Spieler Leo Frederiksen zu seinem Nationaltrainer Sophus Nielsen: „Da kannst du es einmal sehen Sophus, so muss ein Cheftrainer behandelt werden..." Darauf entgegnete er: „Das geht nur bei denen, das würde es bei uns nicht geben." Eine typische Haltung der Dänen während der deutschen Besatzungszeit, mutig und eigenwillig drückten sie ihren Unmut geschickt aus, oder äußerst plakativ, wie ihr König Christian welcher hoch zu Ross mit einem angenähten Judenstern seine Haltung zeigte (Richard von Weizsäcker, unser Ex-Bundespräsident weilte als Kind durch die Konsulatstätigkeit seines Vaters in Kopenhagen und wurde beim Ballspielen immer von diesem gegrüßt, erst später erfuhr „Richie", dass dies der Dänische König war).Diese Bemerkungen hatten zum Glück keine Konsequenzen, wohl aber die Zuschauerausschreitungen bei einer Begegnung von B 93 Kopenhagen mit Austria Wien. Zum Hitler-Gruß ausgestreckte Arme von Spielern aus der „Ostmark" nahm ein auf der Tribüne weilender Nazi-General zum Anlass lauthals ein „Heil Hitler!" durch die Gegend zu krakeelen. „Das hätte er nicht tun sollen", schrieb Arne Sörensen, „denn dies zerstörte sein hübsches Profil, in jedem Falle seine Nase..." Zehn Sekunden hatte es nur bis zur handfesten Keilerei gedauert. Die unmittelbare Folge war ein Ausschluss von Publikum beim Fußball für ein halbes Jahr.

Die 1960er und 1970er Jahre

Ein Grund, warum sich die DBU sich so mächtig gegen die Modernisierung, sprich der Vollendung des Profitums widersetzte, war laut dem Historiker Jörn Hansen vor allem in den frühzeitigen Nationalmannschafts (Amateur-)Erfolgen zu suchen. Die Bronzemedaille 1948 in London bei den Olympischen Spielen und erst recht die Silbermedaille

1960 bei den Olympischen Spielen zeigten den Verbandsherren doch für ihre Welt auf: Was benötigen wir Profis, wir zählen zu den Besten der Welt! Wer mit seinem Hobby Geld verdienen muss, hat doch bei uns nichts zu suchen! Der 3:2 Erfolg bei Olympia 1972 über die Fußballnation Brasilien fundamentierte dies dann auch noch, doch da war ja schon das neue Statut von 1971 in Kraft getreten, nachdem dann endlich auch Profis in der dänischen Nationalmannschaft kicken durften. Ein Auslandsprofi, nämlich John Madsen (der kurioserweise 1969 von einer ersten Lockerung profitierte, dazu gleich mehr) hatte quasi rechtzeitig in seinem Buch „Nej til Landsholdet" (Nein, zur Nationalelf) etliche interessante Aspekte gegen den (nicht nur seiner) Meinung nach rückständigen Verband in den Umlauf gebracht. (Madsen spielte ab 1965 in Schottland) Wenngleich es ihm bei den Argumenten in allerster Linie um die Einführung des Profifußballs im Allgemeinen in „Danmark" ging (aber das Trennen von Länderteam und heimischer Liga hatten wir ja ad acta gelegt).

Madsen, schrieb in seinem Buch Ende 1964: „(...) niemals Geld im dänischen Fußball, das klingt ja so hübsch. Ich bin überzeugt, dass das Profitum in der einen oder anderen Form den dänischen Fußball stärkt. Es würde die Spieler in eine bessere Kondition bringen, die technischen Fertigkeiten stärken und das Spieltempo erhöhen. Es ist ganz offenbar so, dass die dänischen Teams auch 3-4 Mal in der Woche trainieren, wie die Profimannschaften im Ausland, aber mit deutlich geringerer Schnelligkeit." Und er traf den Nagel auf den Kopf, als er weiter formulierte: „Es würde selbstverständlich werden, dass die Spieler sich professioneller verhalten, und nicht mit Macht und Gewalt ihren Amateurstatus unterstreichen, in dem sie ihren „Lohn" in Form von Fress- und anderen Orgien entgegennehmen. Mit mangelndem Nachtschlaf und müdem Einsatz als Resultat am Spieltag." Hierzu bietet sich somit ein in Deutschland anderer diskutierter Punkt an, Stichwort „Kalorienspiele"; die Verwendung der Eintrittsgelder nimmt Madsen zum Anlass des Hinterfragens: „(...) muss man trotz allem der Wahrheit ins Auge sehen, dass nämlich die Spieler des Dänemarkturnieres Mitglieder der Showbranche sind. Das Publikum bezahlt schöne Preise, um etwas dafür zurück zu bekommen. Die Einführung des Profitums wird das Publikumsinteresse stärken, selbst wenn die Preise noch einmal erhöht werden (...) wie viele Jungs haben sich in tausenden von Stunden auf dem Fußballplatz geopfert, auf Kosten einer fundierten Berufsausbildung. Mit dem Profifußball könnten sie sich dann endlich finanziell im Leben behaupten", forderte Madsen zurecht ein Stück ab vom großen

Kuchen. Vorerst aber blieb der dänischen Kicker Elite nur das Abwandern zwecks Geldverdienens ins Ausland.

Debakel in Düsseldorf

Wie sehr die Leistungen schwankten, bzw. wie wenig professionell es um die Landsholdet bisweilen zuging, zeigt der Spätsommer 1961. Am 17. September hatte man noch flott mit 4:0 in Oslo gegen Norwegen triumphiert, wobei der Spieler Poul Pedersen sein 48. Länderspiel absolvierte, was damals Rekord war, worauf sogleich ein Buch über ihn und seinen Rekord veröffentlicht wurde. Nur drei Tage später trafen die Dänen in Düsseldorf auf Deutschland, wo es ein unschönes sportliches Erwachen geben sollte. Zwar hatte der deutsche Nationaltrainer Sepp Herberger seine Spieler noch warnen wollen (er berichtete der Mannschaft ernsthaft, dass er als 9-Jähriger ein Spiel angeschaut hatte, welches 9:0 ausging, und in dem ein Däne sieben Tore geschossen hatte), doch das war unnötige Mühe. Der vom Komitee zusammen gewürfelte dänische Kader trat ohne richtiges Training an, und war hoffnungslos überfordert. Poul Pedersen: „In Düsseldorf waren wir zum Lachen. Und etwas Böseres kann sich ein Sportler nicht vorstellen (…) Es gab schier keine Grenzen für das Lob, das die Deutschen über unsere Fairness gaben. Darüber können wir versuchen, uns zu freuen (…). So lange man nicht ein gemeinsames Training anberaumt können wir nur hin und wieder mithalten. Wenn die Entwicklung so weitergeht, müssen wir schon vor den Spielen resignieren und mit Niederlagen rechnen. Und Resignation sollte wohl unvereinbar sein für einen Sportler." Die Dänen verloren gegen Seeler und Co mit 1:5 und Pedersen konstatierte: „Wir umgingen gewiss einem neuen Breslau (dem 0:8 gegen Deutschland in 1937) aber die Deutschen dominierten das Spiel von Beginn bis zum Ende."

Dem Österreicher Rudi Strittich folgte 1970 als Coach das „Urviech" Kurt Nielsen, der als Spieler selbst drei Länderspiele absolviert hatte und ein Mann war, der gerne feierte. Seine Bilanz zeigte sich am Ende seiner Amtszeit ziemlich ausgeglichen (31 Spiele, 13 Siege, 6 Remis, 12 Niederlagen) bedenkt man die Bilanz seines Vorgängers Rudi Strittich (61 Spiele, 20 Siege, 11 Remis, 30 Niederlagen). Nur hatte der österreichische Trainer noch schlechtere Bedingungen vorgefunden.

Dennoch, Strittichs vorsichtige Denkweise, die Niederlagen nur erträglich zu gestalten, ward passee. Knud Lundberg erklärte 1991 im Buch „De bedste de gav os" rückblickend: „Er (Nielsen) war kein großer Taktiker, aber er gab seiner Nationalelf den Optimismus und ihr Selbstvertrauen zurück. Und bekam die meisten seiner Spieler zurück für Länderspiele. Kurt war Angreifer als Spieler. Er ging drauf. Und er konnte sich freuen. Disziplin interessierte ihn so wenig, wie Taktik. Aber er lockte die Weltsterne nach Hause, wie Allan Simonsen, Henning Jensen, Johnny Hansen, Per Roentved, Ulrik le Fevre oder Morten Olsen. Sie amüsierten sich unter Nielsen während des Spiels und vielleicht danach noch mehr. Aber es führte schnell zu Resultaten, nur weil Kurt seinen Spielern die Spielfreude zurückgab. Nach Strittichs „Feigheitsfußball" war dies nicht weniger als eine Revolution, die einen Traumstart bekam. In 39 Jahren hatten wir nicht mehr die Schweden auf ihrem Boden bezwungen. Aber schon in Kurts zweitem Länderspiel gewannen wir in Göteborg." Warum es Knud Lundberg dennoch nicht gelang, die Truppe zur Weltklasse zu führen - im Gegensatz zu seinem Nachfolger Sepp Piontek - lag einfach daran, dass drei wichtige Elemente nicht ausreichend berücksichtigt wurden: Die Abwehrarbeit, Disziplin und Taktik. „Charakteristisch war unser Spiel gegen England im Idraetsparken (am 20.9.1978 in der EM-Qualifikation, der Verfasser) eines der besten seiner Amtszeit. Wir trafen dreimal und verloren dennoch."

Per Roentved, sieben Jahre Profi bei Werder Bremen hatte 1979 in seiner dünnen aber amüsanten und aufschlussreichen Autobiographie „Die Kehrseite des Fußballs" (mit Highlights wie: „Wir Spieler wussten, daß Dieter Burdenskis Eltern nicht auf der Reeperbahn wohnten") die beiden Nationaltrainer aus eigenem Erleben beschrieben. Beiden waren ihre erschwerten Arbeitsbedingungen, die wir in diesem Kapitel noch einmal beschreiben werden, zur Last geworden, denn schon zweimal dieselbe Elf hintereinander auf den Rasen zu senden, war ihnen praktisch so gut wie nie vergönnt. Strittichs Qualifikation zeigte sich nach Meinung Roentveds bei den Olympischen Spielen 1972 in München, sowie auf Vereinsebene in Esbjerg, Glostrup und Aalborg. Was er dem Österreicher hingegen etwas übel nahm war, dass er in der Pressekonferenz nach den Spielen ein oder zwei Spieler wegen des jeweiligen spielerischen Dilemmas öffentlich bloßstellte. „Sich selbst für vermeintliche taktische Dispositionen zu rechtfertigen, war nicht notwendig, das war doch Teil der mangelhaften, unprofessionellen Struktur der Nationalmannschaft, dass eben etwas faul war. Es ging eben nicht um die Spieler oder deren Einstellung." Das Unprofessionelle zeigte sich schon dabei, dass der Trainer seinerzeit oft auf das Telefon oder TV-Liveübertragungen angewiesen war, um über kommende Gegner Bescheid zu wissen. Sich selbst vor Ort ein Bild zu machen war ihm nicht oft vergönnt, wegen fehlender Valuta womöglich. Auch Kurt Nielsen handhabte die Gegnersichtung äußerst „afslappet" könnte man meinen. Der damalige Mannschaftsleiter Kai Johansen („Der Mann mit der Pfeife"), der bei vier großen Turnieren und unter vier Nationaltrainern seinen Dienst ausführte erinnert sich, wie Kurt Nielsen seine Spielbeobachtung nützte: „Ja, nun treffen wir also auf Bulgarien und Kai war dort, um sie zu sehen, aber ... wir spielen einfach wie wir das gewohnt sind." Dennoch meinte Per Roentved, dass Nielsen „anders in allen Punkten war". „Mit seinem frischen Wesen war er anfangs sehr inspirierend, aber schnell zeigte sich, daß er nicht der Mann der Zukunft für den dänischen Fußball sein konnte. Seine taktischen Erläuterungen waren kurzweilig, eher beiläufig, und auf Floskeln aufgebaut, wie zum Beispiel: „Wenn alle und jeder kämpft können wir die Paviane schlagen! Vielleicht war es sogar vernünftig uns nicht in ein starres System einzubinden, wo wir doch aus so vielen unterschiedlichen Vereinen zusammenkamen. Aber ich hätte es unter allen Umständen vorgezogen, daß er uns im Detail über den Gegner informiert hätte, oder daß wenigstens die Defensive funktioniert hätte. Zum Beispiel Henning Munk wusste selten, was seine wesentliche Aufgabe im Spiel war. Und wenn Kurt Nielsen ihm dies „erklärte", dann immer in Form von Witzeleien mit dem Resultat, daß die ganze Mannschaft vor Lachen schrie. Beim Henning wirkte es dann im verkehrten Sinne. Durch die Inkompetenz des Trainers wurde er vor dem Spiel nervös..." Zu einer Besprechung erschien der bierbäuchige Trainer mit den langen Haaren dann wegen Augenschmerzen (vielleicht hatte er es sich zuvor wieder zu gemütlich gemacht) auch noch mit einer Sonnenbrille. Per Roentved zog einen passenden Vergleich: „Wie er da so saß, ähnelte er einem, der jeden Augenblick aufsteht, sich auf seine Harley-Davidson setzt und durch die Straße rauscht. Mit Sicherheit kann ich sagen, daß er in Deutschland nie Bundestrainer geworden oder auf einem anderen wichtigen Posten gelangt wäre. Die Deutschen haben eine andere Auffassung von Kleidung und Auftreten." Doch besehen wir uns lieber die Entwicklungen in den 1960er und 1970er Jahren, die einfach sehr interessant sind.

„Im Laufe der vier Jahre von 1968 bis 1971 wurde der dänische Fußball um nicht weniger als 53 Topspieler erleichtert, darunter 33 (drei Nationalmannschaften) die die Nation in den rot-weißen Farben vertraten", zog der Autor Frits Christensen 1986 ein resignatives Fazit.

Was also vor allem in den 1940er und 1950er Jahren als nettes Beiwerk wahrgenommen wurde, dass eben dänische Amateurkicker so gut waren, dass sie im Ausland einen Profivertrag erhielten, wurde ab spätestens Mitte der 1960er Jahre ein Bremsklotz für die Professionalisierung im eigenen Lande, und speziell für das Aushängeschild, der Landsholdet. Denn Profis durften ja nun nicht mehr auflaufen, wie wir erfuhren, und dieser Verlust an menschlicher Ressource war nicht mit noch so viel Ehrgeiz auszubügeln. Leo Frederiksen, Verbandsmann der DBU zeigte sich Mitte der 1950er Jahre noch recht uneinsichtig, als die Diskussionen um das Spielverbot für Profis bereits geführt wurden: „In unserem Verband bewahren wir die Amateurideale, weil es unsinnig ist, dass einige „Sterne" Geld wollen für die Freizeitbeschäftigung, die ihnen Freude bereitet."

Doch der öffentliche Druck aus der Bevölkerung nahm stetig zu. John Hansen war beispielsweise zurückgekehrt und wieder Amateur, solche Kicker wollten sie wieder im Nationaldress sehen dürfen, zum Kuckuck. So entschloss sich die DBU heimgekehrte Profis, nachdem sie für 2 Jahre in Dänemark ihren Amateurstatus wieder angenommen hatten, wieder für Dänemark auflaufen zu lassen. 1964 hatte Dänemark in Malmö beim Spiel in Schweden erneut verloren, diesmal sogar mit 1:4, sodass dem Verbandsherren Leo Dannin der Kragen platzte, und er sich auf die Seite der Fans schlug: „Wir müssen Profis in der Landsholdet haben!" 1969 gab es den nächsten Schritt deshalb, auch wegen einem anderen, naheliegenden Grund. 1969 brummte die Wirtschaft allenthalben, auch in Dänemark. Privatautos und kleine Häuschen, gemeinsam mit der Antibabypille sorgten für einen schon gewissen Wohlstand, und doch, zur Ländermannschaft kamen verdammt wenig Besucher, auch mangels ausfallender Qualität. Der Systemwechsel wurde am 6. 5.1969 endlich sichtbar, Ex-Professionelle, wie der Volksheld Ole Madsen konnten nun direkt auflaufen für Rot-Weiß. 3:1 gegen Mexiko hieß das erste Resultat, gleich mit einem Treffer von Stürmerstar Ole Madsen! Beim 3:2 gegen Ungarn am 15.6.1969 sah der „Fußballprofessor" Knud Lundberg dann den „größten Sieg" einer dänischen Landsholdet, weil „Ungarn zur Weltelite gehört, und wir nicht." Im 4-3-3 System gelang dieser Sieg unter Rudi Strittich vor, endlich wieder, 30.000 Besuchern. In der Amtszeit von Strittich (ab Oktober 1969), und auch bei seinem Nachfolger Nielsen war es nun normal, dass der Trainer bei der Spielerauswahl auch 3 Stimmen zur Verfügung hatte, die „UK" Mitglieder waren aber derer vier Herren (Egon Johansen, Jörgen Leschly Sörensen, John Hansen und Ib Skotnborg) und somit musste der jeweilige Coach immer einen der Verbands-Männer auf seine Seite ziehen. Nicht gänzlich ohne Anstrengung war dies, wenn auch fußballerische Kompetenz vorhanden war, da z.B. Leschly Sörensen ein bekannter Ex-Spieler war. Ausgerechnet als die DBU endlich die Fenster öffnete in der Hinsicht, Profis auflaufen zu lassen, setzte es Misserfolge en masse. Von 1969 bis 1971 gab es ganze 13 Spiele in Folge ohne Sieg, 1970 galt als komplettes Katastrophenjahr (9 Spiele ohne doppelten Punktgewinn), und die „Nicht-Entlassung" vom armen Coach Rudi Strittich, der immer neue Tiefpunkte vermelden musste, grenzte da schon an ein mittleres Wunder. (1970/71 gab es 6 Niederlagen in Folge.)

Am 12. Mai 1971 war es dann endlich soweit, ab diesem Tag und Match konnten die Verantwortlichen auch Profis, die im Ausland spielten (daheim gab es ja keine…) nominieren. Es ging nach Oporto in Portugal, wo 5 Profis mit 6 Amateuren die lange ersehnte Premiere gehörig in den Rasen setzte. 0:5 hieß es am Ende! Sollten die edlen Verfechter des Amateurfußballs sich etwa inhaltlich doch im Recht befinden? Nein, das war es nicht, es lag an zwei anderen Dingen, die sich natürlich zum Glück noch ändern sollten. Erstens war die DBU zunächst nur den Kompromiss eingegangen, lediglich 5 Profispieler pro Partie spielen zu lassen, worauf sich das größte Problem ganz offensichtlich von selbst ergab. Denn die 5 Profis spielten in einem völlig anderen Tempo als die heimischen Kameraden, wodurch es kein adäquates Zusammenspiel geben konnte.

„Wir starben in Fußballschuhen, weil wir auf den Platz gingen und dachten, wir könnten die Portugiesen problemlos schlagen", folgerte etwa Kresten Bjerre von Racing White frustriert. Benny Nielsen von AB war sogar ohne Fußballschuhe angereist und musste sich diese von Peter Dahl leihen, woraufhin dieser mit Strümpfen auf der Ersatzbank saß…

Bei den Olympischen Spielen 1972 in München waren die Profis abermals nicht anwesend, doch Dänemark bezwang in Passau immerhin Brasilien mit 3:2, aber 6 Spiele in 13 Tagen ließen kräftemäßig einfach nicht mehr zu als den respektablen 5. Platz beim Turnier in Deutschland. Dennoch, der Weg zur Professionalität war geebnet, der „Nachschub" an großartig begabten dänischen Spielern versiegte auch nicht, und nun musste nur noch der richtige Trainer her.

Diesen meinte man dann 1975 gefunden zu haben, aber erst vier Jahre später fand man Sepp Piontek auf St. Pauli, der fast jeden Stein umdrehen sollte. Zunächst versuchte man es von Verbandsseite aber ab 1975 mit Kurt „Nikkelaj" Nielsen, der Stimmungskanone, der der leidgeplagten Mannschaft immerhin Spielfreude und Selbstbewusstsein vermittelte und auch sprachlich musste nicht Knud Lundberg wie bei Rudi Strittich noch für den Trainer übersetzen...Nielsen schaffte wie gesehen eine ausgeglichene Bilanz (31 Spiele, 3 Siege, 6 Remis, 12 Niederlagen), was man auch heutzutage einfach nicht kleinreden kann. Die Gegner hießen folglich „Paviane" oder „Spaghettis" und Taktik spielte keine Rolle. Das beste Beispiel war das Spiel gegen England im Jahr 1978.

Dänemark hatte zuvor in der EM-Qualifikation 3:3 gegen Irland gespielt, dann 2:1 gegen Norwegen, 0:0 gegen Island und 2:1 gegen Schweden, es sah also vermeintlich gut aus vor diesem Spiel am 20.9. 1978, als ein dänischer Abwehrrecke seinen Abschied aus der Nationalelf feiern „durfte". Henning Munk Jensen, in 2017 feierte er seinen 70. Geburtstag, hatte schon längst eine schwer tilgbare Schmach einzustecken. Ausgerechnet in seinem Jubiläumsspiel für die DBU, seinem 50. (A-) Länderspiel gegen Polen wurde er vom heimischen Publikum nach einigen Patzern derart traktiert, dass sein Trainer Kurt Nielsen den Volkshelden aus Aalborg auswechselte. Kenner behaupten, „Munken" habe sich von dieser tragischen, persönlichen Niederlage nie mehr erholt.

Nun also kamen die Engländer, mit ihrer „Mighty Mouse" Kevin Keegan, der einen Sahnetag erwischte, was bei ihm in der Zukunft ja nur allzu häufig geschehen sollte. Vor 47.600 Zuschauern machte der nur 1,73 Meter kleine Dribbelkönig ausgerechnet per Kopf das 0:1 nach einem Freistoß. Dies sprach Bände, körperlos wurde im Raum gestanden und passiv zugeschaut von den Abwehr-Hünen Roentved und Munk Jensen. Dass das 0:2 durch Keegan dann zum ARD Sportschau „Tor des Monats" gewählt wurde, hatte in Dänemark sicher wenige Leute geärgert, aber wie auch dieses Tor zustande kam eben doch. Freistoß von Brooking (der Ball ist lange in der Luft), Kopfball von Mariner (frei), Kopfball Keegan (frei) und die Niederlage war praktisch schon besiegelt ...

Das 1:2 erzielte dann Simonsen mit einem flach geschossenen Elfmeter ins linke Eck, und Arnesen schaffte nach Traumvorarbeit von Jörgen Kristensen (Hertha BSC) sogar den Ausgleich. Doch die Chancen für die

Engländer waren zahlreich und wirklich mangels kompakter Defensivarbeit der Dänen nur folgerichtig. Das 2:3 kam dann erneut durch eine simple Flanke zustande, die von Keegan verlängert und am langen Pfosten verwertet wurde. Beim 2:4 durch Neal sahen die Zuschauer dann eine weitere Variante an kuriosem Abwehrspiel. Nach einem Fehlpass im Mittelfeld rennt Neal mit dem Ball in den Strafraum und schießt den Ball unter die Latte. Torhüter Birger Jensen fragte anschließend seinen zuständigen Abwehrspieler nur, warum der dieses nicht verhindert habe...

Sicher, der 3:4 Anschlusstreffer durch Kapitän Roentved, der ansonsten auch einen schlechten Matchday erwischt hatte, kam merkwürdig zustande. Da war der Bremer plötzlich völlig frei im Strafraum der Engländer, nahm den Ball mit dem Unterbauch an und knallte ihn in den rechten Winkel, aber dieses „Nichtangreifen" von Gegenspielern war bis dato eher eine Schwäche der tapferen Dänen in diesem offenen Kampf gewesen, die ja insgesamt einen mitreißenden Auftritt hingelegt hatten. Munk Jensen wurde in der Presse als „Aalborg Clown" diffamiert und erlebte mit diesem 62. auch sein letztes Länderspiel.

Das Hauptkriterium für einen abermaligen Trainertausch ward offensichtlich, toll war es zu sehen, wie die Dänen stürmten, aber die Defensivarbeit wurde zu wenig ernst genommen, und so wichtige Punkte vergeben. Abhilfe schaffen konnte da doch nach dem lebenslustigen ehemaligen Stürmer Nielsen nur ein eisenharter Verteidiger aus der Bundesrepublik. Sepp Piontek.

Da muss man Spaß verstehen, und:
Auf Besuch im Haus des Sports ...

Wir haben die Umschreibungen schnell parat, die es gab, wenn sich die Nationalspieler für ein Länderspiel trafen. Zuerst bekamen sie nicht einmal frei von ihren Vereinen, dann immerhin für wichtige Qualifikationsspiele. Jedenfalls hatte der am 1.7.1979 gestartete deutsche Trainer Sepp Piontek eben noch zu jener Zeit begonnen, als die Spieler ihre Arbeitgeber um Erlaubnis bitten mussten. Keine leichte Aufgabe, erst recht, wenn die Vereine im Mittwoch (EC Cup) Samstag (Liga) Rhythmus spielten. Die DBU musste zudem jeden Spieler mit 5000 DKK extra gegen einen eventuellen Ausfall versichern usw. Aber die Spieler hatten natürlich wenig dagegen zur Nationalelf zu reisen, gemütliches Beisammensein mit Freunden, inklusive nächtlichem Ausgang, Tanz und alkoholhaltigen Getränken, das klang doch lukrativ für die jungen Sportler. Und das Spielresultat, nun ja, man sei ja das kleine Dänemark, da war ja eine Niederlage immer zu erwarten…Damit musste einfach irgendwann Schluss sein. Zwar hatte der kurz zuvor als Nationalcoach in Haiti werkelnde Piontek schon etwas von seiner bärbeißigen Art eingebüßt, durch die dortigen Verhältnisse, er war also kein Zuchtmeister alter Schule, sondern wusste schnell, dass er Kompromisse mit den allzu lebenslustigen Dänen zu schließen hatte. Der Autor Bo Östlund benannte in seinem sehr lesenswerten Buch über Allan Simonsen das elfte Kapitel dann auch tatsächlich „Neue Bettzeiten für die Discojungs". So hieß es, um ein Uhr nachts hätte jeder Spieler zurück im Hotel zu sein, und der deutsche Sepp saß mit Notizblock im Foyer und hakte die Heimkehrer ab. Vertrauen ist gut, Kontrolle ist besser", hatte er eine alte Weisheit für sich anwendbar gemacht. Ausgetrickst wurde er dennoch, so half beim erneuten Ausflug in die Discothek „Tordenskjold" am Kongens Nytorv, oder in die „Hvids Vinstue" am selbigen Platz der Sprung aus dem Zimmerfenster (so man denn im Parterre logierte) oder über die Feuertreppe…Was hatte der gute Sepp Piontek, der eine wahre Revolution in der Nationalmannschaft anschob, mit riesigem, wenn auch ungekröntem Erfolg, nicht alles akzeptieren lernen müssen. Etwa das Menü am Abend vor dem Spiel; Steak mit Sauce Bernaise und Pommes frites. Oder Musik von Cassette im Mannschaftsbus (bevorzugt der grandiose Kim Larsen), die vielen Späße und Streiche. Zusammengefasst, vor allem den speziellen dänischen Humor, den man natürlich als nicht völlig sprachkundiger Ausländer eben im wahrsten Sinne des Wortes nicht immer versteht. Einmal saßen sie zusammen, im Hotel Marina in Vedbaek auf Seeland (das Piontek eigens ausgespäht hatte, und in dem die Nationalmannschaft bis heute absteigt) die Spieler und ihr Fußballlehrer, als plötzlich ein Spieler sagte „Ich weiß ja nicht, ob die Flutlichtanlage im Valby Sportpark (das kleine Stadion von Frem Kopenhagen) für ein Länderspiel ausreicht." „Was meinst du damit?" fragte Piontek. „Ja, na also wir spielen doch heute in Valby, nicht wahr?" „Sepp konnte sehr verzweifelt aussehen", sagte Preben Elkjaer über diese Zote, „Speziell in seiner Anfangszeit in Dänemark, wo er versuchte den dänischen Humor zu parieren, mutig hinter seiner Pfeife schauend. Solche Fragen schienen ihm zu bedeuten, dass wir uns nicht auf das Spiel konzentrierten". Auch die Frage eines Spielers, ob man denn morgen „nicht gegen Bulgarien" spiele, wo doch in Wirklichkeit die Tschechoslowakei auf dem morgigen Terminplan stünde entrüstete Piontek heftig, wie Elkjaer im amüsanten Buch „Det bedste de gav os" versicherte. Auch Allan Simonsen erinnert sich ganz genau an derartige Szenen und fasste es gut zusammen: „Sepp Piontek verstand es, die Balance zu finden zwischen Disziplin, der dänischen Gemütlichkeitsmentalität und dem guten Zusammenhalt, und er wurde ein Teil von uns. Wir konnten auch in der Zwischenzeit heraushören, wann er etwas ernst meinte. Natürlich musste Sepp sich auch an unseren internen Umgangston gewöhnen, und wann wir Späße trieben während des Trainings. Es konnte sein, dass, wenn er uns zu etwas aufforderte, wir genau das Gegenteilige taten oder, wenn wir im Training alle stoppten und fragten: „Über was redest du?" nur um ihn zu ärgern, da konnte er fuchsteufelswild werden."

Piontek war also sehr lernfähig, und andere Leute, nennen wir es „zu foppen", gelang ihm selbst bei TV-Auftritten inzwischen ganz locker. So in der „Johannes B. Kerner" Show im ZDF, als er noch einmal auf das WM Spiel 1986 gegen Deutschland zu sprechen kam: „Ja, das wollten mir alle vorhalten, dass ich dieses Spiel unbedingt gewinne wollte. Dabei habe ich doch alles getan, um zu verlieren. Den Stammtorhüter draußen gelassen (der stehende Keeper Högh war in der Tat die etatmäßige Nummer 3 des Teams, der Verf.) Aber der andere hält wie ein Weltmeister, der fliegt da rum und so weiter… Dann läuft der Morten Olsen, den sie alle noch aus Köln kennen, der ja Libero war, nach vorne, weil ihm so langweilig ist und wird im Strafraum gefoult. Ich sage noch zu Jesper Olsen von Manchester United, linke Seite vorbei, und er versucht links zu schießen, und haut ihn rechts unten rein…Zweite Halbzeit, ich nehme noch einen Angreifer raus (Elkjaer), jetzt darf nichts mehr passieren. Der Reservemann kommt rein (Eriksen) macht das 2:0 …" Piontek hob entschuldigend die Hände, das Publikum im Studio klatschte und Kerner lachte drollig wie immer. Nur, so sehr man sich als Betrachter nicht wirklich davon freimachen konnte, amüsiert Pionteks Ausführungen zu lauschen, war eben das Meiste davon doch allzu populistisch und damit dem Format der Sendung einfach auf den Leib geschnitten. Wer wollte es diesem urigen Mann verdenken? Er hatte auch genug über sich ergehen zu lassen, bei seinem nicht einfachen Umwälzungsprozess in der „Landsholdet".

Dem völlig zu Recht gekrönten Autor Bo Östlund verriet er es sehr detailliert im Buch über Allan Simonsen aus dem Jahre 2008: „Wenn man nicht an sich selbst glaubt, gewinnt man keine Spiele. Die Nationalelf war zu einem gemütlichen Ausflug geworden, wo die DBU eben die Flüge bezahlte, dass die Spieler wieder nach Hause kamen, um, ihre Familien zu sehen und die Freunde und dafür auch noch etwas Taschengeld kassierten. Sie spielten aber nicht mit dem Herzen, gaben nicht alles. Und wollten nach dem Spiel dann noch in die Stadt. Als ich eine Weile Nationaltrainer war, wurde ich von einigen Vereinen der Spieler angerufen, u.a. aus Verona und Anderlecht, die mir also erzählten, dass sie ihre dänischen Nationalspieler 2-3 Tage nach ihrer Rückkehr kaum für etwas gebrauchen konnten. (...) Das konnte sich ja nicht weiter fortsetzen. Es war ungesund für einen Spieler der vielleicht drei Kilo an Gewicht bei einem Länderspiel verloren hatte, anschließend in die Disco zu gehen und Gin, Wodka und anderen Alkohol ins Blut zu bringen. Und gleichzeitig war es ja wahnsinnig, dass die Hotelzimmer in der Nacht nicht benützt wurden, klar stellten sie ihre Sporttaschen vor die Tür, aber sie kamen erst um 6 oder 7 Uhr aus der Stadt zurück, wonach sie dann zum Flughafen um 9 Uhr mussten, um zu ihren Vereinen zu fliegen." Wann exakt dieses ungeheure an „Leichtigkeit" in der Landsholdet einzog, muss noch einmal separat erörtert werden. Mir scheint, dass es sehr viel mit Spielern wie Elkjaer oder auch Lerby und Arnesen zusammenhing, der goldenen 1980er Generation also, die sich unter Piontek schnell einfand. Denn besieht man sich die Aufstellung, und den Bericht von Mittelstürmer Heming Jensen (aus seinem 1978 erschienenen Buch „Fodbold paa spansk") wird rasch klar, dass dieses Team zwar nach dem 2:1 Sieg über die Schweden am 15.6.1977 nach dem Spiel in den berühmten Tivoli ging (zum Speisen) und anschließend, na wohin wohl, in die Discothek „Tordenskjold" am Kongens Nytorv (dies wurde also zur „Erbkrankheit") und auch, dass der Ausspruch von Jensen „Wenn es um die 3. Halbzeit geht sind wir dänischen Fußballspieler einfach Weltmeister" einiges besagt, aber Hand aufs Herz, bei den folgenden Namen, kann ich recht wenig an ein Herschenken von Spielen glauben:

Birger Jensen (Club Brügge, wurde von Piontek später ausgemustert wegen Disziplinlosigkeit, Piontek: „Von solchen oppositionellen Elementen muss man sich trennen"), Johnny Hansen (Vejle BK, Ex-1. FC Nürnberg und Bayern München, spielte 8 Jahre in der Bundesliga), Henning Munk Jensen (Aalborg BK), Per Roentved (Werder Bremen, machte das 1:0 per direktem Freistoß), Niels Tune (St. Pauli), Benny Nielsen (Racing White), Jan Höjland (1860 München), Morten Olsen (Racing White, später 1. FC Köln), Allan Simonsen (Borussia Mönchengladbach), Henning Jensen (Real Madrid), Flemming Lund (Fortuna Düsseldorf). Und; kein Wunder, dass so vielen Deutschland Profis von ihren Arbeitgebern frei gegeben wurde, die Bundesliga schloss am 21. Mai 1977… In Punkto Disziplin stellte Ex-Mannschaftskamerad Günter Netzer Henning Jensen indes ein tolles Zeugnis aus: „Ich kenne keinen mit einer so professionellen und ernsthaften Einstellung wie Henning. Deshalb empfahl ich ihn bei Real Madrid. Um dem Club zu helfen und ihm eine Freude zu machen."

Nicht unwitzig war auch die kleine Episode, die Nationalverteidiger Sören Busk erzählte. Als dieser zum ersten Male zu einem Länderspiel unter Trainer Kurt Nielsen fuhr, umrundete der Mannschaftsbus den schönen Kongens Nytorv („Königlicher Platz", wo auch das Nationaltheater steht). Plötzlich rief der damalige Torhüter Birger Jensen, der wohl Whisky als Getränk sehr gerne mochte, laut: „Da ist unser Vereinsheim!". Er zeigte mit dem Finger auf die Discothek „Tordenskjold"…

Jedenfalls musste Piontek nach seinem Amtsantritt bald disziplinarisch einschreiten. Es sollte Schluss sein mit den Luxushotels und dem anschließenden „einen trinken gehen" („gaa i byen", in die Stadt gehen sagt man dazu in Dänemark). Vor allem nach den nonchalant hingenommenen Niederlagen. So quartierte er seine Truppe eben einmal ins Idraettens Hus unten in Bröndby ein, was für die doch einigen Luxus gewohnten Kicker einer Katastrophe gleichkam. Klar, da gab es anständige Trainingsplätze vor der Tür, aber auch: Karge Betonwände, kein TV oder Radio auf dem Zimmer, nur ein Fernsehraum und Münztelefon auf dem Gang. „Wie ein Schullandheim in der Sowjetunion", charakterisierte Preben Elkjaer diesen Ort, wo man sich wirklich nur noch mit Fußball beschäftigen konnte. Mannschaftsleiter Kaj Johansen klagte darüber, sich beim Umdrehen im Bett immer ob der Enge den Ellenbogen zu stoßen, und Preben Elkjaer und Allan Simonsen beschwerten sich über Rückenschmerzen. Sören Lerby verriet im Buch „Danish Dynamite" frei heraus mit einem Lächeln: „Das war wirklich schockierend für uns. Wenn jemand die Klospülung drückte, standen alle stramm im ganzen Haus".

Begeben wir uns ins Jahr 2001. Ich arbeitete als Scout. Mein Freund in Kopenhagen hatte mich angerufen: „Es ist schwer momentan in der Stadt ein Zimmer zu bekommen, aber du hast Glück, ich konnte dir 3 Nächte buchen, unten in Bröndby, direkt am Stadion! Und günstig dazu, umgerechnet 110 DM die Nacht." Ich war in großer Vorfreude, da ich wusste, dass Bröndby IF gegenüber vom Stadion ein eigenes Hotel betrieb. Tolle Aussicht! Also fuhr ich nach siebenstündiger Busanreise (die Zeit der Billigflieger setzte erst Monate danach ein) mit einem Taxi runter zum Hotel Bröndby Park. Die Sonne schien, der Wind vom naheliegenden Meer wehte in den Haaren, ach war das schön, es war eine Dienstreise, aber sich mit Fußball beschäftigen als Job, das konnte einfach nicht schlecht sein. Erst recht nicht, nachdem wir schon 3 Spielertransfers in die Bundesliga hinbekommen hatten. Rein ins Foyer, da steht in tollem Ambiente tatsächlich eine Bierzapfanlage mit leeren Gläsern davor, offenbar zur eigenen Bedienung. Dänemark, du bist so schön und weise! Doch an der Rezeption konnte man meinen Namen einfach nicht finden. Ich rufe meinen Freund auf dem Mobiltelefon an: „Du, ich bin im Bröndby Park, aber ich stehe nicht in der Liste..." Er antwortet in seiner typischen, trockenen Art: „Nun schaue dich da mal um, kann da ein Zimmer nur 110 DM kosten? Du bist drüben gebucht, im Idtaettens Hus..." Nun, nach einem heiteren Schockmoment ging ich also hinüber ins „Haus des Sportes" und erlebte den von den Nationalspielern dereinst beschriebenen Spartanismus des Betonbaus. Und hier gab es auch kein Öl (Bier) im Foyer...

Sepp Piontek. Ein Deutscher bringt den Dänen ihren Durchbruch

Im Jahre 1979 vom Zweitligisten FC St. Pauli verpflichtet, schien die Ära des in Breslau gebürtigen Deutschen Josef Emanuel Hubertus Piontek sich anfangs gar nicht auszuzahlen. Seine Aufgabe, die Dänen 1982 zur Fußballweltmeisterschaft zu lotsen war nämlich (noch) gescheitert. Doch gut Ding will bekanntlich Weile haben und so kam der am 5.3.1940 geborene Ex-Spieler von Werder Bremen Stück für Stück voran. Mit einem Konzept, mit Disziplin. Und vielem mehr. Großartige Spieler hatten sie ja in Dänemark schon immer, aber die Nationalelf kränkelte auf internationalem Terrain unter ferner liefen, und das musste doch abzustellen sein. „For satan!", wie der Däne gerne flucht. Aber ausgerechnet ein Deutscher, ein wahrer Preuße (nur ohne Pickelhaube), er hatte ja auch sonst als Coach schließlich noch keine Bäume ausgerissen... Doch Zuckerbrot und Peitsche waren der gute, alte Weg zum Erfolg. Piontek hatte von Anfang an die richtigen Worte gefunden: „Ihr seid große Individualisten, ihr passt in keine Schablone. Gewiss, als Profis im Ausland musstet ihr euch anpassen. Warum tut ihr es aber nicht auch, wenn ihr für eure Heimat gemeinsam spielt. Bewahrt eure ungezwungene, phantasievolle Begeisterung für das Spiel im Trikot der dänischen Nationalmannschaft." Eines der ersten Dinge, die ihm direkt auffielen war, dass in Deutschland die Profis am Spieltag in der Mittagsruhe selten Schlaf oder Ruhe finden, so sehr seien sie mit dem kommenden Match geistig beschäftigt. In Dänemark war das nun völlig anders, die Spieler mussten geweckt werden, so relaxt waren sie, ein unerhörter Fakt für einen Deutschen!

Als eine Art „Professionelles Vermächtnis", als Sepp's 10 Gebote sollte das in jedem Fall verbreitet werden, was er Knud Esman als seine Strategie dereinst nannte, weil es einfach viel mehr aussagt als man für dahin meinen möchte... Ich erlaube mir, den groben Teil zu übersetzen.

Expertenarbeit mit 100 % Einsatz. „Wenn einer weniger als diese leistet, ist es nicht professionell."

Theoretisches und praktisches Know-how. „Man kann nicht Leiter, Trainer oder Manager ohne theoretisches Wissen sein. Bin ich unsicher, können mich die Spieler da angreifen, wenn ich etwas nicht weiß. Ich muss fundiertes Wissen besitzen."

Erfahrung und Routine. Wie kann ich ein Stück professioneller werden, wenn ich keine Erfahrung und Routine habe? Das ist schwer für die Jungen, die neuen im Fach, weil man nicht mit einer Ausbildung daherkommen kann und glauben, man schaffe das schon, da gehört Erfahrung Routine dazu." (Genau an diesem Punkt wird klar, wie sehr sich der Fußball von 1990 bis heute gewandelt hat. Mochte der gute Herr Piontek hier noch völlig Recht haben, ist dies heute bisweilen obsolet geworden. Denn junge, damals völlig unerfahrene Trainer wie Thomas Tuchel oder Julian Nagelsmann haben inzwischen bewiesen, dass man ohne Erfahrung im Männerbereich sofort und sogar dauerhaft erfolgreich sein kann.)

Visionen: „Man darf schon alte Ideen verwenden, aber sie müssen einen modernen Inhalt besitzen. Man muss die Entwicklungen berücksichtigen."

Zielsetzung. „Man sollte alles tun, um seine Ziele zu erreichen, sie müssen aber realistisch aufgestellt werden. Es bringt nichts, die Nr. 1 werden zu wollen, wenn man in Wahrheit höchstens 8. werden kann. Ein Direktor kann auch nicht sagen, dass der Umsatz in eineinhalb Jahren verfünffacht werden soll, wenn es unmöglich ist. Das schwächt das Vertrauen in ihn."

Verstand. „Es ist der Verstand, nicht die Gefühle, die über einen Profi bestimmen sollen. Die Gefühle dürfen am Ort sein, aber sie sollten die Entscheidungen nicht lenken."

Voraussetzungen. „Ich bin zwischenzeitlich genötigt, meine Planung und Ideen zu ändern. Ich muss selbst die Voraussetzungen schaffen, um meine Visionen zu verwirklichen."

Positives Denken. „Wir dürfen realistisch und kritisch sein, aber positiv denkend. Die Dänen haben die Tendenz sich zu beklagen, pessimistisch zu sein und die negative Seite zu betonen. Das ist nicht zum Aushalten. Wenn ich Profi sein will in meinem Job, muss ich positiv gestimmt sein. Erst dann bin ich auf dem richtigen Weg."

Beurteilung der Chancen und die taktische Planung. „Ich muss mich die ganze Zeit fragen: Welche Möglichkeiten hast du? Ich muss mir klar darüber sein, die Taktik zu ändern und muss es planen."

Kalkulation von Ideen. „Was kann ich tun? Wie kann ich spielen mit den Möglichkeiten? Es geht darum, Fehler zu vermeiden. Man bekommt sie niemals ganz weg, aber man kann sie halbieren, vielleicht sogar vierteln. Mit Fehlern kann man nicht leben, sie sind der Abfall unserer Möglichkeiten. Es gehört zum Profi-Sein sie zu senken. Es ist wichtig, immer einen alternativen Plan parat zu haben. Wenn es nicht nach Plan läuft, muss ich eine Lösung haben. Das muss schnell gehen. Da habe ich kein halbes Jahr Zeit. Passiert dies, enteilt mir der Konkurrent. Er ist dann weg. Wenn ein Spieler verletzt wird, muss ein anderer bereitstehen. Ich muss alles vorher durchdenken, was passieren kann, und was ich dann tue. Wenn ich erst nachdenke, wenn das Spiel läuft, ist das Spiel vorbei."

Sepp Piontek war ab dem 1.7.1979 als Trainer angestellt, nicht als genialer Zauberer. Zwar war die DBU komplett von ihm überzeugt, aber die ausgegebenen Ziele (Qualifikationen für Welt- und Europameisterschaften) waren schon das Kernthema seiner Anstellung. Somit war Geduld ein schweres Gebot, zumal es durchaus holprig lief. Die noch unter Kurt Nielsen angelaufene Qualifikation für die 1980er EM in Italien war nach Niederlagen gegen England (0:1) und vor allem Bulgarien (0:3) schiefgelaufen, doch beinahe just in diesem Moment, also 2 Wochen nach der Schmach in Bulgarien, konnte Piontek das erste deutliche Ausrufungszeichen setzen; Dänemark gewann ein Freundschaftsspiel in Spanien (Cardiz) mit 3:1. Da musste also doch etwas gehen, spätestens zur WM 1982 in Spanien müsste Dänemark bestimmt vertreten sein, wog man sich in der Sicherheit, dass die spielerische Qualität und die fachliche Qualifikation des Deutschen an der Seitenlinie nun alsbald zum Erfolg führen müssten. Doch in der WM-Qualifikation setzte es drei Niederlagen in Folge, und der Traum, das Ziel und der Wunsch nach Dänemarks allererster WM-Teilnahme war im Prinzip schon wieder zerbrochen. Doch dann kam ein weiteres Spiel, das Dänemark als kommende große Nummer im Fußball anzudeuten vermochte: Italien, das ein Jahr später Weltmeister werden würde, wurde daheim mit 3:1 bezwungen, und zwar in der WM-Qualifikation. Eventuell war dieser Sieg für Piontek eine Art Freifahrtschein für sein weiteres Tun, denn dieser Sieg war so überzeugend und voller Verve zustande gekommen. „Das Glück kam zum richtigen Zeitpunkt", resümierte Knud Esmann in seinem Piontek Buch. „Die dritte Version von der Stunde der Wahrheit (die ersten beiden waren eben die Siege gegen Spanien 1979 und gegen Italien 1981) war in Wembley in London 1983, als Dänemark 1:0 über England gewann und sich für die EM in Frankreich qualifizierte. In allen drei Fällen hätten Niederlagen mit anschließender Presseschelte die DBU Führung dazu zwingen können, die Entlassungspapiere zu schreiben."

Die nächste Qualifikation lief, wie gesagt rund, und nach insgesamt 6 Siegen in Folge (inkl. einem Freundschaftsspiel gegen Frankreich). (Luxemburg, Griechenland, Ungarn, Frankreich, England, Luxemburg) bekam Sepp Piontek am 26.10.1983 seinen Vertrag bis Sommer 1988 von der DBU verlängert. Der weitere Weg ist bekannt, und der Deutsche „der die Dänen dänischer machte", wie es in einer Biographie über ihn im Titel hieß, wurde zu einem Volkshelden im kleinen Königreich. Zu recht.

Frankreich 1984

Mit dem Krachen des Schienbeins von Ex-Mönchengladbach-Idol Allan Simonsen in der 43. Spielminute, begann quasi diese legendäre erste EM für Dänemark im Spiel gegen den späteren Europameister und Gastgeber Frankreich. Es war keine Absicht des französischen Spielers Le Roux, der sich selbst bei der Aktion am Knie verletzte, Simonsen war einfach, völlig gegen seine Gewohnheiten als vorsichtiger Mensch, in einen in wahrsten Sinne des Wortes Knochenbrecher-Zweikampf gegangen, mit bösem Ausgang. Das Mitleid war ihm gewiss, die Dänen folglich so etwas wie Märtyrer, zumal sie dieses Spiel durch ein unglückliches Tor auch nicht unbedingt verdient mit 0:1 verloren. Später sangen die Spieler ein Lied für Allan Simonsen ein, als Zeichen ihrer Kameradschaft, die wie wir längst wissen nicht gespielt, sondern authentisch war. Ich war völlig entsetzt, als ich am nächsten Tag erst von Simonsens schicksalhaftem Zweikampf erfuhr, nun hielt ich im Herzen erst recht zu diesen Dänen mit ihren tollen Hummel-Trikots. Aus der Ferne, unbekannterweise. Doch ich wurde nicht enttäuscht. Etwas weniger schlimm erwischte es Jesper Olsen, der sich von seinem Gegenspieler Amoroso eine saftige Ohrfeige einfing, die aber vom Schiedsrichter nicht bemerkt wurde. „Ich dachte, ich befinde mich in einer Bauernstube in Nastved", kommentierte der verdutzte kleine Dribbler nach der Partie.

Am Samstag „danach" sah ich im TV das komplette Spiel gegen Jugoslawien, das die Dänen mit sage und schreibe 5:0 für sich entschieden. Viele junge Leute vermögen sich gar nicht mehr vorzustellen, was Jugoslawien an Fußballern parat hatte, und, dass die heutigen Nationen Bosnien, Serbien, Kroatien und Mazedonien alle unter dem Namen Jugoslawien antraten, also eine Fülle und riesen Auswahl an großartigen Fußballern besaßen. Doch durch Tore von Arnesen (8.), Berggreen (16.), Arnesen (69. Elfmeter), Elkjaer Larsen (82.) und dem eingewechselten Lauridsen (85.) gelang dieser Coup. Meine Eltern waren an diesem Samstagabend zum Kegeln, während ihr Sohn eine neue Lieblingsmannschaft für sich entdeckt hatte. Was die für einen Angriffswirbel entfachen konnten!

Sa. 16. Juni 1984, 20:30 Uhr
Stadion: Gerland, Lyon, Zuschauer: 34745, Schiedsrichter: Augusto Lamo Castillo
Dänemark: Qvist, O. Rasmussen (61. Sivebaek), M. Olsen, I. Nielsen, Busk - Lerby, Bertelsen, Berggreen, Arnesen (78. Lauridsen), M. Laudrup, Elkjaer-Larsen.

Jugoslawien: Ivkovic, Miljus, Zajec, N. Stojkovic, Katanec (55. Halilovic) - Radanovic, Gudelj, Bazdarevic (27.D. Stojkovic), Cvetkovic, Susic, Zl. Vujovic.

Im kommenden, letzten Gruppenspiel reichte aufgrund der schlechten Tordifferenz Belgiens bereits ein Remis gegen diese. Doch wer annahm, es würde sich ein taktisches Geplänkel in Richtung 0:0 ergeben, wurde schnell eines Besseren belehrt. Die Belgier machten keine Gefangenen und wollten ihrem Gegner, den sie durch viele Einzelspieler (Morten Olsen und Frank Arnesen vom RSC Anderlecht, Preben Elkjaer aus Lokeren und Sören Busk aus Gent plus zwei weitere, u.a. der eingewechselte Torschütze zum 2:2 Kenneth Brylle) aus ihrer eigenen Liga kannten, zeigen wo der Hammer hängt. Und das gab reichlich blaue Flecke für fast alle Beteiligten. Preben Elkjar bezeichnete diese Schlacht von Strasbourg als eines seiner größten Fußballerlebnisse. Ein „Herrenspiel" nannte er es, und einen Sieg „der weh tat". „Alles schien gegen uns zu laufen. Als Ceulemans und Vercauteren das 2:0 schafften und Frank Arnesen und ich je um einen Strafstoß betrogen wurden, sah es schwarz aus. Eine 2:0 Führung würden die Belgier doch nicht mehr wegschmeißen", dachte ich. „Aber zum Glück schien Schiedsrichter Prokop aus der DDR zu wissen, dass er uns einen Strafstoß schuldet." (Adolf Prokop, den man in Dänemark als „unförmig" betitelte, war freilich kein unbeschriebenes Blatt. Er soll den BFC Dynamo Berlin damals sehr häufig über Gebühr bevorteilt haben, und wurde laut dem fundierten Autor Hanns Leske 1986 zum Oberstleutnant des MfS befördert) „Er meinte, dass Anderlechts Walther de Greef mir ein Bein gestellt hatte. Ich protestierte natürlich nicht." Mit dem 1:2 ging es in die Kabinen, das hätte nicht gereicht, und obwohl Dänemark im Nachhinein immer ein Torwartproblem (bis Peter Schmeichel ins Bild trat) attestiert werden sollte, war es hier Keeper Ole Qvist von KB der den frei durchlaufenden Vandenberg stoppen konnte, denn das 1:3 hätte wohl oder übel das Aus für die Rot-Weißen aus Nordeuropa bedeutet... Wenn man einem Stürmer von heute ein Beispiel geben sollte für den sogenannten „absoluten Willen zum Treffer", sollte man ihm das Video von Elkjaers Siegtreffer zum 3:2 vorspielen. Er stolperte los, biss sich durch, der Ball blieb am Hacken des belgischen Verteidigers Wolf hängen, und doch, er trieb das Leder weiter voran in Richtung Jean-Marie Pfaff, der in einer Harakiri-Torwartaktion eine Verletzung Elkjaers locker in Kauf nahm, als er Elkjaers Oberschenkel malträtierte, und doch, der Ball war drin! Reingearbeitet, mit unbändigen Willen. Da tat dann auch der Oberschenkel nur noch halb so weh, Breggreens Bluterguss war erträglich und auch die aufgeschlagene Lippe von Morten Olsen. Ein „Herrenspiel" wie Preben Elkjaer es schon sagte, und Dänemark hat bei seiner allerersten EM Endrundenteilnahme das Halbfinale erreicht, auch dank des diesmal kleinen Teilnehmerfeldes.

Das Lied für Allan Simonsen wurde via TV vor dem Spanien Spiel in sein Krankenzimmer übertragen, es (geschrieben von DBU Pressesprecher Frits Alhström) hatte folgende Zeilen:

Allan, du er vores ven (Allan, du bist unser Freund)/ Vi paa dig, igen, igen (Wir halten immer wieder zu dir)/ Taenker, synger dig en pris (Denken, singen dir einen Preis)/ Vi vil se dig i Paris (Wir wollen dich in Paris sehen)/ Holdet er jo meget godt (Die Mannschaft ist ja sehr gut)/ Og vi gör det ganske flot (Und wir machen das ganz toll)/ Men vi savner din facon (Aber wir vermissen deine Art)/ Den har altid vaeret bon. (Sie ist immer wieder fein)/ Spanien er den naeste kamp (Spanien ist das nächste Spiel)/ de dem kender fra Nou Camp (die kennst du aus dem Nou Camp Stadion)/ vi vil se dem, vi kann (wir werden sehen, was wir tun können)/ for vort land og for Allan (für unser Land und für Allan)/ L'Equipe des danois cèst nous (Die Mannschaft der Dänen, das sind wir)/ Sepp og Kaj, men ogsa du (Sepp und Kai, aber auch du)/ Spiller vinder röd og hvidt (es spielt und gewinnt Rot-Weiß)/ Det er virk'lig dynamit. (Das ist wirklich Dynamit).

Doch Paris, das Endspiel in Paris sollten die tapferen Dänen nicht erreichen. Spanien war doch eigentlich schon am Boden. So gut wie besiegt. Doch sie hatten Glück und Torhüter Arconada! Bereits nach 6 Minuten (der übliche schöne Frühstart, der den Dänen zu eigen war, und der ihnen so oft doch das glückliche Ende versagte) ging Danish-Dynamit in Führung. Laudrup hatte eine scharfe Flanke vor das Gehäuse der Spanier gezogen und Preben Elkjaer präzise geköpft. Mit Hilfe der Latte konnte Arconada zunächst noch glänzend retten, doch dann rauschte Sören Lerby heran, der das Leder mit links in die Maschen drosch. Doch abermals war es ein Pingpong-Gegentor, das die Dänen sanft und noch unnötig auf die Verliererstraße brachte. Busk hatte in der 67. Minute einem Angreifer den Ball vom Fuß gekickt, der dann flach im Strafraum genau zu Antonio Maceda rollte, der den Ball einfach ins linke Eck knallte. Aber das wäre zu verkraften gewesen. Die entscheidenden Situationen für den weiteren schicksalhaften Verlauf sah Schreiber Per Höjer Hansen zu Beginn der zweiten Halbzeit, als zunächst Arnesen den Pfosten traf und Lerby plötzlich frei vor dem Keeper stand, den Ball aber mit seinem schwachen rechten Fuß direkt auf Arconada schoss. Und von einem durch Alberto an Arnesen nicht gegebenem Strafstoß war auch noch die Rede. Mir wird dann noch eine Situation präsent, die in der Videoaufzeichnung im Zusammenschnitt besonders unglaublich ist. Einen Freistoß kann Arconada mit großem Können abwehren, der

Nachschuss geht aus vier Metern direkt auf seinen Körper, und der völlig vor dem leeren Tor liegende Ball wird dann auch noch vorbeigeschossen. Es waren der Chancen genug für ein spannendes Eintreffen in Frankreichs Hauptstadt, doch es kam, wie es kommen musste. Zumal die Spanier auch ihre Möglichkeiten besaßen, wie Torhüter Ole Qvist erinnert: „Die Spanier waren 5-6 Mal frei vor mir, und ich holte mir alle Bälle. Auf der anderen Seite hatte Arconada auch einige Superrettungen und so endete es bekanntlich im Elfmeterschießen."

Kenneth Brylle traf für Dänemark, Santillana für Spanien, Jesper Olsen machte das 2:1, Senor glich aus. Dann kam Laudrup und verschoss, doch Schiedsrichter Courtney aus England ließ den Elfmeter wiederholen, da sich Arconada eindeutig zu früh bewegt hatte. Der Keeper schubste dann noch den Referee in der Erregung leicht, und einige meinten, das hätte Rot geben müssen (ein Feldspieler hätte folglich ins Tor gemusst), doch die gelbe Karte war sicherlich ausreichend. Laudrup traf eiskalt in der Wiederholung. Dann das 3:3 durch Urquiaga, Lerby erhöht wieder und Victor gleicht abermals aus, dann verschießt Ekjaer. Torhüter Ole Qvist ging auf ihn zu und sagte ihm tröstend: „Ganz ruhig Preben, den nächsten halte ich!" Indes, Sarabia traf und Dänemark war heraus. Der tapfere Torhüter, der nie ins Ausland ging, bei KB als Amateur im Kasten stand, und beruflich als Motorradfahrer bei der Kopenhagener Polizei tätig war, konnte seinem Angreifer leider nicht helfen.

Die Erklärung für den vergebenen Strafstoß hatte der tragische Held sehr schlüssig parat. Für sein Buchprojekt „Guldkjaer" erklärte er seinen Anhängern: „Als ich dran war mit meinem Schuss war ich weder müde noch nervös. Als Anführer für Lokeren schoss ich unsere 6 letzten Strafstöße. Sie waren flach platziert, links vom Torwart gesehen, und saßen alle. Als ich nun anlief um wieder in diese Ecke zu schießen, sah ich, dass Arconada auf dem Weg dorthin war. So entschloss ich mich den Ball länger und höher zu platzieren. Zu hoch." Und zudem meinte er: „Schon vor dem Spiel hatte Sepp Piontek eine Liste der Schützen. Aber wir hatten es nicht trainiert. Jeder professionelle Fußballspieler einer Nationalelf kann ja schließlich hart und präzise schießen." In der Kabine bedankte sich der Coach dann anständig bei seinen Männern: „Ich bin stolz auf euch, Ihr habt das gut gemacht und Ihr sollt Dank haben für einen sehr großen Einsatz". Und da Dänen ohnehin nicht ewig griesgrämig seien können, wurden auch schon wieder erste Späße platziert. So fragte Elkjaer Larsen seinen Keeper Ole Qvist, der keinen

Strafstoß halten konnte, warum dieser überhaupt Handschuhe angezogen habe...

Ekstra Bladet titelte am Montag, den 25. Juni Elkjaers Rückenansicht, den Anblick der weißen, lädierten Sporthose: Röv Tur (Arsch Tour), aber mit dem Zusatz „men bare op med humöret Elkjaer".

Am Ende blieb der Anblick von Elkjars zerfetzter Sporthose und völlig im Nachhinein die Mahnung von Belgiens Trainer Guy Thijs nach dem 3:2 Sieg Dänemarks über sein Team („Frankreich braucht Dänemark im Finale nicht zu fürchten, weil sie ausgebrannt sind. Die Dänen verbrauchen eine Masse an Energie durch ihren Spielstil und legen ein kolossales Engagement in ihr Spiel, aber sie haben zu viele Ressourcen verbraucht, sodass eine Reaktion folgen wird. Nun fallen sie zusammen."), die zwei Jahre später noch einmal viel deutlicher in den Fokus geraten sollte... Und auch Edelfeder Per Höjer Hansen, Fußballjournalist des „Tipsbladet" hatte weise Worte an die Fußballfreunde des Landes geschrieben, zum Trost und für die Einsicht, als er nüchtern festhielt: „Als die dänischen Spieler sich nach dem Spanienspiel aus dem Mannschaftsbus schleppten, sah keiner von ihnen danach aus, noch einmal heute Abend gegen Spanien spielen zu wollen. Und das ist der Punkt des Ganzen: Man sollte nicht so traurig sein, dass wir morgen nicht im Finale im Parc de Princes stehen, weil wir nur unter Schmerzen eine solide Mannschaft für das Match zusammen bekämen." Er nannte die Ausfälle von Simonsen (verletzt), Berggreen, Jesper Olsen (beide gesperrt) und auch Morten Olsen (kaum spielfähig zu bekommen). „Dazu kommt, dass eine Vielzahl anderer Spieler physisch und wohl auch psychisch ermattet ist, dass sie keinen 100 % Einsatz hinbekommen könnten. Einige konnten sich kaum noch auf den Beinen halten, als sie nach dem Spanien Spiel den Rasen verließen (...) Das Risiko für eine gewaltige Ohrfeige wäre wirklich naheliegend." Dazu erwähnte er das um sich greifende Gerücht, dass etliche Spieler selbst nach 11 Stunden an Schlaf noch geweckt werden mussten (vermutlich lag das auch an den von Preben Elkjaer erwähnten Schlaftabletten, die einige Spieler neben ihm noch einnahmen, um Ruhe zu finden, da tickt eben ein jeder Sportler etwas anders).

Ein vom Sponsor Carlsberg angedachter „Triumphzug" mit Brauerei Pferdewagen durch die weltberühmte Kopenhagener Fußgängerzone „Ströget" (Strich) samt „Papa Blues Viking Jazzband" rüber zum Rathausplatz, lehnte die Mannschaft ab. Das wäre für sie nur als

Europameister angemessen und zu verwirklichen gewesen. Und niemand konnte ahnen, dass es dazu 8 Jahre später doch tatsächlich noch kommen sollte ...

Verfassungstag in Dänemark 5.6.1985: Die Rückkehr des friedlichen Fußballs

Am 29.5.1985 verlor der Fußballsport seinen inneren Frieden. Den Glauben an Gerechtigkeit und Fairness. Englische Hooligans des FC Liverpool hatten im Brüsseler Heysel Stadion 39 Anhänger des italienischen Vereins Juventus Turin totgetrampelt. Erstickte Menschen unter Mauern, zerquetschte Fans, die gekommen waren, um ein Fußballfest zu feiern, verloren unschuldig ihr Leben. Tod wegen falscher Vereinsfarben, bei aller Rivalität, allen Hohngesängen und Ähnlichem. Das war ein Ende für alle Zeit. Sicherlich, man wusste um die Rowdys von der Insel, aber zwei Fanlager direkt nebeneinander in einem baufälligen Stadion zu platzieren, war ein nicht wiedergutzumachendes Faktum. Das Spiel zwischen Juventus und Liverpool, das damalige Europacupfinale der Landesmeister wurde dennoch angepfiffen, aus Sorge es könnte sonst noch mehr Tote geben. Michel Platini jubelte sogar bei seinem Siegtor, es war alles so surreal. Menschen sterben zu sehen, live im TV, es zog jedem Betrachter den Boden unter den Füßen weg. Lust auf Fußball? Wer bitte hatte den nun noch ernsthaft? Ins Stadion gehen? Jetzt noch, eventuell mit Kindern? Doch das Fußballeben ging weiter, gnadenlos. Auch verantwortungslos? Nein, denn den Sport und seine Faszination konnte man nicht abstellen, die Fehler lagen hauptsächlich im Organisatorischen. Nur eine Woche später hatte Dänemark daheim gegen die Sowjetunion im Parken anzutreten, genau am Dänischen Verfassungstag. Es schien die Sonne, es lachte der Himmel förmlich, und auf den Traversen des Idraetsparken sah man das für Dänemark gewohnte Bild. Friedliche, feiernde Zuschauer. Doch die schrecklichen Bilder aus Brüssel waren den Dänen heftig ins Gemüt gefahren, und Trainer Piontek sah sich genötigt, vor dem Spiel in einer Zeitungsbeilage noch einmal das zu bemühen, wofür der Fußballsport eigentlich stand und da war. „Dänemark gegen die Sowjetunion ist ein Spiel zwischen zwei Mannschaften und kein Kampf zwischen zwei Ländern oder eine andere Form für Krieg (...) Natürlich spielen wir, um zu gewinnen. Das ist trotz allem spaßiger als zu verlieren. Aber das darf nicht um jeden Preis geschehen, so wie wir es in Verbindung mit dem

Cup-Finale in Brüssel erlebten. Darum: Können wir nicht gewinnen mit unserem Fußballspiel, so lasst uns zeigen, dass wir Weltmeister in guten Manieren sind, so wie wir es in Frankreich getan haben." (Die dänischen Fans wurden von der FIFA zu den besten der Welt nach der EM in Frankreich ernannt.) Und so wurde es das erhoffte und zugleich auch erwartete Fußballfest. Ein wichtiges Qualifikationsspiel vor 50.000 durchweg begeisterten Menschen, in warmer Sonne mit fußballerischen Feinheiten und Sehenswürdigkeiten, und einem 4:2 Sieg der Dänen, der verdient, und doch sehr eng war. Drüben vom Faelledparken hörte man, wie es Kult TV Reporter Svend Gehrs schrieb, die Politiker mit ihren von Mikrofonen übertragenden Reden zum Verfassungstag, und im Parken brillierte eine Mannschaft, die sich auf dem allerbesten Wege zur WM in Mexiko befand. Und Gehrs konstatierte zufrieden: „Eine ganze Fußballwelt konnte wieder den Kopf hochnehmen und einstimmig sagen: König Fußball lebt!"

Mexico, mi amor...

...sang Peter Alexander mit der deutschen Nationalelf im Vorfeld jener WM 1986, der ersten Weltmeisterschaft für ein dänisches Team mit den speziell für Nordeuropäer so schweren klimatischen Bedingungen. Die Dänen sangen etwas Anderes (siehe späteres Kapitel). Doch zunächst soll es an dieser Stelle weniger um Gesänge und Lieder gehen, als vielmehr um die sportlichen Geschicke bei dieser spannenden dänischen Premiere. Und dieses Team besiegte Schottland am 4.6.1986 im Estadio Neza durch ein Tor von Preben-Elkjaer Larsen in der 57. Minute:

Troels Rasmussen (Aarhus GF) - Morten Olsen (RSC Anderlecht), Sören Busk (MVV Maastricht), Ivan Nielsen (Feyenord Rotterdam), Jens Jörn Bertelsen (FC Aarau), Klaus Berggreen (Pisa SC), Frank Arnesen (PSV Eindhoven) (75. John Sivebaek, Manchester United), Sören Lerby (FC Bayern München), Jesper Olsen (Mancheser United/ (80. Jan Mölby, FC Liverpool) – Michael Laudrup (Juventus Turin), Elkjaer-Larsen (Hellas Verona).

Das 1:0 war eine zähe Angelegenheit, wie sich Stürmer Michael Laudrup in 1989 erinnerte: „Wir schlugen die Schotten durch ein schönes Tor von Preben, aber eine große Hollywood-Show gaben wir nicht. Darauf gespuckt. Wir konnten beweisen, dass wir in der Hitze über die Distanz gehen konnten, dass das Trainingslager in Kolumbien genau das richtige Höhentraining war. Wir waren voll dabei."

Anschließend gab es das sagenumwobene 6:1 gegen Uruguay, abermals in Nezahualcoyotl, wo Michael Laudrup einen Sahnetag erwischte und in Gemeinschaft mit Preben Elkjaer die „Urus" durcheinanderwirbelte, dass es eine Freude war. Eigenartig, sich das Spiel noch einmal anzuschauen. Der Fußball unterscheidet sich vom heutigen doch erheblich. Laudrup legte die Führung durch Elkjaer auf, als er nach einer feinen Finte den Ball schon fast zu lang passt, doch Preben kann auch dieses steile Anspiel mit einem Direktschuss verwerten (11.). Das 2:0 erzielt Lerby (41.), der in diesem Spiel mit dem Ball durchs Mittelfeld trabt, ohne dass irgendwer der weiß gekleideten Südamerikaner Anstalten macht, etwas dagegen zu unternehmen. Dafür spielen sie dann ganz gerne Foul in oftmals weit ungefährlicheren Momenten. Bossio hat bereits in der 19. Minute die rote Karte erwischt und sein Team in der Gluthitze im Stich gelassen. Doch ganz gelaufen ist das Match dennoch noch nicht, Sören Busk zieht ein dummes Foul im eigenen 16er, was ihm einen heftigen sprachlichen Ausbruch von Lerby beschert, als ob dieser sagen wollte: „Mensch Sören, das war unnötig hoch drei!" Francescoli verwandelt, und so geht es in die Pause.

Während das geniale Tor von Maradona bei dieser WM ständig in TV-Rückblicken gezeigt wird, wird das tolle Tor von Laudrup zum 3:1 (52.) selten betrachtet. Ein Slalomlauf war es, mit einem billardartigen „Einlochen" über Bande, sprich das Abwehrbein eines Uruguayers. „Magnificent", betitelt es der englische Kommentator, und „The boy is a genius!" Alles geht in einem ungeheuren Tempo vonstatten (gerannt wird aber kräftezehrender Weise immer nur mit dem Ball, der Ball als „schnellster Spieler" scheint taktisch noch unbedeutend zu sein). Dann bekommt Uruguay zwei Freistöße hintereinander zentral vor dem dänischen Gehäuse, wie Kanonenkugeln sausen sie zuerst links und dann rechts sehr knapp am Kasten vorbei. Das 4:1 macht Elkjaer, aber nachdem was Michael Laudrup da vorgearbeitet hatte, braucht er den Ball nur noch zu Ende begleiten, 4:1, endlich die Entscheidung (67.) Rauschartig geht es weiter, so heftig mitunter, dass einige der dänischen Spieler beim Schlusspfiff vor Erschöpfung in die Hocke müssen. Zuvor erneut durch einen Konter- macht Elkjaer das 5:1 (80.) und das letzte Tor durch den für Laudrup zuvor eingewechselten Jesper Olsen, legt er noch auf. Was viele nicht so richtig verstehen, Laudrup ist nicht nur ausgelaugt vom schnellen Angriffsspiel, dem Spiel seines Lebens, der dänische Komet ist auch im Match verletzt worden. „In der Wirklichkeit endete die WM für mich mit diesem Show-Spiel gegen Uruguay. Ich konnte nicht mehr das Optimale herausholen gegen Deutschland oder später Spanien, obwohl ich bei beiden Spielen in der Startelf war. Eine irritierende Verletzung, die mir einen Teil der Saison raubte, die doch so fantastisch gelaufen war", sagte Michael Laudrup dem Buchautor Rasmus Bech lediglich drei Jahre später. Nach diesem Spiel hatte er noch eine Zeitung in die Fotolinse gehalten. Die mexikanische „Ovaciones" nämlich, die schrieb „Urgente! Se busca antidotecontra los daneses", was nichts Anderes hieß als: „Dringend! Gegengift gegen die Dänen gesucht." Doch diese sollten sich ja leider quasi selbst entmachten, mit ihrem übergroßen Ehrgeiz.

„Piontek sagte noch vor dem Spiel gegen Uruguay in der Taktikbesprechung zu Michael Laudrup und mir: um alles in der Welt, bloß nicht dribbeln, die treten euch in Stücke. Dabei taten wir beide in dem Spiel nichts Anderes als dribbeln." (Preben Elkjaer in „Mit liv som Elkjaer")

Endlich gegen Deutschland!

Sage und schreibe etwas über 14 Jahre (am 18.4.1972 gab es ein 0:1) hatte es gedauert bis Deutschland und Dänemark bei einem Länderspiel die Beine kreuzen sollten (abgesehen natürlich von den Begegnungen mit der DDR in 1983 (1:2), 1984 (0:4) und 1985 (4:1). Und das wurmte vor allem Trainer Sepp Piontek mächtig. Michael Laudrup dazu: „In den 7 Jahren, wo er Nationaltrainer bei uns war, hatte Deutschland kein Spiel gewünscht, weil seine Mannschaft ihnen nicht gut genug war. Nun konnte Deutschland nicht mehr ausweichen." Piontek war nun einmal Deutscher, wollte sich endlich messen, seine Aufbauarbeit in der alten Heimat schlicht gewürdigt wissen, und zudem hatte er noch indirekt ein Hühnchen zu rupfen mit dem deutschen „Teamchef" Franz Beckenbauer. Jener hatte ihm nämlich 1966 bei der WM in England den letzten Verteidigerplatz im Kader weggenommen. Das Ende ist bekannt, Beckenbauer wurde Weltstar und Weltmeister, Piontek nichts von beidem. Was dem Gruppensieger in Mexiko blühte war eine Begegnung mit Angstgegner Spanien, der Zweitplatzierte würde es hingegen „nur" mit Marokko zu tu bekommen. Sicher schwierig, wie sich nachher zeigen sollte, aber doch lösbar(er). Doch Piontek ließ nicht locker, trainierte noch vor jenem Spiel in der Hitze bis zu zweimal täglich. Die spanische

Mannschaft, im selben Hotel untergebracht, amüsierte sich am Pool relaxend köstlich über die völlig verschwitzt vom Training zurückkehrenden Dänen. „Die Spanier dachten sich, so richtig schlau sind die Dänen aber nicht, und das traf wohl auch zu", ärgerte sich Klaus Berggreen noch Jahre später. Er war im Übrigen einer von 3 Spielern, die beim Deutschland Spiel zu Beginn des Spiels fehlten, wie auch die anderen mit Gelb vorbelasteten Ivan Nielsen und Jens Jörn Bertelsen.

Dänemark Experte und Legende Knud Lundberg hielt nicht hinter dem Berg, als er das Szenario rund ums Deutschland Spiel beschrieb: „Ein kluger Schachzug (die drei draußen zu lassen, der Verf.), aber da Frank Arnesen in der ersten Halbzeit eine Verwarnung erhielt, vergaß Piontek in der Hitze des Gefechts ihn runter zu nehmen, um nicht einen Platzverweis zu riskieren. Den bekam Arnesen dann. Und konnte nicht gegen Spanien spielen (...) Es ist meine ehrliche Überzeugung, dass wir mit Arnesen im Team gewonnen hätten. Weil es Jesper Olsen war, der Arnesens Platz einnahm" (Und dann diesen Fehler vor dem 1:1 machte, was die 1:5 Pleite einleiten sollte, der Verf.). Es ist also alles in allem nicht so leicht gewesen, alles abzuwägen und richtig zu machen, aber im Falle Arnesen hatte Lundberg recht. Dieser war nämlich kurz zuvor über einen Infekt seiner Frau unterrichtet worden, der lebensgefährlich sein konnte. Zwar gab es vor dem Spiel, wenigstens in dieser Hinsicht, eine Entwarnung, aber so ganz bei der Sache konnte er einfach mental nicht sein, was seinen Ausrastertritt gegen Matthäus (88.) schließlich nicht zuletzt mitbegründete...

In der nachfolgenden Pressekonferenz setzten sich diverse Nicklichkeiten fort, diesmal zwischen den beiden Trainern.

Sepp Piontek: „Elkjaer war heute null, Laudrup zeigte 50 Prozent", aber von Deutschland sei ihnen eben „kaum etwas abgefordert worden. Wenn das alles ist, was der deutsche Fußball hier zu bieten hat..."

Franz Beckenbauer, der deutsche Teamchef, der im Laufe des Turniers gelernt hatte, sein mittelmäßig begabtes Team, mit etlichen ungelenken Spielern, lieber stark zu reden als noch drauf zu hauen, konterte: „Mit so viel Glück wie heute können die Dänen sogar Weltmeister werden, aber ich denke nicht, dass sie zweimal hintereinander so viel Dusel haben werden." Ein Spiel voller Befindlichkeiten also, in dem völlig unterging, dass der dänische Fußballheld Allan Simonsen (eingewechselt für Jesper Olsen) sein letztes Länderspiel absolvierte. Nach seinem

Beinbruch vor zwei Jahren wurde er, verständlicher Weise, nie wieder der alte, unbefangene Spieler.

Karl Heinz Heimann schrieb nach diesem Spiel im „Kicker": „Was diesmal noch stärker ins Gewicht fiel: Im Mittelfeld können die Gegner sich nach Lust und Laune tummeln, sie werden viel zu spät angegriffen, wodurch die Abwehr immer wieder in Not gerät. Ein Mann von der Souveränität eines Morten Olsen, des besten Spielers auf dem Feld, fehlt derzeit unserer Mannschaft." Was klug erkannt, aber Mitte der 1980er Jahre wirklich ein aus den 1970ern herüber gerettetes Relikt war, dieses Marschieren durch das gegnerische Mittelfeld, in lediglich freundlicher Begleitung. Morten Olsen, als faszinierender Spieler, stach natürlich hervor. Man muss sich das einmal vor Augen führen, oder besser in die Erinnerung rufen. Ein dänischer Nationalspieler wird in diesem hohen Alter in die Bundesliga transferiert. Es war schier unglaublich, aber das Fitness-Wunder Morten O. konnte selbst da noch voll überzeugen, er absolvierte sein erstes Bundesligaspiel mit dem 1. FC Köln in Bochum vier Tage vor seinem 37.(!) Geburtstag. Und spielte fast volle drei Jahre bis knapp vor dem 40. Geburtstag weiter. 1999 sah ich ihn in Dänemark bei einem Traditionsspiel im AB Stadion in Gladsaxe. Und was der englische Trainer von Nottingham Forrest, Brian Clough, bereits 1984 über Olsen sagte („Morten Olsen wandert auf dem Fußballplatz herum, als gehöre er ihm."), bekam ich hautnah vor Augen geführt - von einem 50-jährigen Spieler! Morten Olsen gab den guten alten Libero, spielte flink, redete, dirigierte mit den Armen. Das war ein echt bühnenreifer Auftritt, der mich sehr beeindruckte, weil das auch alles sinnvoll war, was er tat, keine Show.

Michael Laudrup wusste, dass ein Sieg gegen die Teutonen weder nötig noch sinnvoll war: „Wir hatten (nach dem Sieg gegen D) sechs Punkte aus drei Spielen, mit einem Torverhältnis von 9:1, imponierend, aber unanwendbar (…) Nicht falsch verstehen, nicht mit Willen will man verlieren, das entzieht sich unserer Moral und Auffassung vom Spiel, aber es wäre richtig gewesen, hätte man uns Stammspieler draußen auf der Bank gelassen. Zum einen für eine dringend benötigte Pause in der Backofenhitze Mexikos, und zum anderen um einige Reservisten einzuspielen, wir waren ja mit 20 Spielern vor Ort." Gleichwohl wusste Michael natürlich, wie es um die Mentalität der Wikinger-Nachfahren bestellt war: „Aber so sind wir Dänen eben. Wir wollen das Ganze, immer und jedes Mal, wir genießen die Freude des Augenblickes, wir lieben das Unmittelbare, die Improvisationskunst und die Spontanität. Wir hassen kommende Verpflichtungen und von daher sind lange Turniere nicht unser bevorzugtes Leibgericht. Wir setzten von Spiel zu Spiel in Mexiko, wir hatten dreimal 90 Minuten kolossalen Erfolg. Und wir bekamen nichts dafür."

Und über das Aus gegen Spanien, das vernichtende 1:5 müssen wir auch noch sprechen. Wie kam das denn? Dänemark hatte 1:0 geführt, war gut im Spiel, zerfressen von Ehrgeiz und Siegeswillen. Doch dann kam Jesper Olsen mit seinem gigantischen Fehl-Rückpass und es stand 1:1. Nie mehr erholen konnten sich die sensiblen Dänen von diesem Schock. „Du laver en rigdigt Jesper Olsen!", sagt man heute noch in Dänemark, wenn jemand etwas Tollpatschiges anstellt. Das ist natürlich gemein und ungerecht, denn Michael Laudrup hatte eine ganz andere Erklärung für das Debakel der überspielten Dänen. Mit 1:1 ging es in die Umkleideräume und dort war die Stimmung gedrückt, als ob man zurückläge. Dann fiel das 1:2 und Laudrup stellte fest: „Da begannen wir den nächsten „Bröler" (zu Deutsch etwa Brüller) Es war noch mehr als eine halbe Stunde zu spielen, aber anstatt kaltes Wasser ins Blut zu lassen, und mit unserem gewohnten Kontersystem fortzufahren, rannten wir wie die Desperados nach vorne, zudem gestützt auf eine offensive Einwechslung von Sepp Pionteks Seite. Er hatte John Eriksen auf das Feld geschickt, und mit drei Spitzen war das Signal zum hemmungslosen Angriffsspiel gegeben. Nach meiner Meinung war das zu früh."

Klaus Berggreen hatte sich auch 2008 noch nicht wirklich beruhigt ob des Ausscheidens, oder vielleicht besser, seinen wirklichen Frieden mit ihm gemacht. So sprach er für das Fußballbuch „Danish Dynamite" folgende, bedeutende Sätze ein: „Aber mit der Form wie wir spielten, konnten wir NIEMALS die WM gewinnen. Ich glaube, wir hätten es 10 Mal versuchen können, und trotzdem niemals gewonnen. Wenn du in 40 Grad Wärme spielst, in zwei Kilometer Höhe und dann totalen Fußball spielst, das kann nicht zusammenhängen. Du kannst so ein oder zwei Spiele bewältigen, aber keine 6, und das ist so unglücklich, weil, wären wir es unter anderen Umständen anders angegangen, wären wir Weltmeister geworden. Weil wir hatten die beste Mannschaft der Welt! Ich erinnere mich wie die Spanier am Pool lagen und erstaunt zu uns schauten, jedes Mal wenn wir wieder trainieren gingen. Sie waren sich völlig klar darüber, dass man viel ruhen muss um genügend Kräfte für ein so langes Turnier zu haben. Du wirst niemals eine italienische oder spanische Mannschaft in einer so guten Form erleben, wenn die WM beginnt. Sie wissen, man SPIELT sich in Form."

Den totalen Fußball, den er hier erwähnt, hatten die Holländer bei Ajax Amsterdam, und in deren Nationalmannschaft kreiert, vor allem durch Rinus Michels und dessen damaligem Libero Velibor Vasovic. Der 2002 verstorbene Rechtsanwalt sagte einmal im Buch von David Winner hierzu: „Als ich kam, wollte ich lieber eine Art Total Football spielen (...) Ich habe als letzter Mann in der Abwehr gespielt, Libero. Michels hat den Plan eines sehr offensiven Fußballs entworfen (...) Ich war zusammen mit Michels der Architekt dieser aggressiven Verteidigung."

(„Totaler Fußball ist ein System bei dem auf jeder Position, die zuvor von einem Spieler verlassen wurde, ein anderer nachrückt. Dies führt dazu, dass alle zehn Feldspieler zusammen angreifen und alle zehn Feldspieler zusammen verteidigen. Das System erfordert von den Spielern ein hohes Taktikverständnis, um die entstehenden Lücken schnell zu füllen - im besten Fall kann jeder Spieler auf jeder Position spielen. Außerdem wird den Spielern eine herausragende Technik und körperliche Leistungsfähigkeit abverlangt.", Quelle Wikipedia)

Auch Dänemark begann mit dieser Spielart, recht präzise genannt am 27.4.1983 im Parken in der EM-Qualifikation gegen Griechenland, in diesem so wichtigen Match, wie Sören Busk erzählt: „Es war 13 Minuten vor dem Ende und es begann allmählich etwas Panik, weil wir immer noch nicht getroffen hatten. Wir bekamen dann einen Eckball und ich sagte zu Morten Olsen, dass ich mit nach vorne gehe. John Lauridsen trat dann die Ecke und ich hing über Allan Simonsen und einem griechischen Verteidiger und ich köpfte ihn in die Torecke: Danach rannte ich die ganze Haupttribüne im Parken entlang, ich bin noch nie in meinem Leben so gut gerannt!"

Womit wir automatisch sogleich beim Thema wären:

Die Suche nach der wahren Geburtsstunde des Nationalteams

Wann wird eine Nation auf der Weltkarte des Fußballs erstmals richtig wahrgenommen, nach außen aber auch im eigenen Land? Fragte man zehn deutsche Fußballfans, wann Deutschland einen echten Status als Fußballnation bekam, dürften wohl 7 bis 8 ein eindeutiges Resultat hervorbringen: das 3:2 im Finale in Bern 1954 gegen Ungarn. Zwar war dieses „Wir-sind-wieder-wer"-Gerede nur neun Jahre nach dem Ende des verheerenden 2. Weltkriegs sicherlich etwas zu viel des Guten, aber die tadelsfreien Sportsmänner um ihren Kapitän Fritz Walter hatten in einem aufopferungsvollen Spiel die schier unbesiegbaren Ungarn nach einem 0:2 Rückstand noch besiegt. Nicht nur durch die emotional geprägte Radioreportage von Herbert Zimmermann wurde das Land in eine (endlich) positive Aufruhr versetzt, auch die ersten Schwarz-Weiß-TV-Geräte trugen erheblich zu diesem Mythos des „Wunder von Bern" bei.

Wann war nun das kleine Dänemark in der großen, weiten Fußballwelt angekommen, in der Moderne gewissermaßen, die sich freilich dekadenweise immer wieder verschiebt. Wir können dazu konkret ganze 4 (!) Spiele in Betracht ziehen (so wie wir allen Beteiligten das gleiche Recht einräumen), müssen jedoch bei den Bewertungsmotiven unterscheiden zwischen Journalisten/Historikern, Fans und den Protagonisten auf dem grünen Rasen. Wer hat schon das Recht dies abschließend zu entscheiden, wo der Fußball doch schließlich allen Menschen gehört …

Wir versuchen es dennoch. Das erste eminent einprägsame Spiel war am 3.6.1981 gegen Italien (3:1), das zweite am 27.4.1983 gegen Griechenland (1:0), das dritte am 21.9.1983 in England (1:0) und das vierte war das Match gegen Jugoslawien am 16.6.1984 (5:0. Das Letztere können wir beinahe ausschließen, da es fast schon (spät) in unsere Chronologie einfließt. Indes, es war sicherlich auf europäischer Ebene bedeutend, weil es gegen einen Favoriten bei Dänemarks erster Europameisterschaft war, und weil Dänemark ein Offensivfeuerwerk abbrannte, das es in dieser Form auf diesem Spielniveau nicht alltäglich gab. Doch das ist eher meine subjektive Sicht, die Sicht eines jugendlichen Fans aus Deutschland, aber es ist schon nicht komplett von der Hand zu weisen, die große Fußballöffentlichkeit wird am besten über große Turniere in Kenntnis gesetzt.

Der Sieg gegen Italien im Juni 1981 in der WM-Qualifikation war bestimmt ein Highlight in punkto Näherrücken an ein Weltniveau. Zwar waren die Chancen der Dänen auf eine Teilnahme an der WM in Spanien selbst nach diesem unerwarteten Sieg gen Null tendierend (am Ende qualifizierte sich Jugoslawien nebst Italien), doch Herschenken wollten die Italiener, die nur ein Jahr später Weltmeister wurden, das Match ganz gewiss nicht. So waren die Dänen durch Treffer von Per Roentved, Frank Arnesen und Lars Bastrup (Kickers Offenbach, Hamburger SV) an diesem nassen Abend genauso aufgetreten, wie es sich Trainer Piontek tags zuvor auf der Pressekonferenz im Idraettens Hus gewünscht hatte, zwar mit konkreten taktischen Aufgaben für jeden Spieler (Ole Rasmussen sollte Bettega überallhin folgen, Morten Olsen Antognioni beschatten, unterstützt von Betelsen, Arnesen und Simonsen Forechecking spielen), aber mit einem Freifahrtschein für Kreativität und Intuition. Zwei Pfeifenraucher standen sich als Coaches hier gegenüber und der spätere italienische Weltmeistertrainer Enzo Bearzot sagte nach dem Match vor dem Umkleideraum seiner Mannschaft ehrlich: „Dänemark machte ein großes Spiel und war Italien im Mannschaftsspiel überlegen, ich bin auch nicht enttäuscht, einfach weil die Dänen besser waren und auch wenn es etwas deutlich ausfiel, geht das Resultat in Ordnung (...) Wenn Dänemark jedes Mal so spielen könnte hättet ihr eine Mannschaft der europäischen Topklasse", was dann auch nicht übertrieben war.

Die Autoren Dan Hirsch Sörensen und Hans Krabbe haben in 2008 ein wahres Meisterwerk abgeliefert „Drengene fra wembley. Et legendarisk Landshol taler du". Darin wird dem zweiten hier untersuchten Länderspiel ein ganzes Buch gewidmet, mit einem interessanten Aufbau. Das 1:0 in London in der EM-Qualifikation gilt nicht nur als Beginn der „Roligan" Fan Bewegung (nie hatten mehr Sportfans ein dänisches Team, 15.000 friedfertige Menschen, noch dazu „unter der Woche" im Ausland so massiv unterstützt) sondern auch als eine Art Geburtsstunde der dänischen Mannschaft. Die Schreiber haben das Spiel in Minuten eingeteilt, in denen etwas auf dem Feld geschehen war, und dann den entsprechenden Spieler dazu vorgestellt. Es beginnt mit Michael Laudrup, der gleich in der ersten Minute des Matches nach einem Traumpass von Allan Simonsen Torwart Peter Shilton umkurvt und das Außennetz trifft und damit für Furore gesorgt hatte, geht dann über den von Simonsen verwandelten Elfmeter bis zur sensationellen Rettungsaktion von Keeper Ole Kjaer, der einen harten Drehschuss vom eingewechselten Luther Blisset Sekunden vor dem Abpfiff entschärft.

Hätte Simonsen nicht getroffen (warum sollte er, schließlich machte er Mönchengladbach auf diese Art und Weise schon zum Europacupsieger 1975), wäre Dänemark wohl nicht zur EM nach Frankreich gelangt, ein Siegeszug von Danish-Dynamite wäre womöglich für alle Zeiten ausgeblieben. Genau so war die Abwehraktion von Keeper Kjaer zu werten, essentiell. Und der ewige TV-Reporter der dänischen Spiele, der große Svend Gehrs, konnte endlich eine „internationale Fußball Sensation" in sein Kommentatoren-Mikrofon rufen. Man ist sich schnell einig, dieses

Spiel war das Entscheidende für die dänische Fußballnation, für Fortkommen und Legende. Für das Herz und für die Psyche.

In England hatte der Journalist Mike Langley noch am Tage des Matches geschrieben: „Macht die kleinen Dänen doch nicht größer, als sie sind. Sie kommen nach Wembley, holen sich ihre Packung ab und werden dann wieder das tun, was sie am besten können: Bier brauen, Schinkenbrote essen und englischen Fußball im Fernsehen bewundern." Mit bekanntem Ausgang, Dänemark fuhr zur EM, England schaute in die Röhre als Nicht-Teilnehmer, was sogar größere Auswirkungen zu haben schien, wie dies Marcus Berg im Fußball-Woche Sonderheft zur 1984er EM festhielt: „In London gingen Soziologen ans Werk und stellten fest, daß in den Betrieben und Fabriken am Tage nach der 0:1 Heimniederlage gegen Dänemark die Produktion und Arbeitsfreude rapide gesunken sei." Denn: „Für die meisten Engländer ist ein erfolgreiches Fußballteam eine glückselige Zuflucht aus der Langeweile des Arbeitsprozesses oder der Arbeitslosigkeit." Eine indirekte Aufforderung an die erfolglosen Nationalspieler, endlich auch einmal an die Wirtschaft des Landes zu denken. (Wie hoch die Produktionskraft der trinkfreudigen Dänen am Tage nach dem Spiel war, darüber liegen zum Glück keine Erhebungen vor...) Von London aus nach Hause flogen indes nur 4 dänische Kicker, darunter die Stammkräfte Ole Kjaer und Allan Simonsen, der Rest flog ins Ausland, zu den sie dort beschäftigenden Vereinen.

„England wurde nicht geschlagen, unsere Nationalelf wurde begraben." (Daily Mirror, am Tag danach)

Lediglich wenn man einen absoluten Fachmann und Spieler anhört, muss Dänemarks internationaler Durchbruch noch einmal, zumindest in rein taktischer Hinsicht, überdacht werden, wie dies Olsen auch sehr dezidiert wiedergibt.

Morten Olsen sagte vor zehn Jahren: „Die meisten meinen, dass es das Spiel gegen England in Wembley war, das als Wendepunkt für die Nationalelf gilt, und das Spiel war auch ein Meilenstein für das Vertrauen der Zuschauer in uns. Aber persönlich scheint mir, dass es das Spiel gegen Griechenland war, weil es das erste Spiel war, wo wir mit einer erstaunlich aggressiven und gleichzeitig offensiv ausgerichteten Abwehr spielten. Ich fühlte es als das erste Mal, dass wir einen richtigen Spielstil besaßen und wir etwas geschaffen hatten, was andere Mannschaften zu dieser Zeit noch nicht hatten (...) Für eine Nationalelf ist ein Spielstil wichtiger als auf Vereinsebene."

Das 5:0 gegen Jugoslawien, meine entflammte Liebe in internationaler Hinsicht muss da wohl hintenanstehen, aber weltweit gesehen besaß dieser Triumph sicher einen wesentlich größeren Seherkreis.

„Dass wir so stark sind, hatte ich nicht im Traum erwartet", ließ der Erfolgsmacher Piontek nach dem Match verlauten. Und ich schon gar nicht.

Die Olsenbande gab es sogar doppelt

Im Juni 1970 hatte Dänemark gegen die nordische Konkurrenz anzutreten, zum Glück auswärts, konnte man angesichts der schwachen Zuschauerzahlen beim Heimspiel davor gegen Polen (15.700 Besucher) meinen, und resultatsmäßig ohnehin. Die dänischen Amateure rissen keine Bäume aus in dieser Periode. Dem 0:2 gegen Polen folgten ein 1:1 in Finnland, ein 1:1 in Schweden und (bereits im Juli) ein jämmerliches 0:0 in Island. So gesehen waren die dänischen Kinos zu dieser Zeit vermutlich besser bevölkert und der Unterhaltungsfaktor war auch größer, denn DIE OLSENBANDE (in der BRD „Die Panzerknackerbande") erblickte das Licht der Kinosäle schon am 11.10.1968 im Lande. Ein Trio Infernale, witzig, auffällig gekleidet und mit den Alltagssorgen des dänischen Spießers behaftet, der die große weite Welt durch Raub entern will.

In der DDR, und somit automatisch auch bei uns in der BRD sah man den 80-minütigen Erstfilm eben erst knapp zwei Jahre später. Denn auch als der zweite Streifen im Lande lief „Die Olsenbande in der Klemme", am 3.10.1969, war die Zuschauerkrise in Dänemark schon in vollem Gange. Noch im September 1969 hatten dem furiosen 5:2 Sieg über Finnland lediglich 22.600 Besucher beigewohnt.

Merken Sie etwas? Genau, je besser die Kinohelden in Form waren, je mehr ging es, ohne direkten Zusammenhang freilich, abwärts mit den Zuschauerzahlen! Insgesamt sollte es vierzehn Filme über Egon, Benny und Kjeld (in Dänemark spricht man das „j" nicht, und in dänischssprachigen Büchern schreibt er sich auch nur „Keld") geben. Da der „wirklich allerletzte Streich" aber erst kurz vor Weihnachten 1998 anlief, und die Herren dieses unerwartete Comeback auch schon in hoch betagtem Alter absolvierten, muss man diesen Film als eine Art Retrostreifen mit neuen frischen Dialogen herausrechnen (zumal ich persönlich auch nicht allzu viel zu lachen hatte, da in diesem eher traurigen Streifen ein Mann als Bröndby-Fan zum Deppen stilisiert wird). Der 13. Streifen „Die Olsenbande fliegt über alle Berge" erschien am 17.8.1984 im deutschsprachigen Raum, sprich der DDR, in Dänemark jedoch schon lange zuvor, am 26.12.1981. War die dänische Nationalelf also bereits richtig auf der europäischen Fußballlandkarte platziert worden, als in den DEFA Studios dieser Film synchronisiert wurde, war es zur dänischen Premiere noch nicht ganz so weit her mit der Glorie. Das letzte Heimspiel vor der Kinopremiere wurde zwar am 23.9. 1981 gegen Norwegen mit 2:1 erfolgreich gestaltet, aber 16.200 Fans lösten abermals noch keinen Boom aus. Dafür war Dänemark nach Asta Nielsen wieder auf der Leinwand ein Schlager.

Was fällt wohl jedem Seher dieser heute noch enorm populären Filmserie auf? Bestimmt, dass es immer dasselbe in gewisser Hinsicht ist. Unsere Helden mit Kopfbedeckung beginnen mit einem kleinen gelungenen Streich, der ihnen aber nicht mehr als eine Runde Carlsberg Flaschenbier einbringt, ehe am Tisch dann ein neuer „mächtig gewaltiger" Plan von Chef Egon Olsen erläutert wird. Der dann natürlich gründlich schief geht. So weit, so gut. Aber noch etwas weiter spannt der Buchautor Jens Andersen diesen Bogen. Zwar war schon lange zuvor von der dänischen Nationalelf als „Olsen-Bande" die Rede, ganz einfach durch deren Namensvetter, Kapitän Morten Olsen, doch Andersen ging einen Schritt weiter. Er nannte noch einmal den Triumph in England 1983 als Startsignal und meinte: „Die DBU begann mit anderen Worten, endlich zu kassieren. Auch in dieser Hinsicht erinnerte die Nationalmannschaft plötzlich an den Blockbuster im dänischen Film. „Olsenbanden". Und er personalisierte dies auch wundervoll. Sepp Piontek war, logisch, der Regisseur (Erik Balling), Morten Olsen war Egon, Frank Arnesen war Benny und der auch immer etwas moppelige Jan Mölby (natürlich) Kjeld. Der eigentliche Schlüssel zur Ähnlichkeit lag aber für den Autor ganz woanders, die Parallele war deutlich entdeckt hat sie aber er, Jens Andersen. „Die kleine Räuberei geht immer gut, aber die große geht immer schief, und der arme Egon muss zurück ins Staatsgefängnis, wo er sich neue Pläne ausdenkt. Ja Mann, war das nicht etwa ein Sinnbild zum Schicksal der dänischen Nationalelf bei den Schlussrunden 1984 und 1986? Die Morten Olsen-Bande hatte sowohl in Frankreich als auch in Mexiko den kleinen Coup geschafft (die meisten möglichen Siege in der Gruppe), aber es ging fürchterlich schief mit dem großen Coup, dem Erreichen der Finales." Treffer! Es gab sie also doppelt, und ich mag sie beide. Und während die Film-Olsenbande in den herrlichen Streifen immer versuchte einen Tresor von Franz Jäger aus Berlin zu öffnen, haben beide, Trio und Länderelf, dem Herrn Franz aus Berlin der hier schreibt, das Herz geöffnet.

Die EM 1988 in Deutschland: „Götterdämmerung" für die alten Helden

Sepp Pionteks Vertrag ging eigentlich nur bis 1988, aber durch seinen prächtigen Erfolg bei der letzten Weltmeisterschaft, plus mehrerer Angebote in 1986 aus Saudi-Arabien, der deutschen Bundesliga, der Schweiz und aus Katar, hatte der gute Mann natürlich Trümpfe in der Hand, seinen Vertrag rechtzeitig, mit Wohlwollen und ehrenhaft zu verlängern. Wer in einer EM Qualifikation in 6 Begegnungen nur 4 Tore schießt (darunter lediglich ein Stürmertor!), hat sicher nicht viel zu erwarten. Dass dies dennoch dazu reichte um den Gruppensieg einzufahren, war einer exzellenten Verteidigung geschuldet, die nur 2 Gegentore zuließ. Was mochte dies verheißen für die folgende Europameisterschaft in Deutschland? Hinten machen wir dicht und vorne hilft uns der liebe Gott? War das noch „Danish Dynamite"? Jedenfalls ging es nach Hannover, Gelsenkirchen und Köln und die Symptome einer nötigen Umstrukturierung waren bereits auf den Weg gebracht. Die Auslosung entfachte ebenfalls keine allzu große Euphorie. Italien, Deutschland und - for satan! - Spanien gleich im ersten Spiel, waren die Kontrahenten. Was Trainer Piontek mit dem berühmten Pfeifen im Walde kommentierte: „Ich bin sehr zufrieden, selbst wenn jedes der drei Spiele schon an eine Art Finale erinnert. Wir können positiv überraschen." Und auch der deutsche Teamchef Franz Beckenbauer raffte sich zu einer Art Höflichkeitsfloskel auf: „Die dänische Mannschaft wird dieselbe Klasse haben, wie bei der WM in Mexiko." Das klang zwar noch vor zwei Jahren ganz anders, aber den „Kaiser" zu zitieren, deckt wohl bekanntlich häufig schlummernde Widersprüche auf. Nahezu geräuschlos (mit Ausnahme der sagenhaften dänischen „Roligans", die eine beispiellosen Support ablieferten) wurden die Dänen dann aus dem Turnier katapultiert. 2:3 gegen Spanien (natürlich garniert mit einem Abseitstor der Spanier), 0:2 sowohl gegen Italien als auch gegen die Bundesrepublik. Ein erforderlicher Umbruch, vor allem für das laufaufwendige 3-5-2 Spielsystem war höchst dringlich erforderlich und nicht mehr von der Agenda zu streichen. Morten Olsen war 38, Sören Busk 35, Frank Arnesen (aufgrund eines Beinbruchs allerdings eh nur Zuschauer) und Ivan Nielsen 31, Elkjaer, Lerby und Berggreen immerhin 30, da konnte man, ohne den Rasengiganten etwas Böses zu wollen, das Ticken der biologischen Uhr nicht mehr ignorieren. Am Ende des Turniers wurde diese Einsicht zur Gewissheit. (Wir wissen aber auch, dass es nur gute oder schlechte Spieler gibt, (zu) jung und (zu) alt ist immer relativ, erinnere ich nur an einen Buchbeitrag im „Fodboldens aarsbrev 83" wo der Schreiber meinte, dass es für Sepp Piontek im Jahre 1984 nichts bringe, wenn er seinen Kapitän Morten Olsen nach seiner Karriere in Belgien, noch dazu überreden wolle, dass Morten in der 1. Division in Dänemark und in der Nationalmannschaft weiterhin aktiv bleiben sollte. Dies wäre kaum einen „Überredungsversuch wert" stand da deutlich. Doch es ist bekannt, wie es weiterging, Morten Olsen spielte noch Wochen vor seinem 40. Geburtstag in der Nationalelf und bekam 1986 erst (mit knapp 37 Jahren) einen Vertrag in der deutschen Fußball Bundesliga …)

Trotzdem müssen zwei Dinge in diesem Zusammenhang noch abgearbeitet werden, erstens war das was Sepp Piontek vor dem Turnier sagte völlig schlüssig und natürlich: „Wir können nicht mehr so viel Gas geben. Aber ich habe diese Spieler nominiert, die das kleine Dänemark groß gemacht haben und einen ehrenvollen Abschied verdienen." Wer wollte es ihm verdenken? Und zweitens hatte Dänemark zwar eine Hammergruppe erwischt, aber die Konzentration an starken/stärkeren Teams war ja auch bei dieser EM nur allzu deutlich sichtbar. Eine EM ist keine WM, man trifft nicht auf arabische Greenhorns und afrikanische Wundertütenteams, Dänemark steht bei einem derartigen Teilnehmerfeld immer mit dem Rücken zu Wand. Niederlande (Europameister), UDSSR (Finalist), Deutschland (Halbfinale), Italien (Halbfinale). Dazu die großen Fußballnationen, eben Spanien und England. Von der sogenannten „Papierform" konnte sich Dänemark so gesehen doch nur mit Irland auf Augenhöhe begegnen. Dänemark muss bei einem kleinen Teilnehmerfeld um weiterzukommen immer ein „höher dotiertes" Team besiegen, siehe in Frankreich 1984 die Jugoslawen.

Und hergeschenkt hatten sie ja nichts, gegen Spanien war es doch recht eng mit 2:3 und Piontek schimpfte wie ein Rohrspatz nach dem Spiel, ob des allzu forschen Spiels seiner Mannschaft, in dem sie schon in den ersten 20 Minuten bereits die eigentliche Taktik über Bord geworfen hatte.

Keeper Troels Rasmussen von Aarhus GF hielt einen Elfmeter, verschätzte sich aber beim Freistoß, der zum 1:3 führte. Flemming Povlsen (der für die Nationalelf noch sehr wichtig werden sollte), sein Anschlusstreffer war indes prächtig. Bei einer langen Flanke in den Strafraum stand er förmlich in der Luft und köpfte den Ball mit einem Heber toll ein. Egal, es war vorbei, doch Michael Laudrup meinte zwar auf den Punkt gebracht „Sechs goldene Jahre waren vorbei", doch unterstützte er die Einberufung dieses 1988er Kaders auch deutlich: „Es ist natürlich zu fragen, was passiert wäre, wenn wir, wenn Sepp das große Ausputzen schon vollzogen hätte. Weg mit den alten, müden Spielern, hinein mit jenen der Olympiamannschaft und aus der eigenen Liga. Meine Antwort darauf ist, dass es nicht viel anders gelaufen wäre. Ja vermutlich sogar schlechter. Die alte Mannschaft hatte nichts richtig zu bieten, das ist wahr, aber durch unsere Routine und unser Zusammenspiel wurde der große Zusammenbuch verhindert. Mit etwas Glück hätten wir Spanien schlagen können."

Es blieb der große Respekt vor den alten Kämpen und die Freude über das mitgereiste Publikum. Sepp Piontek in einem Interview für einen dänischen Reiseführer: „35.000 kamen zum ersten Spiel der EM 1988. 35000 Fans in einem fremden Land, die Mannschaft verliert gleich das erste Spiel und ich höre anschließend von der Polizei, daß man zwei oder drei Dänen festgehalten hat, weil die zu betrunken waren. Sonst gab es keine Vorfälle. Für so ein Publikum spielt man gerne." Dann betätigte er sich noch geradezu hellseherisch auf Nachfrage, ob die Dänen nach der verkorksten EM noch einmal eine Rolle im Weltfußball spielen können: „Wir haben gleich nach der EM in Deutschland mit einer neuen (Mannschaft) angefangen, und die hat das erste Spiel in Stockholm gegen eine in Bestbesetzung antretende schwedische Elf überzeugend gewonnen. Vielleicht ist Dänemark in ein paar Jahren wieder ganz oben." Damit sollte er tatsächlich (wieder) Recht behalten und natürlich wirkte seine Arbeit noch nach (Piontek ging 1990) auch wenn ein anderer Trainer den größten Triumph einfahren sollte, der nicht völlig zufällig sein Assistent war…

Vom Ausscheiden in der BRD bis zum unerwarteten Titelgewinn 1992 stagnierte Dänemarks Länderteam aber noch des Öfteren, es gab mächtige Dellen auf dem Weg zurück zur positiven Berichterstattung, was nach den Erfolgen der Vergangenheit nur allzu verständlich war. Ein Top-Team, das ständig am oberen Level spielte, zaubert man nicht eben einmal aus dem Hut. In der Qualifikation für die 1990er WM in Italien kam man zunächst nur zu zwei Remis, die in den stets engen Gruppen schon fast wie Niederlagen anmuteten (wir befinden uns hier ja noch im Zeitalter, wo es nur 2 Punkte für einen Sieg gab), 1:1 in Griechenland, 1:1 gegen Bulgarien daheim. Der schöne Job des Nationaltrainers war im Herbst 1988 zu einem ungemütlichen geworden, wie der eines Finanzministers einer Regierung, nie kann er es den Leuten recht machen. Doch dann gewannen die Dänen die Rückspiele im Frühjahr 1989 mit 2:0 auswärts in Sofia und mit sage und schreibe 7:1 gegen Griechenland, was verdeutlichen mag, wie unnötig die Remis davor gegen diese Mannschaften waren.

100 Jahre Dansk Boldspil Union

Im Sommer 1989 wurde dann erst einmal gefeiert. 100 Jahre bestand die DBU nun, und die Mannschaft zollte gemeinsam mit großartigem festlichem Wetter auf dem Rasen des Idraetsparken ihren Respekt. Schweden wurde mit 6:0 besiegt, und am 18.6.1989 schlug Dänemark Brasilien mit 4:0! Morten Olsen absolvierte sein letztes (102.) Länderspiel und traf auch noch per Elfmeter. Gut sieben Wochen vor seinem 40. Geburtstag! Also doch alles in trockenen Tüchern im Land der enorm breiten Fahrradwege? Leider nicht. Denn nach einem 3:0 in der WM-Qualifikation gegen Rumänien, musste Danish Dynamite zum Rückspiel in die rumänische Hauptstadt, um den letzten benötigten Punkt einzufahren. Einen einzigen lächerlichen Punkt...

Und dann kam dieses unsägliche Auswärtsspiel in Bukarest. 3:0 hatte man die Rumänen ja wie beschrieben einige Wochen zuvor daheim abgefertigt, und nun reichte bereits ein Unentschieden, um sich für die WM 1990 in Italien zu qualifizieren. Was mit der schnellen 1:0 Führung durch Flemming Povlsen eigentlich mehr als greifbar schien...Zwar fiel gewiss nicht jedem dänischen „Roligan" der Kardinalfehler von Sepp Piontek an diesem grauen 15. November 1989 sofort auf, doch wenn mehrere Spieler und Journalisten den Fauxpas öffentlich erklären, dann ist es natürlich „geschehen". Es ging in erster Linie darum, dass Rumänien mit dem großen kopfballstarken Spieler Lacatus auf dem rechten Flügel einen eminent torgefährlichen Spieler besaß. Der eigentliche linke Verteidiger Jan Heintze war Piontek aber zu klein gegen diesen dribbelstarken Akteur, zumal Heintze bereits auf Vereinsebene schlecht gegen diesen ausgesehen hatte. Somit tat er Heintze aus dem

Team und setzte dafür auf den zwar großen, aber nicht sonderlich wendigen Manndecker Kent Nielsen. „Wie ein Hund auf der Kegelbahn", sah dann Torwart Schmeichel seinen Kollegen auf dieser schwer zu bewältigenden Position gegen Lacatus herumirren. Und Schmeichel fuhr fort: „...wählte der Trainer noch falsch zwischen Brian und Michael Laudrup. Michael ist aber, allen spielermäßigen Qualitäten zum Trotz, kein Mann der mithilft, ein Remis nach Hause zu fighten, Brian hingegen ist der beste Konterspieler den wir jemals hatten..." Und Ikone Knud Lundberg schrieb später: „Jan Bartram wäre der richtige Mann gewesen um Lacatus zu stoppen. Beim 7:1 gegen Griechenland kurz zuvor spielte er ja auch „Wingback" und ward bester Mann auf dem Platz. Somit hätte er hinten dichtgemacht und nach vorne einiges bewegen können." So ging Povlsens Führung verlustig, 1:3 hieß es sechs Tage nach dem Fall der Berliner Mauer, der Befreiung Osteuropas. Auch wenn Sören Lerbys Andeutung über das Laufpensum der Rumänen in dem Satz kulminierte, dass „die sicher nicht nur Buttermilch zu sich genommen hatten ..." Es war historisch ein Sinnbild dieser Tage. Freiheit für die von sozialistischen Regimen unterdrückten Völker, während die kleinen Nordländer, wenigstens sportlich, in eine Krise zu schlittern drohten. Morten Olsen erklärte im Jahre 2004 der Spielergewerkschaftszeitung „Indersiden" plakativ dazu, warum es so schwierig geworden sei, Dänemark für eine WM oder EM zu qualifizieren: „Es ist nicht mehr so leicht wie früher. Als die Mauer vor 15 Jahren fiel, bekamen wir 15 neue Nationen im Fußball dazu, mit denen wir plötzlich zu konkurrieren hatten. Und mit dem Bosman Urteil (1995) vor gut zehn Jahren bekamen die Nationen auch noch die Möglichkeit, davon zu profitieren, dass ihre Spieler in den besten europäischen Ligen ausgebildet wurden. Genau daraus hatten wir Dänen ja so lange unser Kapital geschlagen."

Die Frage, was für Dänemark bei der 1990er WM in Italien „drin" gewesen wäre, stellt sich wirklich schwer und es ist eine beinahe ungehörige Spekulation...

Und nicht zuletzt wurde das eine Jahr, bevor im Oktober 1990 zur Qualifikation für die EM in Schweden geblasen wurde, zu einem Jahr der Irrungen und Wirrungen für Verband und Spieler.

Horst Wohlers kommt (nicht) - Die DBU in der Zwickmühle (1990)

Die Story einer Trainerfindung auf Verbandsebene kennen die fußballgegeisterten deutschen Fans ja noch aus dem Jahr 2004, als Rudi Völler hinwarf, und eine schnelle Lösung den DFB aus der Bredouille bringen sollte. Ein solches Szenario hatte die DBU bereits im Jahr 1990 zu bewältigen. Ähnlich unzureichend vorbereitet, aber auch unter dem Druck es vermeintlich allen im Lande Recht machen zu müssen, kann da schon einmal etwas nach hinten losgehen, auch wenn es nun in der DBU zu jenem Zeitpunkt extraordinär amateurhaft zuging. Bereits 1988 hatte Sepp Piontek ein Top-Angebot aus dem Oman ausschlagen müssen, mit „freien Kamelen", was ihm sicherlich irgendwo noch beiden dann neu anberaumten Vertragsgesprächen im Hinterstübchen haften blieb, da ihm die DBU seinerzeit die Freigabe verweigert hatte. Aber, dass er eines Tages gehen musste, nachdem er Anfang 1990 schon gut elf Jahre auf dem Trainerbuckel hatte, war wohl allen Beteiligten klar. Nicht nur zu verstehen unter der viel bemühten Prämisse einer Abnutzung. Die Tageszeitung „Ekstra Bladet" gilt vielen als Bild Zeitung Dänemarks, nicht zuletzt wegen ihres meinungsbildenden Charakters, der auch im Fall Piontek durchschlug. Die vorgegebene Richtung sollte wohl einen Abschied von Piontek bedeuten. „Piontek hat Konto im Steuerloch", titelten sie darum, wohl wissend, dass man die dänischen Bürgerinnen und Bürger beim Thema Neid durchaus aufwiegeln konnte. Ein Land, wo ein Steuersatz von 70 % gewöhnlich ist, geht in seinem innersten Kern natürlich mit (öffentlichen) Personen die ausscheren wollen, recht rigide um. Es handelte sich um ein vermeintliches Konto des Agenten von Piontek in Liechtenstein, wo Werbeeinnahmen des Trainers am dänischen Fiskus vorbei, zur Seite geschafft worden sein sollen. Ein wenig waren es Teile der heimischen Presse (Ja, Presse. Wir sprechen hier von der Vor-Internet-Zeit, wo man zum Glück noch nichts „twittern" konnte.) auch Pionteks mitunter weniger lustigen Auftritten der schreibenden Zunft gegenüber einfach leid. Auch Fans und Fotografen wurden, so die Autoren Ankerdal und Werge, „wie von einem preußischen Obergefreiten" bisweilen zurechtgestutzt.

Als in Stockholm am 2.2.1990 die Auslosung der Qualifikationsgruppen für die bevorstehende Europameisterschaft in Schweden anberaumt war, platzte eine Bombe im Bewusstsein der dänischen Fußballanhänger. Piontek wurde nach der Schwere der Gruppe (Färöer-Inseln, Jugoslawien, Nordirland und Österreich) befragt. „Das war eine gute Ziehung für den dänischen Fußball." (Da man ihn in- und auswendig kannte, fiel direkt und sofort auf, dass er nicht „für uns" sagte.) Und so holte er den Hammer heraus: „Aber das (die Qualifikation) wird ohne mich als Trainer sein, ich höre auf!".

Verbandspräsident Carl Nielsen, der ihn einst dem Zweitligist St. Pauli entriss, war geschockt, man war auf den „Tag X" eben nicht genügend vorbereitet, man hatte die Situation schlicht nicht vollständig zu Ende gedacht. Neun Tage später erst versammelte sich die Geschäftsführung der DBU, um das Thema Trainerfindung zu diskutieren. Natürlich wurde rasch an die naheliegende Lösung, der Installierung des langjährigen Co-Trainers und zeitgleich Coach der Olympiamannschaft Richard „Ricardo" Möller Nielsen gedacht. Aber auch Kandidaten aus dem Ausland wurden schon in die engere Wahl genommen, etwa Tomislav Ivic, Arie Haan, Horst Köppel, Jupp Heynckes, Otto Rehagel, Erich Ribbeck, sowie Horst Wohlers. Jener gerade in der Bundesliga für Bayer 05 Uerdingen tätige Ex-Profi wurde von Allan Simonsen der DBU empfohlen, und prompt in die engere Wahl genommen. Mit Ivic (in Paris) und Wohlers (in Düsseldorf) trafen sich dann der verbandsgewaltige Carl Nielsen, gemeinsam mit Pressechef Frits Ahlström Ende Februar. Ivic schied aus finanziellen Gründen aus. Somit verblieben noch Wohlers und Möller Nielsen. Gegen Richard Möller Nielsen zeigte sich rasch eine Opposition, angeführt von Bjerg-Pedersen, einem im dänischen Fußball nicht unbedeutenden Kenner (und auch Ex-Chef von Lyngby BK). Ihm zur Seite stand Jörgen Mikkelsen, der gerade mit diesem Trainer in seiner Zeit als Vorsitzender bei Odense BK einigen Zwist gehabt hatte. Bjerg-Pedersen ging mit dem Mund voran: „Wir brauchen einen Trainer mit internationaler Erfahrung. Vor einem Jahr sah ich z.B. ein Jugendländerspiel Dänemarks gegen Bulgarien, mit Ricardo als Trainer. 0:7 ging es aus und taktisch war es die reine Katastrophe." Und Möller Nielsen's Erfolge aus seiner aktuellen Zeit als Olympia-Mannschaft Chef wischte er auch noch milde beiseite: „Diese Mannschaft hätte meine Oma auch zum Erfolg geführt." (Ein im Fußball stets wiederkehrender Irrtum, dass starke Teams keinen Trainer benötigen.) Am 11. März eröffnete Mikkelsen eine Vorstandssitzung der DBU mit den Worten „Wir können uns ja einig erklären, dass es nicht Möller Nielsen wird!" Die Abstimmung ging 11:5 für Horst Wohlers aus, den sie als „zweiten Sepp Piontek" sahen. Wohlers, der ja in Uerdingen noch unter Vertrag stand, wollte seine Vertragsauflösung in Krefeld selbst regeln und erwartete hierbei offenbar keine großen Probleme. Für den 18. März war im Hotel Globetrotter eine PK anberaumt, auf der Horst Wohlers dann vorgestellt werden sollte. Dr. Per Bjerregaard,

Erbauer von Bröndby IF und damals Clubvorsitzender, mit stets gewichtigem Wort, erlaubte sich tags zuvor in die Runde zu fragen, ob denn alles klar sei mit Bayer 05 Uerdingen, ob diese den Trainer auch wirklich freistellen würden. Wie und was darauf geantwortet wurde, daran konnten sich wenige Jahre später alle nicht mehr en Detail erinnern, zum Teil ging man davon aus, dass Wohlers bei einer Heimniederlage gegen den VfB Stuttgart ohnehin entlassen worden wäre, und dann sowieso kein Problem in dieser Angelegenheit bestand. (Uerdingen siegte im Übrigen mit 4:1, dank der Unterstützung seiner beiden dänischen Akteure Brian Laudrup und Jan Bartram.) Wie dem auch sei, die Pressekonferenz mit dem neuen Coach der dänischen Nationalmannschaft, Herrn Horst Wohlers, fand statt. Von der Werbestellwand lachte förmlich die Kuh des (Milch-)Sponsors herab, eine der Situation angemessene Komik mit dahinter aufscheinender Tragik, hätte dies wohl symbolisch bedeuten können. Es kam, was kommen musste, Uerdingen gab Wohlers gar nicht frei und die DBU musste unter ihrem neuen Boss Hans Henrik Jensen Plan B aktivieren. (Möller-Nielsen hatte auch via TV gesagt, dass er sich durchaus vorstellen könne, als Co-Trainer eines Großen wie Ernst Happel weiterzuarbeiten, Horst Wohlers ließ sich dies übersetzen und staunte nicht schlecht...) So wurde tags darauf auf dem Flughafen Billund Richard Möller Nielsen, die ungewollte Notlösung, unter Vertrag genommen. Und dieser ließ sich angesichts dieser voran gegangenen Schikane-Tour natürlich nicht lumpen, und handelte einen 4-Jahresvertrag für sich heraus. Wie gering die Wertschätzung für ihn war, zeigen etliche Beispiele, beim lieben Geld angefangen. Poul Hyldgaard, damaliger Kassierer und späterer Präsident der DBU sagte gegenüber einem Journalisten: „Wir können Richard Möller Nielsen nach zwei Jahren feuern, und ihm seinen kompletten 4 Jahreslohn auszahlen. Wir würden dennoch eine Million Kronen (heutzutage etwa 130.000 Euro, der Verf.) sparen im Verhältnis zu dem, was Horst Wohlers in seinen anberaumten zwei Jahren hier verdient hätte." Wohlers sollte nämlich 2,5 Millionen DKK jährlich erhalten (heute ca. 320.000 Euro), wohlgemerkt in nur zwei Vertragsjahren (für 1990/91 dennoch wohl sehr ordentlich). Bjerg Pedersen weilte zum Zeitpunkt der Unterschrift beruflich in Hongkong und war über den Entschluss der DBU derart „erbaut", dass er zurücktrat. Die „Berlingske Tiderne" war mit ihrem Spott schnell parat: „Zuerst wurde gesagt, Möller Nielsen fehle die internationale Erfahrung. Danach zeigte sich, dass dies auch für die DBU zutraf..." Was man nun auch erst im Nachhinein weiß, muss wohl in eine rückwärtsgewandte Kalkulation einfließen. Die weitere Laufbahn des Horst Wohlers nämlich, bot wenig Phantasie für allzu große Sprünge, auch wenn Vereinstrainer und Verbandstrainer zwei Paar verschiedene Schuhe sind. Nach seiner Zeit in Uerdingen, die schnell vorbeiging, trainierte er für 46 Spiele den FC St. Pauli (inklusive Abstieg aus der ersten Bundesliga, was man schlecht werten kann), dann für nur 19 Spiele den SV Lurup (!), 24 Spiele den VfB Oldenburg und 23 Spiele bei Eintracht Trier, ehe er jüngst vorwiegend im Jugendbereich arbeitete. (Quelle: transfermarkt.de). Ob das wohl als dänischer Nationalcoach gut gegangen wäre, darf somit doch in gewisser Hinsicht mehr als bezweifelt werden. Ohne den guten Mann, der sich mittlerweile im Renteneintrittsalter befindet diskreditieren zu mögen, aber bedenkt man die Streiche, welche ihm zur Uerdingen Zeit Jan Bartram und Brian Laudrup spielten, werden die Zweifel ob der Autorität noch unweigerlich verstärkt. Einmal stellten sie ein Bataillon an leeren Glasflaschen vor die Tür des Trainers, ein anderes Mal legten sie dem schlafenden Coach das Poster einer nackten Schönheit auf die Knie... Sicher, Bartram gab zu, dass sie sich „oftmals wie eine Horde aus den unteren Schulklassen" benahmen, doch hätten sie dies bei einem wirklich autoritären Trainer wohl kaum getan, wie stark zu vermuten ist.

Doch nun, nach dem ersten heftigen Akt, ging das Theater um „Ricardo" erst so richtig los, denn er hatte es von Beginn an sehr schwer. Der ehemalige „Hütchenaufsteller" (die ultimative, sehr lange anscheinend gültige Beleidigung aller Co-Trainer) schien bereits gefühlt die Entlassungspapiere in der Jacke zu haben. Zunächst und auch später ging es tatsächlich um die Aussprache des Trainers (!). Stig Töfting, sportlich der wahre „Rasenmäher" in der dänischen Nationalelf (und zudem natürlich populärer langjähriger Bundesliga Profi), schildert dies in seiner schonungslosen Autobiographie „No Regrets" (Kein Bedauern): „Wir machten uns lustig über Ricardos Sprache, die an seinen Vorgänger Piontek mit seinem „Zirkus Dänisch" erinnerte. Aber „Ricardo war ja von Fünen und nicht aus Deutschland wie Sepp. Bei der abschließenden Pressekonferenz vor dem Spiel gegen Portugal (1996 bei der EM, der Verf.) ging ein Lächeln durch alle im Raum, da er englisch sprach. „Wir spielen mit „long balls" sagte er, was man auch mit „dicken Eiern" übersetzen konnte...", amüsierte sich Töfting. Doch dies war nur ein kleines Manko, bei weitem nicht das Entscheidende. Peter Schmeichel, der als bester Torwart der Welt ausgezeichnete Hüne, hieß seinen neuen Trainer vor laufender TV-Kamera willkommen. „Er ist nicht der richtige Mann", sagte Schmeichel ganz (und zu) offen. Da wurde schnell die

Frage laut: wie dickhäutig kann ein Trainer sein, um diese Arbeitsbedingungen zu schlucken? Da kam das geflügelte Wort von Bobby Robson zu Tage, das da hieß: „Kein Trainer kann wissen, was psychischer Druck ist, bevor er nicht Nationaltrainer war." Sie bezogen sich so auch immer wieder auf Pionteks internationaler Erfahrung, die „Ricardo" ja so fehlte. Gut, Piontek war als Trainer in Haiti, in Deutschland (wo er ja schließlich herkommt) bei Werder Bremen und Fortuna Düsseldorf (jeweils entlassen) und eben beim FC St. Pauli. Und die Länderspiele mit Dänemark hatte „Ricardo" ja irgendwie auch als sein Co-Trainer jahrelang mit absolviert. Und vor allen Dingen: weshalb hatte man sich dann zuvor ausgerechnet auf Horst Wohlers festgelegt?

Aber auch Stig Töfting zog in seinem beeindruckenden Buch (in Zusammenarbeit mit Lars Steen Pedersen) ein annehmbares Fazit über seinen Nationaltrainer: „Aber ich konnte ihn gut leiden. Er hat mir eine Chance gegeben. Richard ist kein Trainer der sehr viel mit seinen Spielern spricht, nur mit den wichtigsten Kräften in der Mannschaft. Er verbringt einen großen Teil der Zeit in seinem Zimmer, um die Taktik, die Mannschaft und deren Verletztensituation auszuloten."

Bei Möller Nielsen hatten sie alle vermeintlichen und tatsächlichen Schwachstellen flink parat. (Einige Nationalspieler kicherten sogar bereits über seine Aufwärmübungen.) Ihm ging einfach das für den Job erforderliche Durchsetzungsvermögen ab, waren sich die Experten sicher, wobei „Experten" ja leider allzu häufig lediglich diejenigen sind, die hinterher erklären, warum es so kam … Dass jedoch die Zeit des Umbaus nach dem EM Desaster von 1988 noch in vollem Gange war, wurde geflissentlich ausgeblendet. Hier genügt allein der Blick auf die Aufstellung der „Landsholdet", die am 11.4.1990 vor nur 12.000 Besuchern im Kopenhagener Idraetspark Sepp Piontek beim 1:0 Sieg über dessen neuen Arbeitgeber (der Türkei) sich empfahl. Sicherlich, die Laudrup Brüder waren an Bord, auch Peter Schmeichel, viele der anderen Spieler waren aber keine Stars, konnten sich nie richtig durchsetzen. Namen wie Morten Bruun (in Silkeborg freilich eine Art Volksheld), John Helt, Claus Nielsen, Johnny Hansen oder Lars Jakobsen (nicht zu verwechseln mit Jacobsen, dem späteren HSV und Nürnberg Profi) sind bis heute nur echten Dänemark-Kennern noch ein Begriff. Doch „Ricardo", den sie schon als aktiven Spieler als „Löwenherz" bezeichneten, steckte alle Tiefschläge munter weg. Auch die zuvor passierte „Frimann Affäre" konnte ihn letzten Endes nicht vom Erfolgsweg abbringen. Der Ex-AB Kopenhagen Vorsitzende und populäre

Sportmoderator wurde in Möller Nielsens Olympialändermannschaft eingesetzt, obwohl er bereits bei einem Vorbereitungsspiel für die A-WM für Dänemark gewirkt hatte. Möller Nielsen war daran nicht schuld, es gab einen Fauxpas auf Verbandsseite, und RM verließ sich auf deren Check. Somit wurde die schon sichere Teilnahme an den Olympischen Spielen 1988 in Seoul verpasst, da der Auswärtssieg mit dem Spieler Per Friman in Polen (2:0) in eine 0:2 Niederlage von der FIFA umgewandelt wurde. Der sportliche Erfolg wurde also am grünen Tisch torpediert, und das wollte man eben wieder Möller-Nielsen ankreiden. Die überzeugenden Siege seiner Olympiamannschaft gegen Griechenland (5:0/4:0), Rumänien (8:0/2:1) und eben Polen (3:0/2:0) halfen da so gesehen nicht weiter, aber wenigstens hatte der Coach somit bereits 1987/88 seinen später so heroischen Kader weitgehend zusammen, vor allem die Leitwölfe wie „Faxe" Jensen, Kim Vilfort, Flemming Povlsen, Lars Olsen und last but not least Peter Schmeichel. Dieses Gerüst wusste wie „Ricardo" tickt. Auch so gesehen, war er ein wenig der „Berti Vogts von Fünen". Nach einigen Begegnungen „in Freundschaft" begann am 10.10.1990 gegen die Färöer die Qualifikation für die kommende, praktisch vor der eigenen Haustür stattfindende EM in Schweden. Neben den Färöer-Inseln (einer ehemaligen dänischen Kolonie, heute in Selbstverwaltung), Nordirland und Österreich, war es vor allem das damalig noch existierende Jugoslawien, welches der heißeste Kontrahent bei der Vergabe des zur Teilnahme berechtigten ersten Platzes war. Denn nur dieser berechtigte zur Teilnahme am Turnier in Schweden. Vom Trainer wurde indes wieder jedes Wort auf die Goldwaage gelegt. Er sagte: „Wenn wir die Heimspiele gewinnen und auswärts immer Remis spielen, müsste dies zum Gruppensieg reichen", worauf ihn sofort die Retourkutsche der Presse ereilte: „Wollen sie etwa auf den Färöer-Inseln nur Unentschieden spielen?". Doch „Ricardo" ließ sich nicht ins Bockshorn jagen. Nach einem 4:1 gegen die Färöer-Inseln vor 38.500 Zuschauern (die sagenumwoben Österreich bezwangen) errangen die Dänen ein 1:1 in Nordirland. Wenig später kam bereits Dramatik in die Angelegenheit, denn das so eminent wichtige Heimspiel gegen Jugoslawien ging an einem nasskalten Novemberabend 0:2 verloren. (Dabei hatten den Jugoslawen ihre Starspieler Prosniecki und Savicevic gefehlt.) Zur Pause hatte es noch 0:0 gestanden und der schier ratlose Trainer hatte in der Kabine beschlossen, Stürmer Povlsen herauszunehmen und stattdessen den defensiven Mittelfeldspieler „Faxe" Jensen zu bringen. Michael Laudrup sandte er nun in den Sturm, und alles brach mit einem Doppelschlag der Gäste (77. und 84. Minute) zusammen. Ausgerechnet beim letzten Heimspiel der Nationalmannschaft im alten Idraetspark (vor dessen Umbau zum „Parken") bedeutete der Abschied vom Stadion auch womöglich schon den Abschied von der so dringend erwünschten EM-Teilnahme. Das Feuerwerk nach dem Schlusspfiff war vom Team zuvor auf dem Rasen schmerzlich vermisst worden. „Hat denn die Aufstellung etwas mit der Einstellung zu tun?", konnte sich der geplagte Zuschauer fragen. Der Dichter Ejvind Samuelsen verfasste indes einige Zeilen nach dem 233. und (vorerst) letzten Länderspiel zum „Auf Wiedersehen" mit dem Stadion in Köbenhavn-Österbro, frei übersetzt:

„Sportpark, Sportpark, jetzt Gute Nacht du alter Junge, du bist formidabel gewesen.
Gehe ruhig in dein Bett, alles wird still, die Lichter verschwinden, geschossen ist der letzte Schuss,
und wenn die Tore nun geschlossen werden, flüstern wir Auf Wiedersehen und danke."

(Was sich natürlich im dänischen reimt, wie die letzten Zeilen erkennen lassen; „sparket er de sidste spark, og naar portene nu slukkes, hvisker vi farvel og tak." Das letzte Licht machte übrigens Bröndby IF im Idraetspark aus, die am 28. November dort auf europäischer Bühne Bayer 04 Leverkusen mit 3:0 besiegten).

„Danke und Auf Wiedersehen", sagten zwei dänische Stars selbst nach dem Abpfiff nicht, gegangen sind sie unverhofft dennoch. Michael und Brian Laudrup zogen sich aus der „Landsholdet" zurück. Brians Formulierung: „Ich akzeptiere Möller Nielsen als Mensch, aber nicht als Trainer" via Presse schien der letzte noch benötigte Wirkungstreffer für den offenbar unbefähigten Coach zu dessen unweigerlich folgenden Entlassung. (Wer zu diesem Zeitpunkt prophezeit hätte, dass Möller Nielsen demnächst noch 2 (!) internationale Titel mit der Nationalmannschaft einfahren würde, den hätte man wohl ins nahegelegene Rigshospitalet eingewiesen.) Von den „Geschwistern" Laudrup war folglich oft die Rede im Land ohne hohe Berge, denn hier trat ein urdänischer Konflikt vollends zur Entfaltung. Jeder solle doch nach seiner Fasson selig werden, sagt der Däne insgeheim frei nach dem Alten Fritz, so wie wir ihn uns gemeinhin vorstellen, mit seiner Tabakpfeife und in Holzpantinen sitzend vor seinem Sommerhaus. Ein „Öl" in der Hand und den lieben Gott einen guten Mann sein lassend. Die Individualität gehört zweifelsfrei geschützt, ein eigener Kopf zum

Denken der tut allen gut. Und doch; wenn es um das große Ganze geht, dem Ansehen einer Nation, heute wie früher eben mit dem Auftreten diverser Ländermannschaften in Verbindung gebracht, dann sollte die Einzelperson auch ruhig persönlich zurückstecken können, so empfindet es das „Volk" (ein Begriff der sich bekanntlich nicht einmal definitorisch eindeutig abklären lässt.) Ein Hauch von Fahnenflucht hallte den stets wohlgescheitelten Fußball-Künstlern aus dem Hause Laudrup für kurze Zeit hinterher, fast noch schlimmer als Steuerbetrug...

Im Falle Michael Laudrup muss noch hinzugefügt werden, dass er bereits nach dem Färöer Spiel, spätestens aber nach dem Nordirland Match zurücktreten wollte. Sei es wie es sei, Torwart Peter Schmeichel billigte diese Art des Rückzugs ohnehin nicht, zumal auch noch der „kleine Bruder" in den Chor des „Null-Bock auf Ricardo" einstimmte. Wenn ein Schiff sinkt, kann man nicht einfach aus einer Laune heraus von Bord gehen! Möller Nielsen, der weiterhin Ballnetze und Hütchen persönlich hin und her bugsierte, besaß allerdings eine Attitüde, die ihn vom gemeinen Co-Trainer unterschied, denn er war von je her auf Distanz zur Mannschaft gegangen. Jan Mölby erinnert sich an Mexiko 1986: „Wir sahen ihn fast nie. Er war beim Training, ansonsten fuhr er sich andere Begegnungen des Turniers ansehen. Es war nie so, dass wir mit ihm bei einer Tasse Kaffee saßen und diskutierten."

Vielleicht war dies eine unbewusste Fügung des Schicksals, das später entscheidende Plus, welches ihm die richtige Chance eröffnete, es irgendwie doch hinzubekommen. Spieler aus seinem Olympiateam wie Flemming Povlsen konnten sich ja ohnehin ein wenig auf ihn freuen, weil sie annehmen konnten, dass er auf sie setzen würde. Nicht setzen tat „Ricardo" auf einen sich in Top-Form befindlichen Liverpool Mittelfeldturbo namens Jan Mölby, der sich oftmals während des Trainings mit ihm anlegte. Kim Vilfort „absolviert seine defensiven Pflichten besser", lautete das lapidare (aber stimmige) Credo des Trainers, der schon 1977 in Odense, als er den Club zu Meisterehren führte, öfters auf seinen Starspieler Allan Hansen verzichtete. Alles ein bisschen mit der Haltung „Die Mannschaft ist der Star", die schon Berti Vogts zugeschrieben wurde. Und auch eine andere Aussage „Ricardos" den 1977er Titel betreffend, hätte von „Bundes-Berti" stammen können: „Dieser Titel ist in erster Linie durch Fleiß zustande gekommen, das ist doch wohl keine schlechte Eigenschaft." Jan Mölby, den Brian Laudrup in Aufstellung mit seinem Bruder Michael gesehen hätte („Da hätten wir dann internationale Topklasse!") hatte andererseits schnell durchschaut, dass Möller Nielsens Art Fußball spielen zu lassen, ihm sehr wenig behagte. „Es wurde alles so ultradefensiv. Die ersten zwanzig Minuten eines Spiels, da wird die Stimmung für den Rest der Partie gelegt. Unter Sepp wollten wir in dieser Phase bereits ein Tor erzielen, und wenn nicht, dann eben kurz danach. Bei MN ging es immer still, ruhig und abwartend zu, das konnte zu uns ja nicht passen." Seine taktischen Besprechungen seien zudem unmöglich, hallte es aus der Mannschaft, elendig lang und träge seien sie gewesen. Jedem Gegenspieler wurde 5-10 Minuten lang förmlich gehuldigt, und am Ende wussten die Dänen alles bis hin zur Haarfarbe. Und bei den Pressetreffs, so Mölby weiter „krümmten sich uns Spielern die Zehen, wenn wir hörten, welche Nichtigkeiten er nun wieder findig entdeckt hatte."

Insgesamt wurde es ein ungemütlicher Winter für den Trainer, der erst im April ein erstes Testspiel vor dem auswärtigen Rückspiel in der Qualifikation gegen Jugoslawien in Belgrad absolvieren konnte (ein wenig aussagekräftiges 1:1 gegen Bulgarien). Dann kam der „Showdown" in Jugoslawien, ausgerechnet am 1. Mai, dem Tag der Arbeit. Ein Motto, das ohne die Zauberkünstler Michael und vor allem Brian Laudrup schon exemplarisch war. Und die „Messer waren gewetzt", wie es so schrecklich heißt, die Entlassung des Coaches bei einer Niederlage und dem damit sicher verbundenen, definitiven EM-Quali Aus bereits ins Auge gefasst. Folgende Mannschaft strafte dann - mit ihrem Trainer! - alle Experten Lügen und gewann mit 2:1:

Peter Schmeichel (Bröndby IF), Lars Olsen (Bröndby IF), Kent Nielsen (Aston Villa), Björn Kristensen (Newcastle), John Sivebaek (AS St. Etienne/54. Henrik Larsen (Pisa), Kim Vilfort (Bröndby IF), John „Faxe" Jensen (Bröndby IF/83. Bjarne Goldbaek (1. FC Kaiserlautern), Kim Christofte (Bröndby IF), Jan Bartram (Aarhus GF), Flemming Povlsen (Borussia Dortmund), Bent Christensen (Bröndby IF).

Da verwundert es fast, dass die natürlich im Auswärtsweiß antretenden Dänen nicht gleich das Blau-Gelb von Bröndby als Trikotfarbe gewählt hatten, zumal Kent Nielsen zuvor auch Bröndby Spieler war … Steen Ankerdal, dänischer Experte von hohem Range, hatte das spielerische System vom Trainer in seiner 100-jährigen Geschichte der „Landsholdet" wunderbar wiedergegeben: „Richard Möller Nielsen ging den anderen Weg (weg vom Schönspielen, 4:2 und 6:1 Resultaten und stürmenden Libero, der Verf.), mit vier Mann in der letzten Reihe und einem Libero (Lars Olsen), der nicht mit nach vorne ging in selbiger Häufigkeit wie sein Vorgänger Morten Olsen. Dafür konnte MN Pressing spielen lassen, weil er sein Team aus einem Stamm von Bröndby-Spielern aufstellte, die allzeit ein hohes Pressing spielten. Der Unterschied war, dass Bröndby seine Stärke im Überfall des Gegners hatte, und die Nationalelf das Pressing weiter hinten ansetzte, um sich in der Verteidigung keine Blöße zu geben. Erfunden wurde dieses System mit jenen Spielern übrigens 1987/ 88 in der Olympiamannschaft."

Möller Nielsen schoss also vorerst zurück, seine Philosophie schien allen Unkenrufen zum Trotz doch möglicherweise aufzugehen, der Befreiungsschlag war aus dem Stand heraus gelungen. „Fußball ist ein Laufspiel, es ist nicht genug, Künstler dabei zu haben. Als wir letztes Jahr zuhause vor fast 50.000 Zuschauern gegen Jugoslawien spielten, waren beide Laudrup Brüder und Mölby dabei. Als wir 2:1 in Jugoslawien gewannen, war keiner der drei anwesend." Bereits vor dem Anpfiff war der Trainer abermals zum Wirken gezwungen. Der linke Verteidiger Jan Heintze erfuhr am Vormittag in der Taktiksitzung, dass er zunächst auf der Bank sitzen würde. Dies brachte ihn dazu sofort abzureisen, da sein Verein, die PSV Eindhoven am selben Abend auch ein Spiel austrug. Der „Deserteur" wurde daraufhin vom dänischen Nationaltrainer mit einem Jahr Zwangspause bedacht. Sei es drum, Möller Nielsen hatte seinen Kritikern erst einmal ohnehin den Wind aus den Segeln genommen, und bereits vor dem Anpfiff hatte er eine Erläuterung parat, die ihn wohl in seinem Unternehmen bestärkte: „Ich versuchte es mit guten Ballspielern daheim gegen Jugoslawien. Das funktionierte nicht, wir verloren 0:2. Jetzt habe ich vielleicht Spieler, die bei der Technik nicht ganz so gut sind, aber die sich das Weiße aus den Augen kämpfen um zu siegen." Festhalten konnte sich das Team auf dem Rasen vor allem am coolen Strategen Kim Christofte, der mit solider Technik, Übersicht und beruhigendem Spielwitz auch in Zukunft zu einer Schlüsselfigur bei Möller-Nielsen werden sollte.

Doch obwohl sich die Dänen nun keine Blöße in der EM-Qualifikation mehr geben sollte, vor allem durch den treffsicheren „Turbo" Bent Christensen, inklusive dem Jugoslawien-Spiel traf er allein 6 Mal, (2:1 gegen Österreich in Odense, 4:0 auf den Färöern, 3:0 in Wien, 2:1 gegen Nordirland wieder in Odense, reichte es am Ende rein tabellarisch leider nicht). (Wir behalten aber im Hinterkopf, dass Möller Nielsen noch zwei internationale Titel erringen sollte!) Ein einziger Punkt aus dem Heimspiel gegen die Jugoslawen fehlte am Ende. Jugoslawien, 14 Punkte (24:4 Tore) hatte am Ende knapp die Nase vor Dänemark (13

Punkte, 18:7 Tore). Doch es gab da noch einen tragischen Aspekt, der dann in die Welt des Sports eingriff, wie im oberen Kapitel (Fußballtouristen werden Europameister) nachzulesen ist.

Endlich (Mini-)Weltmeister (1995)

Richard Möller Nielsen verstarb am 13.2.2014, und dies als eine Legende, denn den Danebrog Orden im Jahr 1995 hatte er sich redlich verdient. Selbst im größten Triumph wurde dieser knorrige, aber gegenüber der ausländischen Presse extrem gesprächsbereite Mann noch von einheimischen Journalisten attackiert. „Europamestre" nannte sich ein Büchlein der Journalisten Jakob Kvist und Flemimng Mönster, welche noch im Nachhinein versuchten, diesen Meistertrainer lächerlich zu machen. Es ist sicherlich freilich die Aufgabe von Sportjournalisten, im Falle sportlicher Pleiten, nach Ursachen zu forschen, keine Frage. Aber sich aller möglichen Spieler zu bedienen (die auch oftmals nicht genannt werden wollten) um „Ricardo" die Kompetenz absprechen zu wollen, ist bizarr, und kann nur mit dem dänischen Neid-Diskurs erklärt werden. Möller-Nielsen drohte zudem z.b. in einem persönlichen Brief dem TV-Moderator Flemming an Toft an, ihm besser aus dem Wege zu gehen, weil es sonst eventuell zu körperlichen Konfrontation kommen könne, und Toft dann auch gerne im nächsten Swimmingpool landen könnte. Was bleibt von diesem Möller Nielsen neben dem sensationellen EM-Triumpf haften? Sein Defensivkonzept, für das er so oft gescholten wurde? Im Grunde höchst albern, denn schon der renommierte Sportjournalist Steen Ankerdal resümierte in seiner 100 Jahreschronik der „Landsholdet" völlig richtig: „Von der olympischen Silbermedaille von 1960 über das EM Halbfinale in 1984 und dem Achtelfinale 1986 war die Kombination aus taktischem Können, Individualität und das Konterspiel jener Cocktail, aus dem die Erfolge hervorgingen." Und weiter: „In der erweiterten Perspektive haben Länder weiter gearbeitet mit dem dänischen Erfolgsmodell von 1992. Griechenland benötigte es für seinen Triumph 2004 unter dem deutschen Trainer Otto Rehagel." (Dies konnte man auch auf zwei weitere Nationen noch anwenden, Norwegen unter ihrem Coach Olson in den 90ern, mit ihrem ultradefensiven 4-5-1, wo es nur den langen Ball auf den großen Zielstürmer gab, der die Bälle dann ablegte, oder auch der Erfolg der isländischen Nationalmannschaft bei der EM 2016. Sie hatten einen Spielmacher, einen Torjäger und acht hart arbeitende vorwiegende Defensivspieler. Logisch, dass eine so kleine Nation nur so zum Erfolg kommen kann, sollen sie etwa den Ball zirkulieren lassen wie der FC Barcelona? Das Potential dafür kann doch gar nicht vorhanden sein.) Und wie erfolgreich Richard Möller Nielsen war, besagt auch die reine Statistik. Selbst die gescheiterte Qualifikation für die WM 1994 in den USA kann man ihm kaum ankreiden, besieht man sich die Resultate (damals galt noch die 2 Punkte Regel für einen Sieg). Von 12 Spielen gewann er 7 und spielte 4 Mal Remis. Am Ende fehlte ein lumpiges Tor. Im letzten Spiel gegen Spanien sowieso, aber auch generell, denn die sich qualifizierenden Iren hatten dieselbe Tordifferenz (+13). Trotz nur 2 Gegentoren in 12 Partien (!) scheiterte Ricardo also, unglaublich und tragisch. (1996 brachte er Dänemark souverän zur EM.) Die Gesamtbilanz spricht auch eine deutliche, positive Sprache: 73 Spiele, 40 Siege, 18 Remis, 15 Niederlagen, bei einer Tordifferenz von 155: 55, was einen Durchschnitt von nur 0,75 Gegentoren pro Spiel einbrachte. Kein dänischer Nationaltrainer konnte dies liefern. Weder davor, geschweige denn danach.

Und noch etwas sei erwähnt, das Kapitalvermögen der DBU stieg unter der Ägide von „Ricardo" nicht zuletzt durch die vielen Erfolge von 20 auf 70 Millionen DKK, was beinahe eine Vervierfachung bedeutete. An ihm wollte man damals in der DBU sparen, und verdiente dann erheblich durch sein Wirken.

England 1996: Ein kleines bisschen Alkohol

Status Quo, die kultige Rockband aus dem Mutterland des Fußballs hatte eine musikalische Liebeserklärung an Manchester United verewigt, die sich „Come on you reds" schimpfte und in gewohnt sattem Midtempo-Rock ein wirklich nettes Stückchen war. Dieser Song dröhnte in voller Lautstärke durch das Haus der Familie Schmeichel, weil der noch vom Vortag berauschte Stig Töfting nicht genug vom Lied bekommen konnte. Zehn Mal drückte er auf die Repeat-Taste. War diese Losgelassenheit dem dänischen Ausscheiden nach der Vorrunde geschuldet, oder einem etwaigen Lagerkoller? Wohl von beidem ein wenig, ließe sich salomonisch feststellen. Da halfen eben auch nicht die zuvor ausgehandelten Prämien zwischen Mannschaft und DBU. Jeder Kicker erhielt 40.000 DKK (heute in etwa 5.122 Euro) pro Spieleinsatz, weitere 70.000 DKK (8.962 Euro) bei einer Schlussplatzierung von 9-12, weitere 150000 DKK (19.206 Euro) bei Erreichen des Viertelfinals, 175.000 DKK

(22.400 Euro) für das Halbfinale, 100.000 DKK (12804 Euro) für das Finale und da dann noch einmal 175.000 DKK (22.400 Euro) bei einem eventuellen Sieg. Dabei sprach niemand von einem Ziel „Titelverteidigung", dafür war der 1992er EM Triumph immer noch zu unfassbar und im wahrsten Sinne des Wortes sagenhaft gewesen.

Diesmal waren in dem 22 Mann umfassenden Bruttokader ganze 13 aus der heimischen Superliga berufen worden, eine enorm hohe Quote die auch etwas mit der wachsenden Wertschätzung der eigenen Liga zu tun hatte. Indes, optimal war es nicht. Peter Schmeichel beklagte sich ohnehin schnell und viel, mitunter drastisch und ungehörig, etwa wenn die eigenen Spieler beim Warmschießen patzten. Doch das Quartier des Teams in Leeds hatte er selbst mit ausgesucht, was er als eigenen Fehler später immerhin einräumte. Langweilig und abgelegen sei das Hotel „Westwood Hall" und mehr als spazieren gehen, konnte man nicht unternehmen. Das erste Spiel gestaltete sich mit einem 1:1 Remis gegen Portugal recht planmäßig. Und in der Kabine erhielt die Mannschaft, bevor sie auf der Heimfahrt wieder Bier und Whisky für die Nachbetrachtung zur Hilfe nahm, Besuch von Kronprinz Frederik. Torben Piechnik zeigte sich schnell in allzu vertraulichem Ton mit dem Monarchen und Michael Laudrup fragte einmal gleich ketzerisch nach: „Kennst du ihn gut?". Piechnik hob kurz die Schultern und sprach „Ob ich ihn kenne…". Dies wurde folglich bei jeder Gelegenheit zum Running Gag, „…ob ich ihn kenne…"

Das folgende 0:3 gegen Kroatien abermals in Sheffield war dann schon das Ende aller positiven Gedankenspiele bei dieser EM. Schmeichel hatte das letzte Tor selbst verschuldet, und auch ein weiterer Treffer war absolut vermeidbar gewesen, sodass Trainer Möller-Nielsen für sein vorletztes Spiel bitterlich konstatierte: „Meine Spieler ließen Kampfgeist vermissen, als die Kroaten anstürmten, aber es ist eben das Eine zu verlieren oder dies auf unnötige Weise zu tun. Mit einem 0:1 hätten wir noch gute Chancen auf ein Weiterkommen gehabt." Was eine merkwürdige Rechnung war, denn Kroatien hatte nach diesem Sieg (auch wenn er 1:0 ausgefallen wäre, statt 3:0) 6 Punkte, und Dänemark vor dem letzten Spiel eben nur einen…Im letzten Spiel raffte man sich aber dennoch noch einmal zu einem ordentlichen 3:0 über die Türkei auf, und Brian Laudrup, derweil bei den Glasgow Rangers in Lohn und Brot, erzielte seine Turniertreffer Zwei und Drei. Stürmer Erik Bo Andersen, zwei Jahre später beruflich beim MSV Duisburg unterwegs, erhielt auch eine Einsatzchance. Er machte normal zwar immer seine

Tore, doch auch Andersen wurde ein Opfer des dänischen Humors. Man traute ihm sogar zu, dass ihm eine schwere Eckcouch noch vom Fuß springen könnte. Stig Töfting taufte ihn daraufhin den „dänischen Eddy the Eagle" in Anlehnung an den sehbehinderten englischen Skispringer. Auch der gescholtene Stürmer mit der unorthodoxen Ballbehandlung konnte darüber schmunzeln, was ohnehin die gescheiteste Art ist mit derartigen Frotzeleien umzugehen. Trotz allem war es wirklich nicht gerade die stärkste Mannschaft die der DBU zu jenem Zeitpunkt zur Verfügung stand. Sei es drum, der Trainer bekam einen würdigen sportlichen Abschluss von seinen Jungs und der letzte Abend fiel sowieso feucht fröhlich aus. „Ricardo" sang ein dänisches Volkslied, textete aber typisch Dänisch für jeden Spieler eigene Zeilen, eine herrliche Art der Respektbekundung, so sehr auch bisweilen eine Verhohnepipelung des jeweiligen Spielers der Sinn ist. Am eifrigsten den Flaschen zugewandt zeigten sich EM-Held Henrik „den Store" Larsen und Stig Töfting und es sei nicht leicht gewesen die beiden am Flugpersonal vorbei zu bekommen, da sie derart betrunken waren. Und Töfting kippte sich dann auch noch ein Sodawasser über die Hose, sodass es aussah, als habe er bekleidet Wasser gelassen. Ein typischer Anblick von Fußball Millionären?

Bosse's Philosophie

Der Nachfolger von Richard Möller Nielsen war dann eine wirklich gute Wahl. Der Schwede Bo Johansson (damals 54 Jahre) hatte nicht nur in drei Fächern (u.a. Psychologie) studiert, las Sören Kierkegaard und hatte als ausgewiesener Menschenkenner hervorragende und vor allem neue Ansätze für die Landsholdet.

„Wenn sie eine halbe Stunde Zeit hätten um ihrer Mannschaft etwas Wichtiges zu vermitteln, über was würden sie reden, die Taktik oder das Mentale?", wurde „Bosse" in einem dänischen Schloss in einer Vorberichterstattung zur WM 1998 gefragt. „Ganz klar über das Mentale. Natürlich ist es wichtig, dass wir unsere Ordnung auf dem Feld halten, nur die Taktik kommt ja im Grunde erst dann ins Spiel, wenn etwas passiert, zum Beispiel der Gegner in Führung geht." Er sagt es ausgewogen, freundlich, mit sich selbst im Reinen und dem Fragesteller aufgeschlossen gegenübersitzend. Der 1942er Jahrgang hatte von 1962 bis 1972 für den schwedischen Verein Kalmar FF 390 Spiele absolviert und 135 Tore getreten. Mit bereits 29 Jahren startete er dann seine Trainer-Laufbahn. Mehr oder weniger entdeckt wurde er für den dänischen Markt am 4.9. 1991 als Dänemark in einem völlig hässlichen Spiel gegen Island ein 0:0 erreichte und „Bosse" eben dort Trainer war. 1994 wurde er dann mit den Halbtagsprofis von Silkeborg IF sogar dänischer Meister und somit ein Top Kandidat der DBU, nach dem Abschied von Möller-Nielsen. Ein weiterer Ansatzpunkt seiner Arbeit war auch sehr interessant und verriet einen weiteren Teil seiner Trainerphilosophie: „Wir benötigen bei Theoriebesprechungen die meiste Zeit um über uns selbst zu sprechen, darüber, dass unser eigenes Spiel funktioniert und nicht so viel über andere. Faktisch ist es so, dass je besser der Gegner ist, je weniger reden wir über diesen. Gleichzeitig brauchen wir viel Zeit um über schwächere Gegner zu reden, um nicht die Konzentration zu verlieren." Das war alles völlig neu und frisch und der Schlüssel für weitere Erfolge. Und die Presse atmete auch auf, denn „Bosse" ging völlig offen und unbefangen auf diese zu. Die WM-Endrunde hatten die Dänen unter seiner Regie am letzten Spieltag in Griechenland erreicht, als ein Peter Schmeichel zur Höchstform auflief und auch der orkanartigen Kulisse in Athen mit 77.000 fanatisierten Zuschauern standhielt. Schmeichel über seinen neuen Nationaltrainer: „Bo gab uns die Freiheit, zu tun was wir wollten, weil wir im Training und im Wettkampf alles gaben. Ansonsten hätte sich unsere Situation geändert. So funktionierte also die Freiheit unter Eigenverantwortung ganz prima." Und Ebbe Sand hatte auch eindeutige Aussagen für seinen Ex-Trainer in seiner Autobiographie parat: „Bo hat große menschliche Qualitäten und er war gut darin, die unterschiedlichen Spieler unterschiedlich zu behandeln. Das können nicht viele Trainer. Zuletzt fehlte ihm etwas die Autorität und es kam der Punkt an dem „Freiheit unter Verantwortung" nicht mehr funktionierte. Das ist keine Kritik an Bo, aber das Golfen wurde zu viel und einige Spieler missbrauchten sein Vertrauen."

Und für Sören Colding war Bo Johansson der beste Trainer in dessen Spielerkarriere.

WM 1998: Frankreich, Teil 2. Der wohl größte Triumph?

Wenn ein kleines Land wie Dänemark an einer WM-Endrunde teilnimmt und dann 5 Spiele absolviert, bedeutet dies eine außergewöhnliche

Leistung, erst recht unter der Prämisse, dass z.b. der Deutsche Fußball Bund mehr Mitglieder hat als Dänemark Einwohner (DFB Mitglieder 2017: 7.043.964, Einwohner Dänemark in 2016: 5,731 Millionen). Genau das hat ganz abseits von meiner Erkenntnis der Sportjournalist Steen Ankerdal hervorragend herausgearbeitet, als er in seiner Länderspielgeschichte auf Seite 187 schrieb: „Die Sache ist, dass es schwer wird, wenn eine EM (ich meine diese WM; aber das ist inhaltlich nicht entscheidend, der Verf.) von wenigen auf viele Teilnehmerländer ausgedehnt wird. Es kann ja kein Zufall sein und auch kein dänisches Mentalitätsproblem, dass die Mannschaft weiterkam bei der EM 1984, EM 1992, WM 1998, WM 2002 und der EM 2004 aber gleichzeitig im ersten oder zweiten K.o. Spiel herausflog. Eine Ausnahme ist die WM 1998, wo die Dänen das fünfte Spiel verloren, das Viertelfinale gegen Brasilien, und bei der EM 1992 das Finale gegen Deutschland. 1992 waren es nicht mehr Spieler für noch mehr Spiele, 1998 hätten sie aber noch ein Spiel mehr geschafft. Je mehr Mannschaften und Spiele in der Endrunde teilnehmen, desto schwerer wird es für ein Land wie Dänemark sich in den entscheidenden Spielen zu behaupten, weil man einfach über zu wenige Klassespieler verfügt. Es ist ja oft so, dass man in den 7 Spielen bis zur Trophäe Schlüsselspieler durch Verletzungen und Sperren nicht dabeihat. Damit bekommt die Qualität der Reservespieler eine entscheidende Bedeutung, und das ist ein Problem für ein so kleines Land wie Dänemark, die typischerweise 10-12 Spieler der Güteklasse A haben, die ein hohes Gefälle zu den letzten 10-12 Akteuren haben." Eben deutlich zu betrachten, nicht nur 1986 (1:5 gegen Spanien!) auch bei der WM 2002 (0:3 gegen England im Achtelfinale), bei der EM 2004 (0:3 gegen Tschechien im Achtelfinale) oder 2010 (1:3 schon im letzten aber entscheidenden Gruppenspiel gegen Japan, es gab deutliche Abfuhren für ein im Grunde scheinbar gerade positiv explodierendes Team, das dann aber förmlich implodierte).

Doch bemühen wir die sogenannte Chronologie der Ereignisse. Die Rot-Weißen starteten gegen Saudi-Arabien und nicht nur Fußballkenner wissen, dass das erste Spiel eines Turnieres von immenser Bedeutung ist. Somit war der 1:0 Sieg durch Marc Rieper in Lens ein wahrer Baldrian, man war nun „drin" im Turnier, mit festen Beinen und keinen wackligen Knien mehr. Denn in den letzten drei Testbegegnungen vor der WM hatte es nicht eben freundliche Resultate gegeben (0:2 gegen Norwegen, 0:3 gegen Schweden und 1:2 gegen Kamerun). „Im Sturm steckt der Wurm", hatte schließlich Dänemark-Experte Steen Ankerdal im Kicker-Sonderheft zur WM getitelt, und dabei noch Miklos Molnar als Zentralstürmer in die Wunschelf gesetzt, der freilich keine Rolle beim Turnier spielen sollte.

35 bis 40 Grad im Schatten erwarteten die Spieler dann im zweiten Gruppenspiel gegen Südafrika in Toulouse (Dänemark verbrachte ein wahre „Tour de France" mit stets wechselnden Spielorten). Das 1:0 von Allan Nielsen war zwingend nötig, denn die Südafrikaner glichen zu Beginn der zweiten Halbzeit aus. Dänemark schöpfte bei der tropischen Hitze sein Wechselkontingent natürlich voll aus, doch die drei sich „warm" laufenden Einwechselspieler wurden eher zum Problem. Jan Heintze erzählt: „Wir saßen auf der Bank in der prallen Sonne, dann wurden Molnar, Wieghorst und ich aufgefordert uns für das Spiel bereit zu machen, ich glaube wir hatten alle einen Sonnenstich". Dies dürfte gestimmt haben, denn Molnar wurde neun Minuten nach seiner Einwechslung und Wieghorst drei Minuten danach schon wieder des Feldes verwiesen. Die Schiedsrichter, und hier der kolumbianische Referee Herr Rendon, waren zuvor von FIFA-Boss Sepp Blatter angewiesen worden, härter durchzugreifen... „Man kann darüber diskutieren ob den Spielern oder dem Schiedsrichter dieser Rekord zugeschrieben werden kann. Aber nicht sehr lange, weil es keinen Zweifel daran gibt, dass dieser Rekord niemals Realität geworden wäre, hätte der Schiedsrichter nicht John Jairo Toro Rendon geheißen", stand im Dänischen Jahrbuch „Fodbold 98. Danske Kampe". Ebbe Sand dazu im Buch „mennesket bag maalene" („Der Mensch hinter den Toren"): „Der Schiedsrichter war ganz wahnsinnig, der musste einen Hitzeschlag bekommen haben, es war aber auch warm. Nach 20 Minuten konnte ich nicht mehr rennen. Schon als wir vor dem Spiel auf den Rasen kamen, konnte ich das Wetter kaum ertragen. Und in der Halbzeitpause bekam ich Schüttelfrost." Ebbe Sand hat aber zu dieser Zeit ganz andere, bedrohlichere Probleme, ausgerechnet jetzt zur WM, ausgerechnet nun, wo ein Wechsel in die deutsche Bundesliga als offenes Geheimnis gilt. Sand hat Unterleibsprobleme, sein rechter Hoden ist hart und schmerzt enorm. Was kann das sein? Da ist etwas absolut nicht in Ordnung...Jeder Mann kann die Angst und Sorge des Spielers nachvollziehen, doch wen und wann soll er über seine Problematik am besten unterrichten?

Im letzten Vorrundenspiel ging es dann gegen Gastgeber Frankreich (das sich später den WM Titel schnappen sollte). Peter Schmeichel, der in diesem Spiel Morten Olsen als dänischen Rekordspieler (103. Spiel) ablöste, erinnert sich an die Ausgangslage zu diesem Spiel wie folgt:

„Wir konnten ja auf Ergebnis spielen. Und so gesehen verteidigten wir gegen Ende des Spiels quasi die knappe 2:1 Führung der Franzosen. (Michael Laudrup hatte für Dänemark per Strafstoß getroffen). Auch wenn das merkwürdig ausgesehen haben wird. Aber für einen ja nur eventuellen und zudem noch nutzlosen Sieg, wollten wir unsere Kräfte nicht vergeuden". (Da hatten die Dänen also aus ihrer eigenen Fußballgeschichte gelernt ...) Die Laune stieg im Lager der Dänen, auch wenn kritische Töne über die scheinbar laxe Art der jeweiligen Spielvorbereitung die Runde machte. Von stundenlangen Sonneneinheiten am Strand und langem Golfen war da die Rede. Und dies waren eben keine Gerüchte.

WM-Achtelfinale: Nigeria vs Dänemark 1:4!

Rund 100 Millionen Einwohner hat Nigeria, dazu die Nationalelf; Fußballstars en masse mit Oliseh (ein von ihm getragenes Trikot hängt gerahmt an meiner Wand, weil er später Bochumer wurde), Kanu, Okocha, George oder auch den ehemaligen Bröndby Angreifer Okechukwu. Nigeria war (wieder) einmal der Favorit vor dem Achtelfinale in St. Denis dem ganze 80.000 Besucher beiwohnten. Auch das Selbstvertrauen war über Gebühr vorhanden bei den „Eagles", die 1996 Olympiasieger wurden und in der Vorrunde sogar Spanien nach vorübergehenden 1:2 Rückstand mit 3:2 besiegten. Und auch wenn Kicker Schreiber Axel Heiber von einer „vermeintlich anfälligen Viererkette" berichtete, wer zweifelte daran, dass Nigeria der Geheimfavorit war. „Endspiel? Warum nicht", hatte nicht zuletzt Jonathan Akpborie getönt oder gehofft.

Wir saßen bei mir mit Familie und Bekannten im Wohnzimmer, es gab Bier, Radler, Chips und neugierige Vorfreude. Da fing das TV-Bild plötzlich einen dänischen Spieler in Weiß ein, der gerade auf seine Position, jener des rechten Verteidigers vor dem Anpfiff rannte. „Und hier haben wir Sören Colding", unterrichtete Gerd Rubenbauer die ARD-Zuschauer, während ich heiter und freudig und gar nicht einmal leise ergänzte: „Mensch, Sören Colding, den kenne ich, der ist von Bröndby, das ist ja geil!" Colding, frisch gebackener dänischer Meister und Pokalsieger (wie sein Freund Ebbe Sand, der dieses Spiel zunächst auf der Reservebank begann), Champions League Kicker, WM Spieler! Und ich, ja der kleine rührige Fan in mir war echt begeistert, trotz meiner damaligen 27 Jahre. Das Spiel beginnt, im Sturm haben „wir" Peter Möller, Ex-Bröndby Legende, nebst Brian Laudrup, und es dauert wieder einmal, typisch Dänisch, nicht lange, bis beide kongenial von sich reden machen. Sogar vier Spieler sind in dieser 3. Minute (!) in den ersten Treffer der Marke „tolle Überraschung" involviert. Sören Colding bringt den Ball ins Mittelfeld, wo der quirlige Martin Jörgensen (der mit ganzen 11 WM Spielen bis heue dänischer Rekordhalter ist) den Ball geschickt lang in die Gasse legt, wo Brian Laudrup elegant den Ball nach links in Richtung Strafraumkante sendet, und da steht er, Peter Möller die alte Bröndby Legende, die beim PV Eindhoven nicht richtig Fuß fassen kann. Hier zeigt er in Windeseile, warum er in Bröndby in 69 Spielen satte 42 Treffer erzielt hatte. Er hämmert den Ball mit links ins rechte Eck, als wäre es das einfachste der Welt, 1:0! Wenn ich je einen Treffer gesehen habe auf dänischem Boden, der mich bis heute total fasziniert, war das nicht zuletzt Peter Möllers Tor im EC-Cup gegen den schweizerischen Verein FC Aarau. Ein Konter über Bo Hansen wurde von jenem Spieler auch auf die rechte Strafraumkante des Gegners gepasst, wo Möller den Ball direkt und aus vollem Lauf unter die Latte donnerte, so dass das Auge kaum folgen konnte. Da war er wieder der dänische Dreisprung, diese Mischung aus Entspanntheit, Selbstbewusstsein und Können. Ein „mach dein Ding" und denke nicht darüber nach, was daraus wird. Aber dieses Tor hier war so viel wichtiger, zumal der schlaksige Möller auch am folgenden Treffer (in der 12. Minute) einen großen Anteil hat. Schiedsrichter Urs Meier gab für Dänemark einen fälligen Freistoß in aussichtsreicher Position, fast zentral außerhalb des Strafraums. Möllers wuchtiges Geschoss kann Nigerias Keeper Peter Rufai nur abwehren, aber nicht festhalten. Brian Laudrup ist gedankenschnell da und schiebt ein. Ein weiterer Streich des Zauberfußes geht nur knapp nicht hinein, er schlägt den Ball von der rechten Außenbahn auf's Tor, doch der Ball senkt sich zwar hinter Tormann Rufai, doch er klatscht leider nur an die Latte. Auf der andren Seite schwächelt ausgerechnet Torhüter-Legende Schmeichel bei einem Schuss von Kanu. (Dass ausgerechnet der unangefochtene Hüne das Ausscheiden des Teams mit befördert hat, werden wir uns in Kürze leider noch eingestehen müssen). Im nächsten Jahr gewinnt er mit ManU die Champions League im Herzschlagfinale gegen den FC Bayern, aber seine ganz fetten Jahre sind allmählich vorbei. In der 60. Minute kommt Ebbe Sand für Peter Möller. Sand war Torschützenkönig geworden, mit 28 Buden, was bis heute auch 21 Jahre danach, nur noch von FCK Himmelsstürmer Robert Skov in 2018/19 mit sogar 29 Treffern getoppt wurde. Aber Sand hat andererseits noch nie in der Nationalelf getroffen und ist aufgrund einer sich bemerkbar machenden, schweren Erkrankung in Gedanken oft selbstredend ganz woanders. Doch es geschieht etwas Großartiges, er verschafft sich selbst den größten Lebensmut. Mit nicht weniger als dem schönsten Tor dieses Turniers. 22 Sekunden nach seiner Einwechslung! In nur 16 Sekunden Netto-Spielzeit!

Als Jugendlicher im jütländischen Hadsund hatte er Michael Laudrup bei der WM 1986 bewundert, nun erhielt er von eben diesem einen seiner typischen Lob-Pässe, Blick nach links, Lupfer nach vorne rechts, und nachdem Sand den hohen Ball mit dem Kopf vorbei an Verteidiger Taribo West gedrückt hatte, brauchte er den Ball bloß noch mit rechts ins linke Eck zu bugsieren.3:0! Eingefädelt durch diesen „look-away-lob" seines Idols. Jubel der dänischen Fans im Stadion, vor den TV Geräten, an diesem Sonntag - und bei uns in Berlin-Reinickendorf sowieso. Aber auch in Bröndby wo „Mr. Bröndby" Per Bjerregaard, der trotz seines Verhandlungsgeschicks wirklich immer die menschliche Komponente im Blick hatte, sich hocherfreut zeigte. Er wusste sofort: „Dieses Tor wird viel für Ebbes weitere Karriere bedeuten. Es bewies nämlich, dass er kein gewöhnlicher Typ ist. Und es sollte auch einiges für die Ablösesumme bedeuten, obwohl Schalke ihm schon seit zwei Jahren beobachtete." Das 4:0 durch Thomas Helveg, den es später noch nach Mönchengladbach verschlug, war auch nicht von schlechten Eltern. Es ist die 76. Minute, abermals hat Martin Jörgensen Druck aufgebaut, und kann von halbrechts in Tornähe abschließen, wieder kann Rufa nur prallen lassen, Ebbe Sand rettet den Ball vor dem Torhaus, passt ihn retour zu Jörgensen, der den völlig frei stehenden Helveg bedient. Das 1:4 aus Sicht der Nigerianer nennt man zu Recht nur noch eine Ergebniskosmetik. Dänemark war in Saus und Braus ins Viertelfinale eingezogen, Brasilien hieß die nächste Aufgabe.

WM-Viertelfinale, 3. Juli 1998: Dänemark vs Brasilien 2:3

Wieder einmal waren wir festlich gestimmt, als das Spiel begann, klar, Brasilien war eine Hausnummer, aber hatten die Dänen nicht enorm viele filigrane, ausgeschlafene Jungs in ihren Reihen? Und ob. Und wie!

Vom Start weg zündet das Danish-Dynamite. Rasch stürmte Peter Möller auf dem linken Flügel los, und konnte vom besten Mann auf dem Platz, Carlos Dunga, nur per Foul gestoppt werden. Doch während Möller noch mächtig schimpft, hat Michael Laudrup zu seinem Bruder Brian gepasst, dieser den Ball zurückgelegt, und Martin Jörgensen mit einem flachen Schuss ins linke Eck in Nantes die dänische Führung besorgt (2.) Man tut dem Spiel eigentlich unrecht, wenn man nur die Highlights benennt, denn, wenn man sich den Spaß erlaubt, sich das komplette Spiel anzuschauen stellt man nicht nur als Taktikfuchs fest, es passiert auf dem Platz wirklich in jeder Minute etwas Spannendes. Die Brasilianer spielten großartig, die Dänen hielten dagegen und mit, mit ihrem Mastermind Michael Laudrup, der mit einem wahrlich großen Auftritt die Bühne der Nationalmannschaft verließ. Brian Laudrup fasste es gegenüber der Süddeutschen Zeitung nach dem Abpfiff zusammen: „Wir hätten nur noch zehn Minuten gebraucht, um sie zu schlagen, allerdings darf man keine Fehler machen. Die Brasilianer bestrafen jeden Fehler, und sie haben aus vier Chancen drei Tore gemacht." Klar, dass gerade er aufgebracht war, hatte er doch nach einem missglückten Fallrückzieher von Roberto Carlos in der 50. Minute das zwischenzeitliche 2:2 gemacht, sich dann zusammen mit Colding für Sekunden entspannt auf den Rasen gelegt wie auf eine Liegewiese (das Foto ging wahrlich um die ganze Welt, da war es wieder, dieses „afslappe" der Dänen...) Was genau meinte er mit den Fehlern? Nun in offensiver Hinsicht kann man seinen Teamkameraden nur bedingt einen Vorwurf machen, obwohl sie zweimal zum Ende des Spiels jeweils eine Riesenchance zum Ausgleich vergaben (in der letzten Minute köpfte Marc Rieper eine Colding-Flanke nur an die Latte). Und was die Gegentreffer betraf ging dies wohl schon auch in Richtung seines eigenen Torwartes.

War nämlich Peter Schmeichel noch im 1992er EM Endspiel so etwas wie die Verkörperung der Unüberwindbarkeit des Torhüters, sind die 3 Gegentore in diesem Match doch gesondert zu betrachten. Das 1:1 durch Bebeto war sehr schwer haltbar, da kann man ihm keinen Vorwurf machen, die Ahnung, dass er diesen Schuss „früher" jedoch abgewehrt hätte, bleibt allerdings bestehen. Die anderen beiden Gegentore hat der Torwart Experte Frans Hoek (Ex Torwart Trainer beim FC Barcelona) im Buch „Wettkampfanalyse und Spielvorbereitung" erläutert: „(...) Trotzdem sah er in dem entscheidenden Spiel gegen Brasilien bei den Gegentoren nicht gut aus. Zum Beispiel in der 1 gegen 1 Situation gegen Rivaldo. Während die Position/Ecke für den Feldspieler schwierig war, hatte Peter eine perfekte Position eingenommen, aber kurz bevor „Ribo" schoss, warf Schmeichel sich auf den Boden, wodurch über ihm Raum zum Einschießen entstand. Wäre er einfach stehen geblieben, hätte Rivaldo viel mehr Mühe gehabt. Auch der Distanzschuß von Rivaldo war natürlich nicht unhaltbar. Ein guter Schuss in die äußerste Ecke, aber, wenn man die Entfernung und die Position des dänischen Schlussmannes berücksichtigt, stellt man fest, dass er zu spät reagiert haben muss." Auch Stig Töfting äußerte sich in seiner Autobiographie „No regrets" sehr ähnlich: „Leider traf Rivaldo mit einem tückischen Fernschuss. Ein Schuss, den Schmeichel hätte abwehren müssen. Auf jeden Fall ein Keeper von seinem Kaliber. Ich glaube, der Fehler lag darin, dass er vom stehenden Fuß absprang und nicht noch einen Schritt machte, bevor er sich hinwarf."

Dennoch, Dänemark hat nicht nur einen tollen Einsatz gezeigt, sondern wieder einmal große fußballerische Klasse. Ein typisches Raus mit Applaus Spiel also. Farvel og tak Michael Laudrup.Og selvfögelig Brian!

Hier die Aufstellungen mit den „Kicker" Noten, bei Peter Schmeichel war man gnädig, aber „mein" Sören Colding bekam eine feine Note 2,5, sehr erfreulich.

Brasilien: Taffarel (2,5), Cafu (2), Junior Baiano (1,5), Aldair (2,5), Roberto Carlos (2), Cesar Sampaio (2,5), Dunga (1,5), Leonardo (3/72. Emerson), Rivaldo (1/88. Ze Roberto), Bebeto (2,5/64. Denilson), Ronaldo (2,5)

Dänemark: Schmeichel (3), Colding (2,5), Rieper (2), J. Högh (2,5), Heintze (2), Jörgensen (2), Helveg (2,5/88. Schjönberg), A. Nielsen (3/46. Töfting (2), M. Laudrup (1,5), B. Laudrup (1), Möller (3,5/67. Sand)

Die Amtszeit von Morten Olsen (2000 bis 2016)

Traue keiner Statistik, die du nicht selbst gefälscht hast, heißt es nicht ganz unwahr in einer Weisheit, und so sind „nackte Zahlen" durchaus wichtig, erklären aber nicht alles. Der Fußball ist rein mathematisch nicht zu lösen, das muss man anerkennen, und das ist auch ganz gut so. Nun stellt sich die Statistik von Morten Olsen als sehr passabel dar (das Portal transfermarkt.de spricht von 154 Spielen, die er als A-Nationalmannschaftscoach leitete, doch ich halte mich lieber an die Datenbank der DBU).

Olsen betreute das jeweils von ihm zusammen gestellteTeam 166 Mal, bei 80 siegreichen Partien, 42 Remis und 44 Niederlagen. Mein Freund Nico sieht ihn dennoch kritisch: „Ach, was hat er denn erreicht, der Herr Professor, völlig unantastbar war er angeblich, der jetzige, der Aage Hareide, der hat geliefert!" Und in der Tat, der Taktikfuchs Morten

Olsen, hat ihn etwas blockiert, was auch die Mannschaft als Stärke empfunden hat? Diese vielen Infos und Details, die er den Kickern mit auf den Weg gegeben hatte, diese übergroße Kenntnis, kann die nicht die Menschen auf dem Rasen manchmal schier erdrücken? Teilt man die Amtszeit dazu noch etwas willkürlich in zwei Perioden, dann fällt auf, dass es am Anfang deutlich besser lief. Von 2000 bis 2006 betreute er die „Landsholdet" bei 46 Spielen, 27 Mal siegreich, holte 13 Remis und verlor nur 6 Spiele. Das ergibt einen sehr guten Punktschnitt von 2,04 pro Partie. In der Summe aller Spiele und Jahre kommt er dann auf 1,69 Punkte pro Spiel. Doch betrachten wir der Reihe nach, das, worauf es für die DBU, das Fußballland und ihn selbst vor allem ankam, die Ergebnisse bei den großen Turnieren, denn auch er hatte ja mit seinen tollen Leistungen als Spieler, mit dazu beigetragen, dass Dänemark immer näher an die Weltspitze heranrückte.

WM 2002 in Südafrika. Dänemark qualifiziert sich und Olsen setzt im Sturm auf Ebbe Sand und Jon Dahl Tomasson. Eine tolle Mannschaft erreicht das Achtelfinale, wo es an einem regennassen Tag zu einem Ausrutscher vom sonst so glänzenden Keeper Thomas Sörensen kommt, der Dänemark auf die Verliererstraße brachte. Regen auch in Nordeuropa, und mittags sind wir Dänenfans bereits bedient und fertig mit dieser WM 0:3 gegen England, sang und klanglos, nach einer sehr guten Vorrunde (2:1 gegen Uruguay, 1:1 gegen Senegal, 2:0 gegen Frankreich). In uns Fans bleibt das Gefühl: mit Morten Olsen holen wir eines Tages noch etwas!

EM 2004 in Portugal. Mit einem torlosen 0:0 gegen Italien begann es, dann wurde Bulgarien mit einer imponierenden Leistung mit 2:0 geschlagen. Dänemark und Schweden reichte im letzten Gruppenspiel je ein Unentschieden zum Weiterkommen. Bis zur 90. Minute führte Dänemark mit 2:1, ehe Mattias Jonson (ja, den kennen wir inzwischen) den 2:2 Ausgleich machte. Die Italiener schimpften über den „Skandal" im skandinavischen Schwesterduell, und in der Tat, es hatte ein Geschmäckle. Dann das Achtelfinale gegen Tschechien. „...für mache Experten bereits ein vorweggenommenes Endspiel, da die beiden Teams bis dahin am besten individuelle Klasse und mannschaftliche Geschlossenheit zu kombinieren wussten", schrieben die Autoren Schulze-Marmeling und Dahlkamp, doch es wurde eine deutliche Angelegenheit.3:0 für Tschechien! Jan Koller (49.) und Milan Baros mit einem Doppelschlag (63./65.) ließen die Erinnerung an die „Olsenbande" wieder aufleben, erst läuft es gut, aber wenn der große Coup winkt...

WM 2006 in Deutschland. Dänemark hat sich nicht qualifiziert.

EM 2008 in Österreich und der Schweiz. Dänemark hat sich durch Platz 4 in der Quali-Gruppe nicht qualifiziert.

WM 2010 in Südafrika. Das Aus in der Vorrunde. Nach nur drei Punkten in der Gruppe und einem völlig verdienten 1:3 gegen die kleinen, nicht zu zähmenden Japaner ist es schon wieder vorbei mit „Det var Danmark!" Sprechchören. Besieht man sich allein die Aufstellung vom einzigen Sieg im Turnier, kann man das nur schwer fassen, dass nicht mehr drin war im europäisierten Land in Afrika.

Kamerun-Dänemark 1:2. (Dänemark im 4-2-3-1 System erzielte die Tore durch Bentdtner und Romedahl.)

Thomas Sörensen - Lars Jacobsen, Simon Kjaer, Daniel Agger ("Man of the Match"), Simoun Poulsen, Christian Poulsen, Martin Jörgensen (46. Daniel Jensen), Dennis Rommedahl, Jon Dahl Tomasson (86. Jakob Poulsen), Jesper Grönkjaer (67. Thomas Kahlenberg), Nicklas Bendtner.

Zu Daniel Agger muss ich an dieser Stelle etwas schreiben, weil es sich hier um mein vermeintlich größtes Versäumnis in meiner Scouting-Zeit geht. Ich fuhr mit meiner Freundin im Jahr 2003 raus nach Gladsaxe zu den Plätzen von AB, um das 4. Ligaspiel („Danmarksserien") der 2. Mannschaft von AB versus Bröndby IF anzusehen. Wo bei AB unter anderem der Bruder des dänischen Tennisstars Caroline Wozniacki, Patrik, kickte. Da fiel mir bei Bröndby eben dieser Agger deutlich auf, er war erst 18 Jahre jung, noch ohne Profivertrag, ohne Berater usw. Der 1985er Jahrgang ordnete da als Innenverteidiger das ganze Spiel, seine Präsenz und sein fußballerisches Können waren völlig außergewöhnlich. Da wir aber immer nur zwischen den Clubs vermittelten, und Spieler nie selbst an uns banden, tat ich nichts weiter als meinem Freund von diesem Exemplar zu berichten. Agger wurde später nach Liverpool verkauft, wo er gut ein Jahrzehnt als Verteidiger seinen Mann stand. Wie oft sieht man einen solchen Kicker, in einem solchen Spiel, wo nur die Verwandten zusahen?

EM 2012. Erneut bereits das Aus in der Vorrunde, allerdings in einer wie es so unschön heißt, „Todesgruppe" mit Deutschland, Portugal und den Niederlanden. Der Auftaktsieg gegen die Niederlande war alles, was punktemäßig geholt wurde, in diesem Falle aber verzeihlich.

WM 2014 in Brasilien. Dänemark hat sich nicht qualifiziert.

EM 2016. Dänemark nicht qualifiziert.

Von acht großen Turnieren unter der Ägide von Trainer Morten Olsen konnte sich die „Landsholdet" für 4 Turniere gar nicht qualifizieren, zweimal gab es das Aus schon nach der Vorrunde. Ausgerechnet bei seinen ersten beiden Turnieren (2002, 2004) war Dänemark sehr ordentlich dabei, scheiterte aber, die „Olsenbande" ließ grüßen, überdeutlich, jeweils mit zwei 0:3 Niederlagen. Darum ist das, was ich eingangs schrieb, und was Nico äußerte, gar nicht so weit entfernt von der Wahrheit. Einerseits sind 80 Siege in 166 Spielen wahrlich sehr beachtlich, aber eben nur auf den ersten Blick.

Bedenkt man, dass sein Nachfolger Aage Hareide bei der WM 2018 ungeschlagen in den regulären Spielzeiten, erst im Elfmeterschießen gegen den Finalisten Kroatien verlor, obwohl er nicht wie Morten Olsen einen echten „Knipser" im Sturm besaß (Olsen hatte da Bendtner, Sand, Tomasson) dann scheint die Amtszeit von Morten Olsen doch etwas arg in die Länge gezogen.

Für die WM 2018 konnte sich Dänemark (siehe oben) qualifizieren, wenn auch erst in der Play-Off Runde. Der neue Trainer Aage Hareide hatte am 10. Dezember 2015 sein Amt als Nachfolger Olsens angetreten und sein erstes Spiel war am 24.März 2016 ein 2:1 gegen das neue, scheinbare Wunderteam aus Island 2:1. In der Qualifikation errang sein Team beachtliche 20 Punkte, was aber nur Rang 2 hinter Polen bedeutete. Nun kamen also die Playoffs. Ein mattes 0:0 gegen Irland im Parken war eine denkbar schlechte Ausgangslage für das Rückspiel in Dublin, wo Dänemark auch noch bis zur 29. Minute mit 0:1 in Rückstand lag. Hier zeigte sich aber das enorme Selbstbewusstsein, gepaart mit dem typischen dänischen „aflsappet", denn seine junge Mannschaft verlor weder Spielkultur noch Mut, und kam zu einem sagenumwobenen 5:1 Kantersieg in diesem so wichtigen Match. (29. Christensen auf Vorarbeit des eingebürgerten Afrikaners Pisto, dreimal Eriksen in Folge mit regelrechten Traumtoren, sowie Bendtner in der letzten Minute vollbrachten diesen unerwartet hohen Triumph.)

Hier die Aufstellung der „Landsholdet" von diesem legendären Tag im somit gar nicht mehr grauen November, den 51.700 zumeist entsetzte überwiegend irische Zuschauer mitansahen:

Schmeichel - A. Christensen, Kjaer, Bjelland, Stryger-Larsen (54. Ankersen), Delaney, Kvist, Eriksen, Y. Poulsen (70. Cornelius), Sisto, N. Jörgensen (84. Bendtner). Aage Hareide hat im Übrigen, bis Stand November 2018, einen Punktedurchschnitt von 1,83, was vielsagend positiv ist.

(Im September 2016 zeigte die DBU sich im Design der neuen Landsholdret-Trikots hstorisch reflektierend und kreativ. Man webte das Wappen der "Holger Dankse"-Bewegung in die Hemden. Bei Holger Danske handelte es sich um eine Widerstandsgruppe die auf dänischem Terrain gegen die Nazibesetzer aus Deutschland aufbegehrte.)

5. September 2018: Die Rückkehr der Amateure

Dänemarks Startaufstellung war an diesem warmen Septemberabend in der Slowakei selbst für hartgesottene Fußballkenner ein Buch mit sieben Siegeln:

Christoffer Haagh (Jægersborg), Simon Vollesen (Birkerød), Daniel Nielsen (Vanløse), Nicolai Johansen (Vanløse), Mads Bertelsen (TPI= Tarup Paarup Idraetsforeningen), Christian Bannis (TPI), Rasmus Johanson (HIK), Oskar Højbye (Vanløse), Rasmus Gaudin (Vanløse), Kasper Kempel (Skovshoved), Christian Offenberg (Avarta)

Wer kannte denn diese Kicker bitte? (Verwandte und Freunde ausgenommen) Höchstens den Interims-Trainer der Landsholdet kannten nun wirklich (fast) alle im Lande, John „Faxe" Jensen, Europameister, Bröndby-Legende, Meister mit Herfölge BK und auch in der Bundesrepublik durch seine 2 Jahre beim Hamburger SV ohnehin bekannt (noch mehr aber vielleicht durch seinen Führungstreffer im EM Endspiel gegen Deutschland). Bei meiner Planung für dieses Buch wollte ich zunächst den sogenannten „Maelkekrigen" (Milchkrieg) aus dem Jahre 1995 (und vor allem die Honorarverhandlungen in 1994) eigentlich aussparen, da sie mir für das deutsche Fußballlesepublikum nicht relevant genug erschienen, aber da sich (Sport-)Geschichte anscheinend doch - und hier sogar in doppelter Hinsicht! - zu wiederholen scheint, werde ich diese Themen nun, angesichts der jüngsten, skandalös anmutenden Ereignisse, doch erläutern. Bereits im Herbst 1994 hatten die dänischen A-Nationalspieler den Chef der Spielervereinigung („Spillerforeningen") Mads Öland vorgeschickt, um eine „Übereinkunft" bezüglich der fälligen Spielerhonorare zu verhandeln. Den Spielern war nun nicht lange verborgen geblieben, dass die durch ihre Leistungen allein bei der EM 1992 erzielten Einnahmen in Höhe von 26 Millionen DKK nur sehr zaghaft an die eigentlichen Leistungsträger (nämlich die aktiven Spieler) zurückgeflossen waren. Die 400.000 DKK pro Spieler (heute etwa 51.216 Euro) schienen ihnen da einfach nicht mehr zeitgemäß. Die DBU war empört, sie bezahle keinen Lohn, weil die Kicker ja nicht ihre Angestellten seien, auf der anderen Seite erwarteten sie von den einberufenen Akteuren eine gewisse Form der Unterwerfung unter die Statuten und Dogmen des Verbandes. „Übereinkunft" („Overeinkomst"), wie das in den Verbandsohren bereits klang, wie eine Art von Erpressung. Sie bekämen lediglich ein Honorar, eine milde Gabe, da es schlicht eine Ehre war und sei, für Dänemark auflaufen zu dürfen. Wie auch immer, die Kicker erreichten die Erhöhung ihrer, nennen wir es Bezüge, und hatten vorerst ihr Ziel erreicht. Ihr Trainer Richard Möller Nielsen (der in 1993 bereits seinen Vertrag in aller Stille quasi bis 1996 verlängert hatte, wurde von der DBU gefragt, ob er im Falle des Falles (der Nichteinigung zwischen DBU und den Spielern) sich vorstellen könne, mit 4. Ligaspielern oder Spielern aus noch tieferklassigen dänischen Ligen für Dänemark aufzulaufen. „Ricardo", dem Verband treu verbunden, stimmt dem zu! Der „Maelkekrigen" ereignete sich im Übrigen auf einer ähnlichen Grundlage. Der Kampf von angeblicher oder wirklicher Tradition versus die Freiheit des Individuums, gerade im freiheitsliebenden Dänemark ein häufig auftretender Konflikt. Die dänischen Meiereien hatten als Hauptsponsor der Landsholdet verlangt, dass die dänischen Nationalspieler das gesamte Jahr über, also tatsächlich 365 Tage, keine andere Werbung für andersgeartete Getränke außer den dänischen Milch-Slogan „Det kraever sin maelk." (Das braucht seine Milch.) tragen durften. (Hierzulande hatte es ja ähnlichen Stress beim Tragen von Fußballschuhen gegeben, weil Nationalspieler einen anderen Schuhpartner hatten als die vorgegebenen „Drei Streifen".) Das wollten sich aber vor allem die dänischen Starspieler nicht bieten lassen. So hatte Zauberfußballer Brian Laudrup einen Vertrag mit der Faxe Brauerei, die natürlich auch brausehaltige Getränke verkaufte. Sein älterer Bruder Michael tat dasselbe. „Wir respektieren die eingegangenen Absprachen, und erwarten, dass die Spieler dies auch tun", merkte DBU Mann Jim Stjerne Hansen an und an die Adresse vom älteren Laudrup: „Michael hat sich im Milchkrieg nicht wie ein Gentleman verhalten." Doch Michael Laudrup ging es weniger um das Geld, als vielmehr um das Prinzip, nämlich selbst zu bestimmen, für wen er (auch) werben dürfe. Und Brian wollte sich auch nicht maßregeln lassen, nannte den Verband „amateurhaft" und meinte des Weiteren, dass er überhaupt nicht der Meinung sei, der DBU etwas zu schulden. Starker Tobak in Dänemark! Aber endlich hatte jemand dem auch involvierten Pressesprecher der DBU, Lars Berendt einen vor den Bug gegeben, der bei nicht wenigen als arrogant galt. Der Verband hatte indes auch in gewisser Hinsicht Recht, da die Sponsoreninnahmen durch die Dänischen Meiereien nicht nur den Stars, sondern eben auch der Damenländermannschaft und der Talententwicklung zugutekamen.

Jedenfalls, war 2018 zur traurigen Realität werden sollte, hatte sich also 1994/95 bereits abgezeichnet: Verlangt ihr Profis zu viel Geld, spielen wir eben mit puren Freizeitspielern! Das war also schon früher so, in den längst vergangenen Zeiten der 1960er Jahre. Zu dieser Zeit durften die Profispieler nicht zur Ehre kommen, den Nationaldress überzustreifen, und nun 2018 untermalt man diesen alten Grundsatz noch einmal auf das Neue, gibt diesem alten hären Grundsatz im Wesentlichen einen neuen Anstrich. Die dänische Sportgeschichte hatte sich doppelt wiederholt!

Und das Länderspiel in Slowenien? Wo viele Dänen von einem zweistelligen Klatsche ausgingen? Die dänischen Amateure unterlagen nur mit 0:3! Trainer Jensen meinte nach diesem besonderen Sportereignis: „Weltklasse. Wenn es um ein solches Spiel geht, mit dieser Mannschaft und diesen Voraussetzungen, glaube ich, dass es eine Menge Leute gab die dachten wir bekämen einen ordentlichen Arsch voll", so der Coach nach dem Spiel zum dänischen TV Kanal 5.

„Ich bat darum um eine richtige Einstellung, damit sie nach dem Spiel mit erhobenem Kopf in den Spiegel schauen können, wenn sie den Platz verlassen. Ich glaube, sie schafften es vier Meter zu wachsen, ehe sie raus durften. Ich fand, das war fantastisch anzusehen. Das ist vielleicht die beste Niederlage in meiner Karriere, das ist ein geiles Erlebnis mit diesen Kumpels hier", sagte der Ex-HSV-Profi in seiner gewohnten Ehrlichkeit…

LEXIKON:
ALLE DÄNEN IN DER FUSSBALL BUNDESLIGA

Die Reihenfolge ist nicht zeitlich, sondern lediglich alphabetisch.

Henrik Agerbeck, geb. 10.9.1959. Hertha BSC von 1978 bis 1980, 55 Bundesliga, 12 Tore; 4 A-Länderspiele. Lebt und arbeitete meines Wissens lange in der Bretagne, wo er mit Fischen handelte Spielte bei Hertha zumeist den klassischen Rechtsaußen.

Erik Bo Andersen, geb. 14.11. 1970. MSV Duisburg, 1998/99, 24 Spiele, 2 Tore, auch dänischer Nationalspieler, der intern (laut Stig Töfting) als nicht großartig befähigt gehalten wurde. Spielte zuletzt in Vejle, hatte in Duisburg Heimweh und ging zurück nach Dänemark. „Han rammer ikke en pölsevogn („Er trifft keinen Wurstwagen") sagt man in Dänemark zu diesem wuchtigen, aber nicht zielsicheren Stürmertyp.

Henrik Andersen, geb. 7.5.1965. Beim 1. FC Köln von 1990 bis 1993. 51 Spiele, 1 Tor. Dänischer Nationalspieler. Sein Heimatverein war Fremad Amager, ein Verein im Südosten Kopenhagens. Nach der Laufbahn Spielerberater der heiteren Art.

Leon Andreasen, geb. 23.4.1983. Kam 2005 von Aarhus GF zu Werder Bremen. Spielte später in Hannover. Der großartige Mittelfeldkämpe mit dem unglaublichen Verletzungspech wird hoffentlich nicht zuerst für sein Handtor erinnert… (Ablösesumme: 1,7 Mio Euro). War sofort Stammkraft. Spielte als Innenveteidiger und im defensiven Mittelfeld.

Jan Bartram, geb.6.3.1962. Bayer Uerdingen von 1988 bis 1991, 74 Spiele, 9 Tore, dän. Nationalspieler. Linksfuß, eleganter Spieler. Heimatclub war Aarhus GF. Über Silkeborg und den Glasgow Rangers veräußerte ihn schließlich Bröndby in die „Grotenburg Kampfbahn". Hat auch bereits seine Karriere in Buchfom verewigt. 5 Jahre verheiratet im Übrigen mit Tine Braun Danielsen, einer arparten dänischen Fußball-Moderatorin (Sendung "Onside") mit der er auch ein Kind hat, genau wie mit seiner neuen Lebensgefährtin.

Lars Bastrup, geb. 31.7.1955. Kickers Offenbach, HSV von 1975 bis 1983. 177 Bundesligaspiele, 20 Tore. Deutscher Meister mit dem HSV. Kam aus Aarhus. Dänischer Literatur Student. 26 A-Länderspiele. Nach Zahlungsschwierigkeiten in Offenbach ging er nach Aarhus zurück um sein Studium abzuschließen. Der Goethe-Anhänger wurde dann vom

Netzer Günther zum HSV geholt, für preisbewußte 50.000 DM Alöse. Dass er an der EM 1984 nicht teilnahm, war seinem Rücktritt vom Profifußball geschuldet. Er ging seinerzeit als aktueller Europacupsieger zurück in die völlig bedeutungslose dänische 2. Liga.

Uffe Bech, geb. 13.1.1993. Noch immer aktiv bei Hannover 96. (Und auch ausgeliehen zu Greuther Fürth.) Spielte u.a. 7 Jahre in Lyngby. Schneller offensiver Flügelspieler.

Tommy Bechmann, geb. 22.12.1981. Kam im Juli 2004 durch unser Wirken von Esbjerg fB zum VfL Bochum für 1,35 Mio Euro. Zwar leider unkonstant, aber absolut erstligatauglich an „guten Tagen", wie es sein Trainer Marcel Koller ausrückte. 27 Spiele (4 Tore + 5 Assists).

Ove Flindt-Bjerg, geb. 21.7.1948. KSC von 1975 bis 1977. 41 Bundesliga-Spiele, 8 Tore. War danach u.a. Trainer beim österreichischen Erstliga-Club SW Bregenz, wo er auch einige Dänen hinlockte. Ex-Nationalspieler.

Ole Björnmose, geb. 7.5.1944. Der Rekordmann! Werder Bremen und HSV von 1966 bis 1977, 323 Spiele, 52 Tore. Nach der Spielerkarriere Elektriker bei den Stadtwerken im dänischen Midelfart. Europacup-Sieger mit dem HSV. Schoss 1976 im DFB Pokalendspiel das 2:0 gegen K'lautern, welches auch den Endstand bedeutete.

Kasper Bögelund, geb. 8.10.1980. Für kurze Zeit in Mönchengladbach.

Lars Brögger, geb. 22.3.1970. Fortuna Düsseldorf, 1991/92. Nur 8 Bundesliga-Spiele. Spielt danach Silkeborg. Kam von Frem Kopenhagen, einem dän. Traditionsclub der nach Zwangsabstieg Anfang der 90er Jahre (4.Liga) später wieder ans Tor zur ersten Liga klopfte. Ausbildungsverein von Sören Colding.

Dennis Cagara, geb. 19.2.1985. Kam im Januar 2004 von Bröndby IF ablösefrei zu Hertha BSC. Spielte hinten links in der Viererkette, sehr solide, wurde jedoch an Dynamo Dresden ausgeliehen, wo er ebenfalls überzeugte. Hatte zwei schwere Achillessehnenverletzungen. Vermutlich der schnellste Däne in der Bundesliga.

Andreas Christensen, geb. 10.4.1996. Kam 2015 von Chelsea nach Mönchengladbach. Dort absolvierte der starke Innenverteidiger in zwei

Jahren 62 Spiele, die er mit 5 Treffern garnierte. War in MG nicht zu halten. A-Nationalspieler.

Bent ("Turbo") Christensen, geb. 4.1.1967. Schalke 04. 1991 bis 1993 49 Spiele, 8 Tore. Dän. Nationalspieler). Mit 5 Mio DM Ablöse für Schalke seinerzeit ein enormes Risiko. Kam vom Königreich Vorzeigeclub Bröndby IF, wo er auch seine Profikarriere 2000 beendete. Das Spielen gelernt hat er bei KB Kopenhagen, dem ältesten Fußballklub auf europäischem Festland, wie meine Leser längst wissen.

Kim Christensen, geb. 8.5.1980. Hamburger SV. Kam wegen des Konkurses von Lyngby FC 2001 ablösefrei. Er schoss zwar für den HSV in Dortmund ein Traumtor, aber selbst in der 2. Mannschaft stach er nicht groß heraus.

Jesper Christiansen, geb. 24.4.1978. VfL Wolfsburg. 2002 Torhüter. Ausgeliehen von Celtic Glasgow. Kam einst von Odense BK.

Thomas Christiansen, geb. 11.3.1973. VfL Bochum, ab Januar 2001. 2 A-Länderspiele für Spanien jedoch gebürtiger Däne. Kam von Herfölge BK, einst von Johann Cruijff nach Barcelona geholt. Wurde Bundesliga Torschützenkönig 2003! Anschließend nach Hannover verkauft. In Bochum wollte er weiter Linksaußen spielen und Tore auflegen, doch das Trainerteam Neururer/Heinemann stellte ihn auf die 9 und entdeckte somit einen Stoßstürmer erster Güte.

Kim Christofte, geb. 24.8.1960. 1. FC Köln von 1992 bis 1994. 43 Spiele (dän. Nationalspieler), kam von Bröndby IF. Das Fußball ABC lernte er in Ölstykke und Odense.

Sören Colding, geb. 2.9.1972. VfL Bochum ab 2001. Dänischer Nationalspieler, kam von Bröndby IF. Spielte WM in Frankreich, EM in den Niederlanden. Vorsitz der Spielergewerkschaft (Akteurseite). 1996 wollte ihn Jupp Heynckes dereinst nach Teneriffa holen! Vizekapitän und Publikumsliebling in Bochum.

Peter Dahl, geb.14.2.1948. Hannover 96 von 1973 bis 1976, 22 Spiele, 2 Tore.

John Danielsen, geb. 13.7.1939. Werder Bremen von 1965 bis 1970. 131 Spiele, 17 Tore.

Thomas Delaney, geb. 3.9. 1991. Kam im Januar 2017 vom FCK (ein Junge aus Frederiksberg) zu Werder Bremen für nur 2 Mio Euro Ablöse und ging dann im Sommer 2018 für 20 Mio Ablöse zu Borussia Dortmund, kompetenter Mittelfeldstratege, kopfballstark.

Preben Elkjaer, geb.11.9.1957. (Larsen hieß er zwar zur Kölner Zeit, aber das war nur der damaligen Ehe geschuldet.) 1.FC Köln 1976/77. Nur 9 Bundesligaspiele, 1 Tor. Schade, aber Preben wurde später Nationalspieler und ein Weltklassestürmer bei Hellas Verona (samt Meistertitel). Kam aus Vanlöse.

Kevin Ellegaard (Stuhr), geb. 23.5. 1983. Torhüter, der 2001 von Farum BK zu Manchester City wechselte. Von 2005 bis 2007 stand er im Kader von Hertha BSC Berlin. Es wurden aber nur 2 Bundesligaspiele.

Peter Enevoldsen, geb.14.8.1961. Borussia Mönchengladbach, Saison 1985/86. Kam von Aalborg BK. Mittelfeld. Kein einziges Bundesligaspiel für die Borussia.

Bjarne Goldbaek, geb. 6.10.1968. Schalke 04, Kaiserslautern 1987 bis 1993, 99 Spiele, 14 Tore, dän. Nationalspieler. Kam von Naestved IF und spielte auch bei Tennis Borussia Berlin. Wendiger, ballfester Mittelfeldakteur.

Peter Graulund, geb. 20.9.1976. VfL Bochum. Kam 2001 von Bröndby IF. Spielte 8 Mal Bundesliga und traf zweimal (+ 1 Assist). Traf später auch überall regelmäßig, ob in Aarhus oder Helsingborg (Schweden).

Thomas Gravesen, geb. 11.3.1976. HSV 1997 bis 2001. 74 Spiele, 6 Tore, dän. Nationalspieler. Kam von Vejle BK. Für 9 Mio DM Ablöse ging es danach zum FC Everton.

Michael Gravgaard, geb. 3.4.1978. Der baumlange Innenverteidiger spielte in Randers, Viborg und beim FCK, ehe er 2008 nach Nantes ging. Von diesen wurde er im Januar 2009 vom Hamburger SV ausgeliehen, für den Gravgaard 12 Ligaspiele absolvierte. Der ehemalige A-Nationalspieler Dänemarks (18 Spiele, 5 Tore) ist heute Sportdirektor beim Randers FC. Kurios seine Beteiligung am UEFA-Cup Halbfinale zwischen dem HSV und Werder Bremen. Durch eine am Boden liegende Papierkugel (!) verursachte er einen Eckball, der zum 3:1 für Werder führte. Zudem war zuvor sein Tor zum vermeintlichen 2:2 Ausgleich aberkannt worden.

Jesper Grönkjaer, geb. 12.8.1977. Kam im Sommer 2005 für drei Mio Euro von Atletico Madrid zum VfB Stuttgart. Stammkraft. Hatte bereits 56 A-Länderspiele bei der Vertragsunterzeichnung.

Allan Hansen, geb.21.4.1956. Hamburger SV, 1982 bis 1984. Nur 20 Spiele, 4 Tore. Kam aus Odense. 1981 noch Torschützenkönig in Dänemark. Seine Ablöse betrug verschwindend geringe 90.000 DM. Was für Zeiten.

Jacob Friis-Hansen, geb. 6.3. 1967. Hamburger SV, 1996/97. 16 Spiele, 1 Tor, 19 A-Spiele für sein Land. Profi bei Girondins Bordeaux, OSC Lille und Lyngby FC. „Kicker"-Durchschnittsnote war 96/97= 3,5. Später Spielerberater, sagte einem von ihm betreuten schwedischen Nationalspieler nichts vom konkreten Interesse eines deutschen Vereines.

Johnny Hansen, geb. 14.11.1943. 1. FC Nürnberg, Bayern München 1968 bis 1976. 185 Spiele (164 für die Bayern), 7 Tore. 45 A-Länderspiele. Heimste mit dem FCB ganze 7 Titel ein. Kam von Vejle BK nach Deutschland.

Niels Tune Hansen, geb.19.3.1953. FC St. Pauli. Saison 1977/78, 33 Spiele, 1 Tor. Nationalelfeinsätze. Kam aus Holbaek.

Jan Heintze, geb. 17.8. 1963. Profi in Uerdingen und Leverkusen, dän. Nationalspieler, 114 Spiele, 7 Tore. War im Jahre 1999 mit 38 Lenzen noch Kapitän der Nationalelf! Kastrup BK (eine eigene Gemeinde bei Kopenhagen) sein Heimatclub.

Thomas Helveg, geb. 24.6.1971. Kam 2005 für zwei Jahre nach Mönchengladbach, im allerdings gesetzten Fußballalter. Er spielte zuvor u.a. 7 Jahre in Mailand, darunter 6 für den AC.

Pierre-Emil Hojbjerg, geb. 5.8.1995 in Kopenhagen. Ging aus der Jugend des FC Kopenhagen zum Kontrahenten Bröndby IF, aus deren Jugend ihn schließlich der FC Bayern München 2012 in seine 2. Mannschaft lotste. Machte dann 56 Bundesligaspiele für Bayern, Augsburg und Schalke 04. Momentan kickt der A-Nationalspieler beim FC Southampton.

Lars Jacobsen, geb. 20.9.1979. Hamburger SV und 1. FC Nürnberg. Kam von Odense BK. Angeblich „ablösefrei". Rechtsverteidiger.

Bent Jensen, geb. 6.6.1947. Eintracht Braunschweig, 1973/74, 18 Spiele, 2 Tore

Daniel Jensen, geb. 25.6.1979. Kam 2004 von Real Murcia zu Werder Bremen (Ablöse, ca. 1 Mio. Euro). Defensives Mitelfeld. Sofort Stammkraft. Spielerisch starker „6er".

Henning Jensen, geb. 17.8.1949, verstarb am 4.1.2017. Mönchengladbach von 1972 bis 1976, 125 Spiele, 44 Tore (dän. Nationalspieler). Später Weltstar bei Real Madrid. Brachte wie auch Allan Simonsen dem Verein lebensnotwendiges Kapital durch seinen Transfer zu den "Königlichen". Kam einst von Nörresundby, einem Ort bei Aalborg aus der 4. Liga nach MG.

Henrik Ravn-Jensen, geb. 21.9.1965. Fortuna Düsseldorf, 1986/87, 19 Spiele, 7 Tore. Spielte dann noch in der zweiten Liga für die Fortuna in 1987/88.

Jann Jensen, geb. 22.2. 1969. 1. FC Köln, VfL Wolfsburg, von 1988 bis 1993, 42 Spiele für Köln, ab 1993 bis 1997 VfL. Kam von Odense BK, für die er dann seine Karriere auch zu Ende spielte.

John "Faxe" Jensen, geb. 3.5.1965. HSV, 1988 bis 90, 47 Spiele (dän. Nationalspieler). Kam von Bröndby. Dort „wuchs" er quasi auf. „Faxe" errang fast alles was es zu erringen gibt. Acht dänische Meisterschaften mit Bröndby, eine als Trainer der „Handwerker-Metzger" Truppe Herfölge BK, englischer FA Cup Sieger mit Arsenal, Europacupsieger, Europameister, dänischer Pokalsieger.

Kasper Jensen, geb. 7.10.1982. Kam im Februar 2005 von Sönderjys KE als Reservetorhüter zu Werder Bremen. Spielte dann in der 2. Mannschaft und war nur die etatmäßige Nummer 4(!) des Profikaders. Später noch mit bescheidenem Erfolg in der 2. Bundesliga.

Niclas Jensen, geb. 17.8.1974. Kam 2003 von Manchester City. Spielte 43/2 für Dortmund (2003 bis 2005) ehe er, durchaus nicht als Reservespieler, für 700.000 Euro nach Fuhlham verkauft wurde. 62 A-Länderspiele.

Peter Skov-Jensen, geb. 19.6.1971. VfL Bochum. Ihn vermittelten wir im Januar 2005 vom FC Midtjylland zum VfL Bochum. Die Ablösesumme betrug nur 235.000 Euro. Skov Jensen machte 4 A-Länderspiele, und nach einem überragenden Einsatz gegen die Türkei (1:1) meldete ich ihn in Bochum. Trainer Neururer setzte jedoch auf Christian Vander und erst in den letzten beiden Saisonspielen, nachdem der Abstieg bereits feststand, zeigte Skov-Jensen, dass er wohl die bessere Wahl gewesen wäre. Hielt auch in der 2. Bundesliga sehr oft zu null, mit supertollen Reflexen, hatte aber im nächsten Bundesligajahr doch einige starke Leistungsdellen.

Viggo Jensen, geb. 1947. Bayern München, 1973/74, 5 Spiele. Trainierte viele Jahre Esbjerg fB die er nach dem Abstieg aus der Superliga zurück führte und etablierte. Trainierte auch die dänische U-23. Trainer des Jahres in Dänemark 1988. Kam damals von B 1909 zu den Bayern. Linksfuß.

Allan K. Jepsen, geb. 4.7.1977. Schaffte leider beim HSV 1997/98 nicht den endgültigen Durchbruch, sehr schneller Linksverteidiger mit gutem Spielverständnis.

Leon Jessen, geb. 11.6.1986. Ging 2010 vom FC Midtjylland zum 1. FC Kaiserslautern.

Bo Elvar Jörgensen, geb. 20.2.1963. SV Waldhof Mannheim, 1986-1988, nur 9 Spiele. Kam von Bronshoj BK.

Nicolai Jörgensen, geb. 15.1.1991.ging 2010 von AB Gladsaxe zu Bayer Leverkusen. Dort zu wenig Geduld, hat er heute allen gezeigt, was er ist, ein gestandener Stammspieler der dänischen Nationalelf. Pfeilschnell, guter Fußballer.

Thomas Kahlenberg, geb. 20.3.1983. kam 2009 von Auxerre zum VfL Wolfsburg. Bröndby IF Spieler, gebürtig in Hvidovre. 2005 verließ er Bröndby in Richtung Frankreich.

Simon Kjaer, geb. 26.3.1989. Spielte beim VfL Wolfsburg. Einer der stärksten Innverteidiger in Europa. Natürlich A-Nationalspieler.

Jörgen Kristensen, geb. 12.12.1946. Hertha BSC, 1976 bis 1978, 45 Spiele, 8 Tore. Kam aus Rotterdam (Feyenord), Heimatclub Köge BK. Ein Publikumsliebling. Nationalspieler. Ein Mann der gekonnten, riskanten Dribblings. Linksfuß.

Jan Kristiansen, geb. 4.8.1981. Kam im Januar 2006 für 250.000 Euro durch unser Wirken von Esbjerg fB zum 1. FC Nürnberg, und war der erste Däne im Club Trikot! Er schoss den „Club" zum DFB-Pokalsieg per

Traumtor, der einzige Titel in den letzten 60 Jahren am Valznerweher. Spielte auf etlichen Positionen.

William Kvist, geb. 24.2.1985. Im Jahre 2011 ging es vom FCK zum VfB Stuttgart, defensiver Mittelfeldspier. Bis 2014 absolvierte er 68 Spiele für die Schwaben.

Morten Bruun Larsen, geb. 10.9.1998 in Lyngby! Nun Borussia Dortmund. Bis Mitte April 2019 machte er 26 Spiele mit 2 Toren.

Sören Larsen, geb. 6.9.1981. Spielte bei Schalke 04. Als Bröndby-Coach Michael Laudrup ihn nicht mehr im Kader wollte, bekamen wir die Möglichkeit, ihn für 100.000 Euro anzubieten. Der S04 bezahlte dann aber später 2,3 Mio, um ihn aus Schweden loszueisen... Machte 51 Bundesligaspiele mit 10 Toren und beim MSV Duisburg noch 10 Spiele mit 5 Toren.

Brian Laudrup, geb. 22.2.1969. Bayer Uerdingen, Bayern München 1989 bis 1992, 87 Spiele, 17 Tore, (dän. Nationalspieler) Weltstar. Kam von Bröndby. Für Bayerns Vize Rummenigge spielte er bei der EM 92 wohl zu gut, sodass er anschließend nach Florenz (für 11 Mio DM) verkauft wurde. Was würde er heutzutage kosten?

Ulrik le Fevre, geb. 25.6.1946. Mönchengladbach von 1969 bis 1972. 90 Spiele, 21 Tore (dän. Nationalspieler). Erzielte das „Tor des Monats" im Oktober 1971 in der ARD Sportschau.

Sören Lerby, geb. 1.2.1958. Bayern München von 1983 bis 1986, 89 Spiele, 22 Tore. Dänischer Nationalspieler (WM und EM erprobt). Kam vom PSV Eindhoven, typisch für die Bayern, die Dänen fast immer erst über Umwege verpflichteten. 1,8 Mio DM hatte er dann gekostet.

Peter Lövenkrands, geb. 29.1.1980. Schalke 04. Ging seinerzeit von AB nach Glasgow und kickte von 2006 bis 2008 bei den Köngsblauen (44 Spiele, 6 Tore). Linker Außenstürmer.

Flemming Lund, geb. 6.10.1952. RW Essen, Düsseldorf. Von 1976 bis 1979. 96 Spiele, 7 Tore. Auch mit Nationalelfinsätzen. Außenstürmer. Kam aus Antwerpen, Heimatclub B 1903.

Lars Lunde, geb. 21.3.1964. 1986 bis 1988 Bayern München, 30 Spiele, 3 Tore. Auch dieser Ex-Bröndbyer musste erst über „Bern gehen". Ihm wurde nach einem Autounfall von Uli Hoeneß lobenswert wieder auf die Beine geholfen. Vorher B 1909 Odense und Nyborg GIF.

Kim Madsen, geb. 13.2.1978. Kam 2002 vom FC Kopenhagen zum VfL Wolfsburg. Sofort Stammspieler in der Innenverteidigung.

Michael Madsen, geb. 24.1.1974. Wechselte 1998 von AB nach Bari, wo er in drei Spielzeiten nicht oft zum Einsatz kam, ganz ähnlich in Wolfsburg. Von 2001 bis 2003 spielte er nur 3 Mal in der Bundesliga. Bei Drucklegung Coach von AB Gladsaxe. Die Fußballplätze der Welt kennt er vorwiegend von den Ersatzbänken aus.

Peter Madsen, geb. 26.4.1978. Bröndby IF lieh ihn mit Kaufoption in der Winterpause 02/03 an den VfL Wolfsburg. Danach Verkauf nach Bochum, wo er seine stärkste Phase hatte. In Köln dann gescheitert.

Allan Michaelsen, geb. 2.11.1947. 1972/73 Braunschweig. 22 Spiele. Vater des späteren Nationalspielers Allan, der lange in Athen bei Panathinaikos spielte.

Johnny Mölby, geb. 4.2.1969. Mönchengladbach. Nur 16 Spiele von 1992 bis 1994 Kolding BK, FC Nantes und Vejle BK waren seine vorigen Clubs. Zahlreiche A-Länderspiele.

Alex Nielsen, geb. 30.9.1967. 1987/88, 7 Spiele für Schalke 04. Spielte anschließend bei AB. Enorme Technik im linken Fuß.

Allan Nielsen, geb. 13.3.1971. Bayern München 1990/91. 1 Spiel. Allan war dänischer Nationalspieler, spielte jahrelang in Tottenham, WM, 2 Mal bei EM. Spielte ganze 6 (!) Bundesliga-Minuten beim 7:3 gegen Hertha BSC und kam dereinst von Esbjerg Fb.

Carsten Nielsen, geb. 12.8.1955. Mönchengladbach, von 1976 bis 1981, 109 Spiele, 23 Tore. Kam von 1903 Kopenhagen. Schneller, kopfballstarker Torjäger.

David Nielsen, geb. 1.12.1976. Kickte für seine Saison (1996/97) für Fortuna Düsseldorf. 13 Spiele, 1 Tor.

Jan Hoiland Nielsen, geb. 15.1.1952. Kickte bei 1860 München in der Saison 1977/78 (ja liebe Kinder, dieser Club war dereinst erstklassig), 28 Spiele, 1 Tor. Kam von B93 Kopenhagen. Galt als fleißiger, versierter Allround-Spieler und sah ein wenig aus, wie ein dänischer Paul Breitner.

Peter Nielsen, geb. 3.6.1968. Borussia Mönchengladbach. Kam einst vom 1992'er Meister Lyngby zu den Fohlen. Spielte in MG von 1992 bis 1997 und kehrte, nachdem er wieder vom FCK gekauft wurde, noch einmal an den Bökelberg zurück. 126 Spiele, 4 Tore (laut dem „Bundesliga Lexikon"). Auf Wikipedia stehen 189 Spiele mit 8 Toren.

Ole Möller-Nielsen, geb. 26.11.1965. VfL Bochum, 1986. Nur 2 Spiele. Hermann Gerlands Entdeckung („Mit der 40 kg Hantel wurde es schon schwer für ihn.")

Morten Olsen, geb. 14.8.1949. Von 1986 bis 1989 beim 1.FC Köln. 80 Spiele, 2 Tore, auch Trainer bei Ajax Amstersam, dän. Nationalspieler und Chefcoach DBU. Erhielt mit 36 Jahren Profivertrag beim FC! Kam vom RSC Anderlecht. Vordingborg BK und B 01 Nyköbing waren seine Ausbildungsstätten. Auch als Cheftrainer war er in Diensten des 1. FC Köln, vom 29.4.1993 bis zum 27.8.1995. Das sieht nach einer recht gelungenen Amtszeit aus, doch der Spitzen-Fußballchronist Hardy Grüne hatte im 2000er Buch „Geheuert, Gefeiert, Gefeuert" schon ein sehr kritisches Fazit gezogen. „Olsen hatte immer wieder mit taktischen Fehlleistungen aufgewartet und selbst gegen die biederen Amateure aus Beckum (der FC scheiterte bei einem Viertligisten) derartig durchsichtig spielen lassen, daß das Beckumer Tor nie ernsthaft in Gefahr geraten war."

Per Pedersen, geb. 30.3.1969. 1997/98 in Mönchengladbach (14 Spiele, 1 Tor). Leider schwer verletzt.

Sladan Pedric, geb. 15.4.1982. Kam vom FC Kopenhagen (92'er Fusion B 1903/KB) zu Schalke 04. Nach seiner schnellen Rückkehr Spieler in der 2. Dänischen Liga …

Andreas Poulsen, geb. 13.10.1999. Der Ikaster wurde natürlich Profi beim FC Midtjylland, 2018 ging er zu Borussia Mönchengladbach, noch ohne BL Einsatz.

Christian Bager Poulsen, geb. 28.2.1980. Schalke 04. Ab 2002 Nationalspieler. Sofort eine Säule im defensiven Mittelfeld bei den Königsblauen. Kam vom FC Kopenhagen (davor Drittliga-Spieler in Dänemark)! Am 8.3.2001 spielte er erstmalig in der dänischen Superliga. Gleich dänischer Meister, WM Spieler, Auslandsvertrag. Ablösesumme 15 Millionen DM, plus "Nebengeräusche" 111 Bundesligaspiele (3 Tore) von 2002 bis 2006. Danach u.a. beim FC Sewvilla und Juventus Turin, eine Weltkarriere, wohlgemerkt gestartet als Profi in der 3. Dänischen Liga.

Kaj Poulsen, geb. 31.12.1942. Hannover 96 Von 1966 bis 1968. 52 Spiele, 4 Tore.

Niels Poulsen, geb. 3.10.1955. 1860 München. 1979/80 5 Spiele.

Yussuf Poulsen, geb. 15.6.1994. RB Leipzig, kam von Lyngby BK, Nationalspieler. Pfeilschneller Konterstürmer. WM Torschütze.

Flemming Povlsen, geb. 3.12.1966. 1. FC Köln, BVB von 1987 bis 1993, 157 Spiele, 38 Tore, dän. Nationalspieler, Europameister.

David Rasmussen, geb. 1.12.1976. Der schnelle rechte Flügelspieler kam 2004 vom FC Nordsjaelland zu Hansa Rostock. Spielte dort aber nur eine Saison.

Morten „Duncan" Rasmussen, geb. 31.1.1985. Kam 2010 von Celtic Glasgow zu Mainz 05 und schoss zwei Tore in nur 5 Partien.

Ole Rasmussen, geb. 19.3.1952. Hertha BSC in den Jahren von 1975 bis 1980 und 1982 bis 1984. 109 Spiele, 4 Tore. Kam von Naestved IF, ebenfalls Nationalspieler. Lebt und arbeitet bis zur verdienten Rente als „Bauer" in Nastved. Das ist Bodenständigkeit in Reinkultur, mein Respekt.

Peter Rasmussen, geb. 16.5.1967. VfB Stuttgart, 1989 bis 1991. 16 Spiele, 1 Tor. Kam von Aalborg BK.

Thomas Rasmussen (heute wieder „Schultz"), geb. 16.4.1977. Kam 2003 von Farum BK zu Hansa Rostock, wo er zwei Spielzeiten absolvierte. Starker linker Flügelspieler mit tollem Schuss.

Henrik Risom, geb. 24.7.1968. Dynamo Dresden von 1993 bis 1995. Er kam leider nur auf 15 Partien.

Frederik Rönnow, geb. 4.8.1992. Ging 2018 für nicht wenig Geld von Bröndby IF zu Eintracht Frankfurt. Kurz darauf wurde jedoch gleich ein ehemaliger Eintracht Torwart verpflichtet…

Per Röntved, geb. 27.1.1949. Werder Bremen von 1972 bis 1979. 194 Spiele, 40 Tore. Nationalspieler. Kam von Bronshoj Kopenhagen. 75 A-Länderspiele als Werder Spieler. Verteidiger oder Libero.

Thomas Rytter, geb. 6.1.1974. Von 2001 bis 2005 VfL Wolfsburg. Sofort Stammspieler. (87 Spiele, 1 Tor). Kam für 1,6 Millionen DM vom FC Kopenhagen.

Ebbe Sand, geb. 19.7.1972. Schalke 04, dänischer Nationalspieler. Kam von Bröndby IF, Heimatclub Hadsund BK in Jütland. Mit 22 Toren Bundesliga-Topscorer 2000/2001! Hält in Dänemark tatsächlich noch immer den Torschützenrekord (1998 traf er 28 Mal ins Schwarze). Erzielte in 214 Bundesligapartien 73 Tore (dazu kommen noch 13 Tore im EC Cup und 18 im DFB Pokal). Heute Sportdirektor bei Bröndby.

Michael Schjönberg, geb. 19.1.1967. 1. FC Kaiserslautern, von 1996 bis 1991 Spiele, 12 Tore. Dänischer Nationalspieler (44 A-Länderspiele.) Groß geworden in Esbjerg (1,91 m). Über Hannover 96 (Pokalsieger 1992 gegen M'Gladbach, verwandelte den entscheidenden Elfmeter), ging er zu Odense BK.

Kjell Seneca, geb. 16.12.1950. Bayern München, 1975, 6 Spiele. Spielte zuvor drei Jahre bei Sturm Graz, zu denen er auch nach seiner Münchener Zeit zurückwechselte.

Allan Simonsen, geb. 15.12.1952. Borussia Mönchengladbach von 1972 bis 1979, 178 Spiele, 76 Tore. Dänischer Nationalspieler. Ging anschließend zum FC Barcelona. Kam einst von Vejle BK. Europas Fußballer des Jahres 1977.

Sören Skov, geb. 21.2.1954. 1977/78 im Kader von St. Pauli, spielte später bei Hertha BSC in der 2. Liga eine recht gute Rolle. Kam aus Odense. (Er gehört somit ohne Bundesliga-Einsatz eigentlich nicht wirklich in dieses Lexikon.)

Morten Skoubo, geb. 30.6.1980. Borussia Mönchengladbach ab August 2002. Hintergrund-Story im Buch.

Ole Sörensen, geb. 25.11.1937. 1.FC Köln, 1965/66, 13 Spiele, 1 Tor. Kam von KB Kopenhagen. Leider nicht mehr unter uns weilend.

Jens Steffensen, geb. 4.8.1950. Kickte in Uerdingen und Bielefeld von 1979 bis 1982, 49 Bundesliga Spiele.

Marc Strudal, geb. 29.4.1968. 1988/89, Borussia Dortmund, 12 Spiele, 1 Tor, dän. Nationalspieler. Kam von Bröndby IF. Eigentlich ein schneller Außenstürmer.

Sebastian Svärd, geb. 15.1.1983. Stieß 2006 zur 2. Mannschaft von Mönchengladbach und machte dann in der Bundesliga von 2006 bis 2008 immerhin doch noch 26 Spiele.

Bo Svensson, geb. 4.8.1979. Kam 2006 vom FCK nach MG (eine Spielzeit) und ging nach deren Abstieg zu Mainz 05, wo er von 2007 bis 2014 zumeist Stammspieler in der einen Innenverteidigerposition war. 109 Spiele, 1 Tor.

Claus Thomsen, geb. 31.5.1970. VfL Wolfsburg, von 1999 bis 2002, dänischer Nationalspieler (20 Länderspiele), 54 BL Spiele, 3 Tore. Thomasen kam im Laufe der Saison 1998/99 von AB Gladsaxe.

Mikkel Thygesen, geb. 22.10.1984. Mittelfeldmotor, kam 2007 vom FC Midtjylland zu Borussia Mönchengladbach, machte aber dann nur 5 Spiele.

Poul Erik-Thygesen, geb. 17.7.1950. Werder Bremen, von 1973 bis 1975. 20 Spiele, 4 Tore.

Stig Töfting, geb. 14.8.1969. Duisburg, HSV, seine Wechselgeschichte von Aaarhus GF zum HSV begann schon 1993 und stellte sich als wildes Hin und Her dar, ehe Stig zu einem großartigen Mittelfeldboss avancierte. 125 Bundesligaspiele, 6 Tore.

Jon Dahl Tomasson, geb. 29.8.1976. Kam 2005 ablösefrei vom AC Mailand zum VfB Stuttgart. Bis 2007 machte er 30 Spiele und erzielte 8 Tore.

Jonas Troest, geb. 4.3.1985. Im Januar 2006 für 500.000 Euro von Silkeborg IF zu Hannover 96. Rechts in der Viererkette war seine Spielposition. Nur 8 Spiele mache er dann „an der Leine".

Steen Tychosen, geb. 22.9.1958. Mönchengladbach 1978 bis 1981. 27 Spiele, 2 Tore.

Jannik Vestergaard, geb. 3.8.1992. Kam als 18-Jähriger von Bröndbys Nachwuchsteam zur TSG Hoffenheim. Mit 1,99 Meter ist der Innenverteidiger zunächst einmal zweifelsfrei der größte Däne in der Deutschen Bundesliga. Ging dann später zu Werder Bremen und Mönchengladbach, wo er überall Stammspieler war. Von 2011 bis 2018 absolvierte er 185 Spiele, mit satten 14 Toren dazu.

Niki Zimling, geb. 19.4.1985. Kam 2013 vom FC Brügge zu Mainz 05, wo er mehrere Jahre kickte.

STATISTIK

Die dänischen Meister von 1913 bis 2018!

2018	FC Midtjylland	1982	Odense BK	1945	AB
2017	FC København	1981	Hvidovre IF	1944	BK Frem
2016	FC København	1980	KB	1943	AB
2015	FC Midtjylland	1979	Esbjerg fB	1942	B 93
2014	Aalborg BK	1978	Vejle BK	1941	BK Frem
2013	FC København	1977	Odense BK	1940	KB
2012	FC Nordsjælland	1976	B 1903	1939	B 93
2011	FC København	1975	Køge BK	1938	B 1903
2010	FC København	1974	KB	1937	AB
2009	FC København	1973	Hvidovre IF	1936	BK Frem
2008	Aalborg BK	1972	Vejle BK	1935	B 93
2007	FC København	1971	Vejle BK	1934	B 93
2006	FC København	1970	B 1903	1933	BK Frem
2005	Brøndby IF	1969	B 1903	1932	KB
2004	FC København	1968	KB	1931	BK Frem
2003	FC København	1967	AB[1]	1930	B 93
2002	Brøndby IF	1966	Hvidovre IF	1929	B 93
2001	FC København	1965	Esbjerg fB	1928	B 93/BK Frem/B 1903[2]
2000	Herfølge BK	1964	B 1909	1927	B 93
1999	Aalborg BK	1963	Esbjerg fB	1926	B 1903
1998	Brøndby IF	1962	Esbjerg fB	1925	KB
1997	Brøndby IF	1961	Esbjerg fB	1924	B 1903
1996	Brøndby IF	1960	Aarhus GF	1923	BK Frem
1995	Aalborg BK	1959	B 1909	1922	KB
1994	Silkeborg IF	1958	Vejle BK	1921	AB
1993	FC København	1957	Aarhus GF	1920	B 1903
1992	Lyngby BK	1956	Aarhus GF	1919	AB
1991	Brøndby IF	1955	Aarhus GF	1918	KB
1990	Brøndby IF	1954	Køge BK	1917	KB
1989	Odense BK	1953	KB	1916	B 93
1988	Brøndby IF	1952	AB	1914	KB
1987	Brøndby IF	1951	AB	1913	KB
1986	Aarhus GF	1950	KB		
1985	Brøndby IF	1949	KB		
1984	Vejle BK	1948	KB		
1983	Lyngby BK	1947	AB		
1981	Hvidovre IF	1946	B 93		

---

[1] Akademisk Boldklub
[2] Meisterschaft wurde annulliert!

Dänische Pokalsieger

Alle Endspiele fanden im Idraetsparken Kopenhagen, später Parken, heute (seit 2015) Telia Parken statt. Nur zu dessen Umbau 1991 (in Odense) und 1992 (in Aarhus) gab es Ausnahmen. Ausgerechnet beim Zuschauerrekord (2004) war ich im Stadion. Es war das Endspiel 2004 zwischen dem FC Kopenhagen und Aalborg BK (1:0). Man beachte auch die Zuschauerzahlen in anderer Hinsicht. Zur Einführung des Profifußballs 1978…

Jahr	Sieger	Ergebnis	Verlierer	Zuschauer
1955	Aarhus GF	4:0	Aalborg Chang IK	10.300
1956	BK Frem Kopenhagen	1:0	AB Gladsaxe	23.000
1957	Aarhus GF	2:0	Esbjerg fB	25.000
1958	Vejle BK	3:2	Kjøbenhavns Boldklub	28.600
1959	Vejle BK	1:1 n.V./ 1:0	Aarhus GF	33.000/ 17.700
1960	Aarhus GF	2:0	Frem Sakskøbing BK	17.500
1961	Aarhus GF	2:0	Kjøbenhavns Boldklub	33.500
1962	Boldklubben 1909	1:0	Esbjerg fB	18.000
1963	Boldklubben 1913	2:1	Køge BK	10.900
1964	Esbjerg fB	2:1	Odense KFUM	24.500
1965	Aarhus GF	1:0	Kjøbenhavns Boldklub	18.600
1966	Aalborg BK	3:1 n.V.	Kjøbenhavns Boldklub	18.600
1967	Randers SK Freja	1:0	Aalborg BK	13.700
1968	Randers SK Freja	3:1	Vejle BK	15.200
1969	Kjøbenhavns Boldklub	3:0	BK Frem Kopenhagen	18.500
1970	Aalborg BK	2:1	Lyngby BK	18.200
1971	Boldklubben 1909	1:0	BK Frem Kopenhagen	23.700
1972	Vejle BK	2:0	Fremad Amager	20.200
1973	Randers SK Freja	2:0	B 1901 Nykøbing	21.800
1974	Vanløse IF	5:2	Odense BK	20.000
1975	Vejle BK	1:0	Holbæk B&I	26.300
1976	Esbjerg fB	2:1	Holbæk B&I	23.500
1977	Vejle BK	2:1	Boldklubben 1909	13.100
1978	BK Frem Kopenhagen	1:1 n.V./ 1:1 n.V./ 1:1 n.V., 5:4 i.E.	Esbjerg fB	12.700/ 1.800/ 2.300 !!!
1979	B 1903 Kopenhagen	1:0	Køge BK	9.800
1980	Hvidovre IF	5:3	Lyngby BK	23.500
1981	Vejle BK	2:1	BK Frem Kopenhagen	17.500
1982	B.93 Kopenhagen	2:2 n.V./ 1:0	B 1903 Kopenhagen	7.600/ 5.300
1983	Odense BK	3:0	B 1901 Nykøbing	7.700
1984	Lyngby BK	2:1	Kjøbenhavns Boldklub	25.800
1985	Lyngby BK	2:1	Esbjerg fB	9.200
1986	B 1903 Kopenhagen	2:1	Ikast FS	5.600

1987	Aarhus GF	2:1 n.v.	Aalborg BK	6.300	
1988	Aarhus GF	6:3 n.v.	Brøndby IF	20.000	
1989	Brøndby IF	2:1	Ikast FS	11.600	
1990	Lyngby BK	0:0 n.v./ 6:1	Aarhus GF	8.600/ 2.000	
1991	Odense BK	0:0 n.v./ 0:0 n.v., 4:3 i.E.	Aalborg BK	13.211/ 4.555	
1992	Aarhus GF	3:0	B 1903 Kopenhagen	20.000	
1993	Odense BK	2:0	Aalborg BK	8.332	
1994	Brøndby IF	0:0 n.v., 3:1 i.E.	Næstved BK	26.300	
1995	FC Kopenhagen	5:0	AB Gladsaxe	20.364	
1996	Aarhus GF	2:0	Brøndby IF	36.103	
1997	FC Kopenhagen	2:0	Ikast FS	17.368	
1998	Brøndby IF	4:1v	FC Kopenhagen	41.044	
1999	AB Gladsaxe	2:1	Aalborg BK	25.113	
2000	Viborg FF	1:0	Aalborg BK	18.098	
2001	Silkeborg IF	4:1	AB Gladsaxe	14.743	
2002	Odense BK	2:1	FC Kopenhagen	28.481	
2003	Brøndby IF	3:0	FC Midtjylland	32.660	
2004	FC Kopenhagen	1:0	Aalborg BK	38.095	
2005	Brøndby IF	3:2 n.v.	FC Midtjylland	35.716	
2006	Randers FC	1:0 n.v.	Esbjerg fB	23.825	
2007	Odense BK	2:1	FC Kopenhagen	30.013	
2008	Brøndby IF	3:2	Esbjerg fB	31.325	
2009	FC Kopenhagen	1:0	Aalborg BK	29.249	
2010	FC Nordsjælland	2:0 n.v.	FC Midtjylland	18.856	
2011	FC Nordsjælland	3:2	FC Midtjylland	14.646	
2012	FC Kopenhagen	1:0	AC Horsens	21.963	
2013	Esbjerg fB	1:0	Randers FC	26.194	
2014	Aalborg BK	4:2	FC Kopenhagen	27.824	
2015	FC Kopenhagen	3:2 n.v.	FC Vestsjælland	24.095	
2016	FC Kopenhagen	2:1	Aarhus GF	35.828	
2017	FC Kopenhagen	3:1	Brøndby IF	32.140	
2018	Brøndby IF	3:1	Silkeborg IF	31.027	
2019	FC Midtjylland	5:4 i.E.	Bröndby IF	31.430	

Rangliste der Sieger und Finalisten

Verein	Siege	Jahr(e)	FT
Aarhus GF	9	1955, 1957, 1960, 1961, 1965, 1987, 1988, 1992, 1996	12
FC Kopenhagen	8	1995, 1997, 2004, 2009, 2012, 2015, 2016, 2017	12
Brøndby IF	7	1989, 1994, 1998, 2003, 2005, 2008, 2018	11
Vejle BK	6	1958, 1959, 1972, 1975, 1977, 1981	7
Odense BK	5	1983, 1991, 1993, 2002, 2007	6
Aalborg BK	3	1966, 1970, 2014	11

Die wichtigsten Spielertransfers des dänischen Fußballs von 1913 bis 2018!

„Warum ich dänische Spieler kaufe? So kann ich sicher sein, wirkliche Qualität zu bekommen." (Zitat von Udo Lattek in den 1970er Jahren)

Zur Erläuterung: In dieser Statistik sind nur Spieler erfasst, welche die dänische Staatsbürgerschaft haben oder hatten, bzw. in Dänemark geboren sind. Selbstredend kommt oder kam es ab und an vor, dass ein Spieler nach einem Auslandsaufenthalt zurückkam, und dann abermals ins Ausland ging. Dieser ist dann eben doppelt oder mehrfach gelistet. Wechselte jedoch z.B. ein Spieler ihn die deutsche Fußball Bundesliga (wie Lars Lunde oder zuvor Sören Lerby), die vorher bereits im Ausland kickten, sind solche Transfers natürlich nicht extra aufgeführt. Es geht also, verkürzt dargestellt, um Dänen, die egal wann und wie oft von Dänemark aus einen Vertrag unterzeichnet haben. Für die ersten Jahrzehnte ist die Aufstellung noch nahezu vollständig, danach entschied ich nach Wichtigkeit des Transfers. Eine derartige Statistik wurde zuletzt im Übrigen 1986 in einem dänischen Buch gelistet. Wirklich gespannt bin ich auf die Reaktionen meines Lesepublikums. Ich befürchte die einen werden sagen: „Muss das sein?", während sich die anderen, vor allem Statistik Freaks, schier glückselig in dieser Auflistung wälzen werden. Ich schreibe es eben für „die anderen".

JAHR	SPIELER	DÄNISCHER VEREIN	AUFN. VEREIN
1913	Nils Middelboe	KB Kopenhagen	Chelsea London[3]
	Sophus Nielsen	Frem Kopenhagen	Holstein Kiel
1921	Carl „Skomager" Hansen	B1903 Kopenhagen	Glasgow Rangers
1927	Kaj Andrup	AB Kopenhagen	Stade Francais
	Magnus Simonsen	B 93 Kopenhagen	Stade Francais
1928	Borge Mörch	Frem/ B 93	Stade Francais
1947	Arne Sörensen	B 93	Stade Francais
	Börge Mathiesen	B 1903	Stade Francais
	Kaj Hansen	B 93/ Frem	Stade Francais
	Kaj Christiansen	KFUM/ Frem	Stade Francais
1948	John Hansen	Frem	Juventus FC
	Helge Christian Broneé	Österbro BK	Nancy
	Erling Sörensen	Frem	Modena
	Viggo Jensen	Esbjerg fB	Hull City
1949	Johannes Plöger	Frem	Juventus FC
	Carl Aage Praest	Österbro BK	Juventus FC
	Ivan Jensen	KFUM/ AB	Bologna FC
	Karl Aage Hansen	KFUM/ AB	Atalanta
	Jörgen L. Sörensen	B 93	Atalanta
	Svend Jörgen Hansen	Odense BK	Lazio Rom
1950	Axel Pilmark	KB Kopenhagen	Bologna FC
	Niels Benike	KB	Spal Ferrara
	Kaj Frandsen	Fremad Amager	UC Sampdoria Genua
	Hans Colberg	Hasle/ Frem	Lucchese
	Leif Petersen	Fremad Amager	Livorno
	Erik Kuld Jensen	Aarhus GF	Olympique Lille
1951	Dion Örnvold	KB	Spal Ferrara
1952	Poul „Rassi" Rasmussen	Skovshoved	Atalanta
1953	Svend Nielsen	B 93 Kopenhagen	Roubaix
	Per Jensen	KB	Triestina
1954	Kurt Nielsen	Skovshoved	Olympique Marseille
1956	Alfred Hansen	Rödovre/ KB	IFK Sundvall (SE)
	Poul Andersen	B 93	Grenchen (CH)
	Jens Carl Christensen	AB	Le Chaux de Fonds
	Per Knudsen	AGF	The Danes Los Angeles
1957	John Kramer	Köge/ B 1901	IFK Sundvall
1958	Ove Hansen	Esbjerg fB	IFK Sundvall
1960	Leif Poulsen	B 93	FC Lugano
	Tommy Andersen	B 93	FC Baden
	Ivan Lövenskjold	B 93	FC Baden
	Anders Yrfeld	B 93	FC Lugano/ Toronto

[3] als Amateur!

JAHR	SPIELER	DÄNISCHER VEREIN	AUFN. VEREIN
1961	Harald Nielsen	Frederikshavn	Bologna FC
	Flemming Nielsen	B 93/AB	Atalanta
	Kurt Christensen	KB	Udinese/ FC Aberdeen
	Kurt Christensen	Odense BK	Atalanta
	Leif Mortensen	KB	Udinese/ FC Aberdeen
	Jörn Sörensen	Nibe/ KB	FC Metz
	Jörgen Petersen	B 1903	Young Fellows
	Knud Petersen	B 1901/ Frem	Young Fellows
1962	Bent Löfgvist	B 1903	FC Metz
1964	Erik Lykke Sörensen	B 1913 Odense	Morton Greenock (Schottland)[4]
	Kaj Johansen	Odense BK	Morton Greenock
	Carl Bertelsen	Haderslev/Esbjerg fB	Morton Greeenock
	Finn Dössing	Aalborg BK	Dundee United
	Mogens Berg	B 1909	Dundee United
1965	Jörge Ravn	KB Kopenhagen	Aberdeen FC
	Leif Mortensen	KB/Udinese/KB	Aberdeen FC
	Jens Petersen	Esbjerg fB	Aberdeen FC
	Svend Aage Nielsen	Vanlöse	Ifö Bromölla
	Gösta Almbjerg	Vanlöse	Ifö Bromölla
	Ole Sörensen	KB	1.FC Köln
	John Danielsen	B 1909	SV Werder Bremen
	Ole Madsen	Stefan/ HIK	Sparta Rotterdam
	John Madsen	Esbjerg fB	Morton Greenock
	Preben Arentoft	Brönshöj Kopenhagen	Morton Greenock
	Ole Fritsen	Vejle BK	GVAV Groningen
1966	Bent Martin	Aarhus GF	Celtic Glasgow
	John Kramer	Köge/Schweden/ B 1901	Lidköpping
	Erik Nielsen	B 1901	VfB Lübeck
	Jörn Bjerregaard	AGF	Rapid Wien
	Kaj Poulsen	Nyk Mors/ Vejle	Hannover 96
	Ole Björnmose	Nr.Aaby/ B 1909	SV Werder Bremen
	Ole Andersen	B 93	FC Baden (CH)
	Börge Thorup	Brönshöj	Morton Greenock
1967	Per Bartram	OB	Morton Greenock
	Keld Petersen	Haslev/ Köge	GVAV Groningen
	Bent Schmidt Hansen	Horsens fS	PSV Eindhoven

---

[4] (Der Verein wurde 1874 als einer der ersten Fußballvereine in Schottland gegründet, spielte hier erstklasssig und heute, nach einem zwischenzeitlichen Abrutschen in die 4. Liga, in der 1. Division (2. Liga).

JAHR	SPIELER	DÄNISCHER VEREIN	AUFN. VEREIN
1967	Bjarne Jensen	Chang/ AGF	Morton Greenock
	Erik Bay Olsen	Odense/ KFUM	Dundee United
	Henrik Westergaard	B 1903	Detroit Cougars (US)
	Jörgen Kristensen	Hedehuserne/ Köge	Detroit Cougars
1968	John Petersen	Hvidovre	Boston Beacons
	John Steen Olsen	Hvidovre (in Kopenhagen)	Boston Beacons
	Jörgen Henriksen	Dalgas/ Hvidovre	Boston Beacons
	Henning Boel	Ikast	Boston Beacons
	Erik Dyreborg	Frem/ Naestved	Boston Beacons
	Tom Söndergaard	B 93	Rapid Wien
	Finn Laudrup	Vanlöse	Wiener SC
	Rene Möller	Randers Freja	Heart of Midlothian (Schottland)
	Leif Nielsen	Frem	Houston Stars (US)
	Kresten Bjerre	AB Kopenhagen	Houston Stars
	Vagn Hedeager	Esbjerg fB	Washington Whips
	Niels Hüttel	Vejle	Washington Whips
	Finn Willy Sörensen	Frem	Washington Whips
	Peter Christensen	B 1903	Washington Whips
	Kaj Hansen	Frem	Washington Whips
	John Worbye	Hvidovre	Washington Whips
	John Kyndböll	OB	Washington Whips
	Henry Larsen	Lendemark/ 1901/ 1913	Taldungen (SE)
	Johnny Hansen	Vejle	1.FC Nürnberg
	Leif Carlsen	Frem/ Hvidovre	FC Baden
1969	Keld Holm	Esbjerg fB	Gunnarstorp (NO)
	Herluf Bang	Silkeborg	Nybro
	Max Möller	Horsens/ Esbjerg	Nybro
	Flemming Mortensen	Kalundborg/ Frem	Heimer/ Lidköpping
	Allan "Lasse" Hebo Larsen	Hvidovre IF	Nybro IF (SE)
	UIlrik Le Fevre	Vejle BK	Borussia Mönchengladbach
	Henning Ole Jensen	Hvidovre IF	FC Metz (FR)
	Niels Christian Holmström	KB	Ado den Haag (NL)
	John Nielsen	Nakskov/ B 1901	Göztepe Izmir (TR)
	Bent Jensen	B 1913	Girondins Bordeaux
	Steen Römer Larsen	B 1903 Kopenhagen	FC Nantes
	Allan Michaelsen	ÖB/ B1903	FC Nantes
	Claus Petersen	Hvidovre IF	Nybro IF[5]

---

[5] Bereits der 8. Transfer von Hidovre nach ihrem Dänischen Meistertitel 1966, dennoch wurde der Kopenhagener Vorstadtclub 1973 abermals Meister.

JAHR	SPIELER	DÄNISCHER VEREIN	AUFN. VEREIN
	Finn Donnerborg	Naestved	Avesta (SE)
	Jörgen Jörgensen	Holbaek	IFK Sandviken
	Christian Andersen	B 1903	Union St. Gilloise (FR)
	Bjarne Lidballe	Aalborg/ Kolding	Ifö Bromölla
	Tom Jensen	Faxe	Perstorp (SE)
1970	Kaj Svendsen	Hvidovre	Karlskrona (SE)
	Knud Engedahl	B 1913 Odense	Västeraas (SE)
	Flemming Kjaersgaard	AB	Racing Mechelen (BE)
	Benny Nielsen	AB	Cercle Brügge
	Henning Munk Jensen	Aalborg	PSV Eindhoven (NL)
	Finn Wiberg	AB	Nancy (FR)
1971	Jan Andersen	B 1903	Freiburger FC (DE)
	Steen Engelbrecht	Slagelse/ Hvidovre	Ljungby (SE)
	Henning Hansen	Frem	FC Lugano (CH)
	Steen Knudsen	Hvidovre	Sölvesborg (SE)
	Peter Dahl	AB/ Hvidovre	Rot Weiß Essen
	Flemming Bovbjerg	B 1903	Karlskrona
	Benno Larsen	B 1903	GAIS Göteborg
	Eigil Nielsen	Hjörring/ KB	FC Winterthur (CH)
	Ove Flindt Bjerg	Aalborg	Wacker Innsbruck (AT)[6]
1972	John Nielsen	Nakskov/ Göztepe/ B 1901	Bremerhaven
	Morten Olsen	Vordingborg/ B 1901	Cercle Brügge
	Henning Jensen	Nörresundby	Borussia Mönchengladbach
	Kristen Nygaard	IHF	AZ 1967 Alkmaar (NL)
	Allan Simonsen	Vejle BK	Borussia Mönchengladbach
	Benno Larsen	GAIS/ Holbaek	FC St. Pauli
	Finn Nielsen	Viborg/ Hvidovre	Bremerhaven
	Gert Christensen	Horsens fS	Morton Greenock
	Keld Seneca	AGF	Sturm Graz (AT)
	Per Seirup	Hvidovre	Sölvesborg (SE)
	Flemming Lund	B 1903	Royal Antwerpen (BE)[7]
	Torben Nielsen	B 1903	Mainz 05
	Iver Schriver	Herning/ Vejle	Sturm Graz
	Birger Pedersen	Hvidovre	KV Mechelen (BE)

---

[6] spielte später noch beim Karlsruher SC
[7] ging später zu Fortuna Düsseldorf

JAHR	SPIELER	DÄNISCHER VEREIN	AUFN. VEREIN
	Peter Johansson	Slagelse	KV Mechelem
	Per Röntved	Brönshöj	SV Werder Bremen
1973	Tommy Hansen	Vejle	Germinal Beerschot Antwerpen, heute AC
	Benny Johansen	B 1903	Helsingborg IF (SE)
	Viggo Jensen	Esbjerg/ B 1909	FC Bayern München
	Jesper Petersen	Helsingör	FC Homburg
	Kurt Stendal	Hvidovre	Sturm Graz
	Torsten Andersen	AB	RSC Anderlecht (BE)
	Kurt Praest	KB	Helsingborg IF
	Birger Jensen	B 1903	Club Brügge
	John Frandsen	Glostrup 32/ Frem	NEC Nijimregen (NL)
1974	Benny Nielsen	Naestved	Beershot Antwerpen
	Jan Höjland	B 93	1860 München
	Sten Ziegler	Hvidovre	JC Roda (NL)
	Godtfred Frederiksen	B 1903	Berchem Sport (BE)
	Ole Nielsen	B 1903	Kortrijk (NL)
	Jan Petterson	Vanlöse	Bergen Mons (NO)
	Johnny Petersen	AB	FC St. Pauli
	Kenneth Skovdam	Humble	Morton Greenock
	Hans Aabech	Hvidovre IF	Club Brügge
	Aage Hansen	AB	KV Mechelem
	Heino Hansen	Kalundborg/ Slagelse	FC St. Pauli
	Poul Aabling	B 1903	GVAV Groningen
	N.C. Holmström	Harlem/ KB	Girondins Bordeaux
	Poul Erik Thygesen	B 1903	SV Werder Bremen
	Karsten Jensen	Aalborg BK	GVAV Groningen
	Bjarne Petersen	Ballerup/ KB	FC Amsterdam
	Börge Thorup	Morton/ Brönshöj	FC Clydebank (Schottland)
1975	Peter Kristensen	Fremad Amager	Emmaboda IS (SE)
	Claus Larsen	Hedehuse/ Köge	Sparta Rotterdam
	Ole Skouboe	Horsens/ Hvidovre	Helsingborg
	Niels Sörensen	KB	FC Amsterdam
	Sören Skov	Nyborg/ Odense	FC St. Pauli
	Lars Bastrup	Silkeborg/ IHF	Kickers Offenbach
	Claus Bo Hansen	Brönshöj	Olofström (SE)
	Poul Verner Hansen	Svendborg/ B 93	Helenebrod (SE)
	Frank Arnesen	Fremad Amager	Ajax Amsterdam
	Sören Lerby	Fremad Amager	Ajax Amsterdam
	Sonny Nielsen	AB	Höganäs (SE)
	Ole Rasmussen	Naestved IF	Hertha BSC
1976	Niels M. Kristensen	Odense	Vancouver (CA)
	Uffe Pedersen	Odense	Vancouver

JAHR	SPIELER	DÄNISCHER VEREIN	AUFN. VEREIN
	Jacob Rosander	Vanlöse	Eskilstuna (SE)
	Niels Thune	Holbaek	FC St. Pauli
	Mogens Therkildsen	Odense	Flensburg 08
	Svend Andresen	B 1903	Eintracht Trier
	Mogens Fog	AB	Volendam (NL)
	Heino Hansen	St. Pauli/ Slagelse	Preussen Münster
	Peter Holm	AB/ IHF	Höganäs (SE)
	Jörgen Kristensen	Feyenord/ Köge	Hertha BSC
	Benno Larsen	St. Pauli/ Holbaek	FC Augsburg
	Jens Helmö Larsen	Kastrup	Helenelund
	Sören Busk	Glostrup BC	Westfalia Herne
	Tommy Kristiansen	Dalgas/ Vanlöse	Go Ahead Defender (US)
	Jens Kolding	B 93	JC Roda Kerkrade (NL)
	Preben Elkjaer-Larsen	FB/ Vanlöse	1. FC Köln
	Carsten Nielsen	B 1903	Borussia Mönchengladbach
	Ole Nielsen	Aalborg	Västeras (SE)
	Jens Steffensen	Aalborg	FC Bayer 05 Uerdingen
1977	Niels Poulsen	KB/ Köge	Wormatia Worms
	Flemming Pehrson	Frem	Mjällby (SE)
	Kim Tell	Frem	IFK Malmö (SE)
	Torb Mikkelsen	AGF	Telstar Velsen (NL)
	Ulrich Tychosen	Vejle	Royal Antwerpen
	Alan Hansen	Odense	Tennis Borussia Berlin
	Jens Helmbaek	HIK	Xamax Neuchatel (CH)
	Mogens Hansen	Naestved	FC Bayreuth (DE)
	Jens Johansen	Holbaek	Würzburg (DE)
	Jesper Rasmussen	Köge	PEC Zwolle (NL)
	Jan Sörensen	Glostrup IC/ Frem	Club Brügge (BE)
1978	Steen Tychosen	Vejle BK	Borussia Mönchengladbach
	Jörgen Kristensen	Hertha BSC/ Naestved	Chicago Strings
	Erhard Aurbach	Aabenraa	Cercle Brügge
	Lars Francker	Lyngby/ B 1903	Rapid Wien
	Ib Jacquet	Vejle	Royal Antwerpen
	Henrik Agerbeck	Malmö/ KB	Hertha BSC
	Flemming Nielsen	Odense	Fortuna Köln
	Sören Lindsted	Holbaek	Twente Enschede (NL)
	Reidbar Hansen	B 1909	U. Luxemburg

JAHR	SPIELER	DÄNISCHER VEREIN	AUFN. VEREIN
1979	Eigil Nielsen	Basel/ Hjöring	FC Luzern
	Henning Munk Jensen	Frederikshavn	San Jose Earthquakes (US)
	Lars Jensen	Arhus GF	San Jose Earthquakes
	Ove Flindt Bjerg	KSC/ Aalborg	San Jose Earthquakes
	Ivan Nielsen	Fremad Amager	Feyenord Rotterdam (NL)
	Torben Nielsen	Mainz/ B 1903	Helsingborg (SE)
	Tommy Christensen	AGF	PSV Eindhoven
	Viggo Jacobsen	Kastrup	Charlton Athletic (GB)
	Allan Nielsen	Odense	JC Roda
	Kenneth Brylle	Hvidovre/ Vejle	RSC Anderlecht
	Johnny Östergaard	Ikast	Charlton Atletic
	John Hansen	Australien/ Hvidovre	Malmö (SE)
	John Eriksen	Odense	JC Roda
1980	Kurt Larsen	Nörresundby	Holstein Kiel
	Stig Skoubo	Silkeborg IF	Guibiasco
	Johnny Jacobsen	Fremad Amager	Feyenord Rotterdam
	Per Guldbjerg	Aalborg	Detroit Express (US)
1981	Hans Aabech	KB	Lokerse SV
	Niels Ove Rasmussen	Holbaek	GIV Sundvall (SE)
	Tommy Larsen	Holbaek	GIV Sundvall
	Johnny Nielsen	Grindsted	FC Baden
	Lars Ralle	Aabenraa	Viktoria Köln
	Frank Rasmussen	B 93	Wichita Wings (US)
	Kim Röntved	Brönshöj	Wichita Wings
	Flemming Rasmussen	Frem	GAIS Göteborg
	Mogens Therkildsen	Flensburg/ Humble	Südschleswig (DE)
	Michael Vestrerskov	Aalborg	Frederikstad (NO)
	Karl Aage Hansen	Aabenraa	Flensburg 08
	John Jensen	Aalborg	Norge
	Per Frimann	AB/ KB	RSC Anderlecht
	Michael Jensen	B 1901	KV Mechelem
	Jesper Olsen	Faxe/ Naestved	Ajax Amsterdam
	John Michelsen	Aars	Markaryds IF
	Lars Bastrup	Aarhus GF (AGF)	Hamburger SV
1982	Bjarne Thorsgaard	Varde	Norge (NO)
	Tommy Kristiansen	Brighton/ Herfölge	Haarlem (NL)
	Allan Ramon Olsen	Aalborg	Lisleby (NO)
	Kim Eriksen	Fremad Valby	GAIS Göteborg
	Henrik Andersen	Fremad Amager	RSC Anderlecht
	Peter Rasmussen	B 1901	RSC Anderlecht
	Kim Christofte	Bröndby IF	SC Lokeren

JAHR	SPIELER	DÄNISCHER VEREIN	AUFN. VEREIN
	Jens Jörn Bertelsen	Esbjerg fB	RFC Seraing (BE)
	Kim Ziegler	Aarhus GF	RFC Seraing
	Flemming Christensen	AB/ Lyngby	AS St. Etienne (FR)
	Jan Mölby	Kolding	Ajax Amsterdam
	Henrik Eigenbröd	AIA/ KB	AZ 67 Alkmaar
	Anders Sundstrup	Frem/ Bröndby	AZ 67 Alkmaar
	Jan Heintze	Kastrup	PSV Eindhoven (NL)
	Michael Birkedahl	Slagelse/ Naestved	Twente Enschede
	Klaus Berggreen	Lyngby BK	SC Pisa
	Brian Storvang	Randers Freja	Stavanger IF (NO)
	Allan Staunstrup	Holbaek	FC Baden
	John Lauridsen	Esbjerg fB	RCD Espanyol Barcelona
	Per Roentved	Bremen/ Randers Freja	Wichita Wings
	Kim Roentved	Wichita/ B 1903	Wichita Wings
	Ole Rasmussen	Hertha BSC/ OB	Hertha BSC
	Allan Hansen	Tennis Borussia/ OB	Hamburger SV
	Gert Jörgensen	B 1903	Wacker Innsbruck (AT)
1983	Michael Laudrup	KB/ Bröndby	Juventus Turin (IT)[8]
1984	zählte die deutsche „Fussball Woche" in ihrem EM-Sonderheft angeblich bereits 260 Dänen, die ins Ausland gewechselt waren.		
1985	Kim Vilfort	Frenm	OSC Lille (FR)
	Jan Olesen	Köge	Wichita Wings
	Keld Bordinggaard	Odense	Wichtia Wings
	Morten Donnerup	Odense	Racing Santander
	Claus Granlund	HIK	Vitesse Arnhem (NL)
	Per Nielsen	Odense	USA (Amateur)
	Peter Envoldsen	Aalborg	Borussia Möchengladbach[9]
	Bent Christensen	Brönshöj	Servette Genf
	Henrik Larsen	Nörre Sundby	Hamburger SV[9]
1986	Ole Möller-Nielsen	Vejle BK	VfL Bochum
	Lars Elstrup	Bröndby	Feyenord Rotterdam
	Troels Bech	Silkeborg IF	Greuth
	Henrik Ravn Jensen	Vejle BK	Fortuna Düsseldorf
	Michael Pedersen	Esbjerg fB	Osasuna Pamplona
	John Sivebeak	Vejle BK	Manchester United
	Brian Berthelsen	Vejle BK	FC Wettingen

[8] an Lazio Rom verliehen

[9] ohne BL-Spiel

JAHR	SPIELER	DÄNISCHER VEREIN	AUFN. VEREIN
1987	Jan Bartram	AGF/ SIF	Glasgow Rangers/ Bayer Uerdingen, Schottland/ BRD
1988	John „Faxe" Jensen	Bröndby IF	Hamburger SV
	Peter Rasmussen	Aalborg BK	VfB Stuttgart
	Marc Strudal	Bröndby IF	Bor. Dortmund
	Claus Nielsen	Bröndby	Panathinaikos Athen (GR)
	Frank Pingel	AGF	Newcastle
1989	Brian Laudrup	Bröndby	Bayer Uerdingen
1990	Per Frandsen	B 1903	OSC Lille (FR)
1991	Lars Brögger	Frem	Fortuna Düsseldorf
	Bent Christensen	Bröndby	Schalke 04
	Peter Schmeichel	Bröndby	Manchester United
	Lars Olsen	Bröndby	Trabzonspor (TR)
	Frank Pingel	Bröndby	1860 München
1992	Kim Christofte	Bröndby IF	1. FC Köln
	Peter Nielsen	Lyngby BK	Borussia Mönchengladbach
	Johnny Mölby	Aarhus GF	Borussia Mönchengladbach
	John "Faxe" Jensen	Bröndby IF	Arsenal London
1993	Frank Pingel	Bröndby	Bursaspor
1994	Steffen Höjer	Odense BK	Brescia (IT)
	Jon Dahl Tomasson	Köge BK	Heerenveen
	Brian Jensen	Bröndby	Stades Rennes (FR)
1995	Jes Högh	Aalborg	Fenerbahce (TR)
1996	Allan Nielsen	Bröndby	Tottenham Hotspurs (GB)
	Jess Thorup	Odense	KFC Uerdingen
	Ole Tobiasen	FCK	Heerenveen
	Peter Lassen	AB	Eendracht Aalst (BE)
1997	Thomas Gravesen	Vejle BK	Hamburger SV
	Allan K. Jepsen	Aarhus GF	Hamburger SV
	Stig Töfting	Aarhus GF	MSV Duisburg
	Brian Jensen	B 93	AZ Alkmaar
	Per Pedersen	Lyngby/ OB	Blackburn Rovers[10]
	Peter Möller	Bröndby	PSV Eindhoven
	Antti Niemi	FC	Glasgow Range
	Dennis Rommedahl	Lyngby FC	PSV Eindhoven
	Martin Jörgensen	AGF	Udinese

---

[10] verliehen an Borussia Mönchengladbach

JAHR	SPIELER	DÄNISCHER VEREIN	AUFN. VEREIN
	Kenneth Perez	FCK	MVV Maastricht (NL)
1998	Jesper Grönkjaer	Aalbor	Ajax Amsterdam
	Sören Andersen	Aalborg	Bristol City (GB)
	Peter Knudsen	AB	Bari (IT)
	Michael Madsen	AB	Bari
	Claus Thomsen	AB	VfL Wolfsburg
	Michael Steensgaard	FCK	Chelsea London
	Claus Jensen	Lyngby	Bolton Wanderers (GB)
	Martin Laursen	Silkeborg	Hellas Verona
	Erik Bo Andersen	Vejle	MSV Duisburg
	Daniel Jensen	B 93	Heerenveen
	Thomas Sörensen	Odense	FC Sunderland (GB)
1999	Ebbe Sand	Bröndby	Schalke 04
	Morten Hyldgaard	Ikast IS	Coventry (GB)
	Rene Henriksen	AB	Panathinaikos Athen
	Carsten Fredgaard	Lyngby	FC Sunderland
	Patrick Mtiliga	B 93	Feyenord Rotterdam
	Morten Falch	FCK	Gent (BE)
2000	Peter Lövenkrands	AB	Glasgow Rangers (Schottland)
	Sebastian Svärd	KB	Arsenal London
	Peter Degn	AGF	FC Everton (GB)
	David Nielsen	FCK	Grimsby (GB)
	Jacob Laursen	FCK	Derby Country (GB)
	Thomas Buus	FC Midtjylland	Casino Bregenz (AT)
	Lars Winde	Aalborg	Casino Bregenz
	Stefan Bidstrup	Lyngby FC	Wigan Athletic (GB)
	Jesper Christiansen	OB	Glasgow Rangers (Schottland)
	Steen Nedergaard	Odense (OB)	Norwich City (GB)
	Allan Gaarde	Aalborg	Udines Calcio (IT)
2001	Sören Colding	Bröndby IF	VfL Bochum[11]
	Thomas Christiansen	Herfölge BK	VfL Bochum[12]
	Peter Graulund	Bröndby	VfL Bochum[13]
	Steven Lüstü	AB	Lyn Oslo (NO)
	Thomas Rytter	FCK	VfL Woilfsburg

---

[11] unser 1. Transfer
[12] unser 2. Transfer
[13] unser 3. Transfer

JAHR	SPIELER	DÄNISCHER VEREIN	AUFN. VEREIN
	Niclas Jensen	FCK	Manchester City (GB)
	Thomas Thorninger	FCK	Udinese
	Peter Sand	FC Midtjylland	Barnsley (GB)
	Morten Petersen	Lyngby FC	Livingstone (Schottland)
	Mikkel Bo Jensen	Lyngby FC	Panahaiki (GR)
	Kim Christensen	Lyngby FC	Hamburger SV
	Jan Frederiksen	Lyngby FC	Feyenord Rotterdam
	Peter Kjaer	Silkeborg IF	Besiktas Instanbul (TR)
	Bo Henriksen	Herfölge BK	Kidderminster (GB)
	Jacob Krüger	Aalborg BK	Casino Bregenz (AT)
	Henrik Pedersen	Silkeborg IF	Bolton Wanderers
	Allan Gaarde	Aalborg BK	Udinese
	Jan Michaelsen	AB	Panathinaikos Athen
	Allan Bak Jensen	FC Midtjylland	Heerenveen (NL)
	Per Kröldup	B 93	Udinese
	Anders Andersson	Aalborg	Benfica Lissabon
	Thomas Gaardsö	Aalborg	Ipswich Town
2002	Mikkel Bischoff	AB Kopenhagen	Manchester City
	Kenneth Rasmussen	Bröndby	Helsingborg (SE)
	Christian Poulsen	FCK	Schalke 04
	Kim Madsen	FCK	VfL Wolfsburg
	Lars Jacobsen	OB	Hamburger SV
	Morten Rasmussen	OB	MSV Duisburg
	Morten Skoubo	FC Midtjylland	Borussia Mönchengladbach
	Lasse Schöne	Lyngby	Heerenveen
	Kevin Stuhr-Ellegaard	Farum	Manchester
2003	Peter Madsen	Bröndby	Wolfsburg/ VfL Bochum[14]
	Sammy Youssouf	AB	Rosendaal (NL)
	Nicolai Hust	AGF	Fortuna Düsseldorf
	Mads Jörgensen	Bröndby	Ancona (IT)
	Thomas Schulz (jetzt Rasmussen)	FCN	Hansa Rostock
	Brian Priske	Aalborg	AC Gent (BE)
	Dennis Cagara	Bröndby	Hertha BSC
	Kim Olsen	FC Midtjylland	Sheffield Wednesday (GB)

---

[14] nach Bochum unser 4. Transfer

JAHR	SPIELER	DÄNISCHER VEREIN	AUFN. VEREIN
	Allan Ravn-Jensen	Bröndby	Landskrona (SE)
	David Rasmussen	Farum BK	Hansa Rostock
	Rune Pedersen	FCK	Modena (IT)
2004	Niclas Hindsberg	FCN	Hammarby IF (SE)
	Dennis Conteh	FCN	Sparta Rotterdam
	Tommy Bechmann	Esbjerg	VfL Bochum[15]
	Stephan Andersen	AB	Charlton Athletic
	Lars Larsen	AB	Örebro (SE)
	Niclas Bendtner	KB	Arsenal London
	Sören Larsen	Frem	Djurgaarden (SE), dann Schalke 04
	Ken Ilsö	Frem	Heerenveen
2005	Thomas Kahlenberg	Bröndby	Auxerre (FR)
	Peter Skov-Jensen	FC Midtjylland	VfL Bochum[16]
	H. Henrik Andreasen	Esbjerg fB	Greuther Fürth
	Jakob Poulsen	Esbjerg	Heerenveen
	Leon Andreasen	AGF	Werder Bremen
2006	Jan Kristiansen	Esbjerg	1. FC Nürnberg[17]
	Morten Skoubo	Bröndby	Real Sociedad (ES)
	Daniel Agger	Bröndby	FC Liverpool
	Jonas Kamper	Bröndby	Arminia Bielefeld
2007	Andreas Granskov-Hansen	AB	Werder Bremen 2
	Simon Poulsen	FC Midtjylland	AZ Alkmaar
	Mikkel Thygsen	FCM	Borussia Mönchengladbach
2008	Simon Kjaer	FC Midtjylland	US Palermo (IT)
	Mike Jensen	Bröndby	Malmö (Leihegeschäft)
	Christian Eriksen	Odense	Ajax Amsterdam
	Michael Silberbauer	FCK	Utrecht (NL)
2009	Thomas Enevoldsen	Aalborg	FC Groningen (NL)
2010	Jannik Vestergaard	Bröndby	TSG Hoffenheim (DE)
	Nicolai Jörgensen	AB	Bayer Leverkusen
	Michael Lumb	AGF	Zenit St. Petersburg (RU)
	Morten „Duncan" Rasmussen	Bröndby	Celtic Glasgow

---

[15] unser 5. Transfer

[16] unser 6. Transfer

[17] Unser 7. und letzter Transfer, leider bis heute finanziell nicht abgegolten. Jan Kristiansen schoss den „Club" 2007 zum DFB-Pokalsieg, dem ersten Titel seit 40 Jahren. Der dafür verantwortliche Herr Bader sollte sich einfach nur schämen.

JAHR	SPIELER	DÄNISCHER VEREIN	AUFN. VEREIN
	Leon Jessen	FCM	1.FC Kaiserslautern
2011	William Kvist	FCK	VfB Stuttgart
	Ken Ilsö	FCM	Fortuna Düsseldorf
2012	Mathias Jörgensen	FCK	PSV Eindhoven
	Anders Bjelland	FCN	Twente Enschede
	Andreas Christensen	Bröndby	Chelsea London
	Jakob Poulsen	FCM	AS Monaco (FR)
2013	Yussuf Poulsen	Lyngby BK	RB Leipzig
	Mike Jensen	Bröndby	Rosenborg (NO)
	Martin Braithwaite	Esbjerg	FC Toulouse (FR)
	Andreas Cornelius	FCK	Cardiff City (Wales)
	Mikkel Beckmann	FCN	Nikosia (CY)
2014	Jonas Lössl	FCM	FA Guingamp (FR)
	Jens Stryger Larsen	FCN	Austria Wien
2015	Jacob Bruun Larsen	Lyngby BK	Borussia Dortmund
	Uffe Bech	FCN	Hannover 96
	Emil Berggreen	Hobro IK	Eintracht Braunschweig
	Jonas Knudsen	Esbjerg	Ipswich Town (GB)
2016	Henrik Dalsgaard	Aalborg	Zulte Waregem (BE)
	Lukas Lerager	Viborg FF	Zulte Waregem
	Pione Sisto	FCM	Celta Vigo (ES)
2017	Mathias Jörgensen	FCK	Huddersfield Town (GB)
	Thomas Delaney	FCK	Werder Bremen
2018	Frederik Rönnow	Bröndby	Eintracht Frankfurt
	Andreas Poulsen	FC Midtjylland	Borussia Mönchengladbach

Verwendete und weiterführende Literatur

Aagard, Jörgen „Thomas Helveg födt til at löbe" Forlaget Tommeliden, Örbaek, 2001

Ahlström, Frits „Allan Simonsen- naerbillede af en stjerne" Lindhardt og Ringhof, DK, 1977

Ahlström, Frits „Guiness Fodboldbog Med Dansk Fodbold", Forlaget Komma, Kopenhagen, 1983

Andersen, Jens „Frankie Boy. En biografi om Frank Arnesen" People's Press, Kopenhagen, 2008

Andersen, Ole „Allan Simonsen og verdens störste stjerner viser..." Harlekin Verlag Luzern, 1977/78

Ankerdal, Steen/Werge, Carsten „Peter Schmeichel Den bageste" Hovedland, DK, 1991

Ankerdal, Steen „Paa banen- igen" Centrum, DK, 1998

Ankerdal, Steen „Landsholdet Fodboldlandsholdet gennem 100 aar" Aschehoug, DK, 2006

Balsby, Egon „The Great Peter" (Peter Schmeichel) Börsens Forlag, Kopenhagen, 1999

Bangsbo, Jens/Peitersen, Birger „Der gode hold Fodboldspillets Taktik 2" Hovedland, Höjberg, 1997

Batram, Jan „Löb for livet - naar livet er andet end fodbold" Aschehoug, DK, ca. 1990

Bech, Rasmus „Det bedste de gav os" Haase & Söns Forlag, Kopenhagen, 1991

Berthelsen, Anders W. „Frispark-om den danske fodboldbevaegelse historie" Clausen Böger, Kopenhagen, 1983

Boisen, Axel/Boisen, Christian Mohr/Nordskilde, Henrik „Laudrup Et Fodbolddynasti" Lindhardt og Ringhof, DK, 2008

Borchert, Thomas „Gebrauchsanweisung für Dänemark" Piper Verlag, München, 2017

Bröndbyernes Idraetsforening Oprykningsskrift 1981, DK

Bruun, Morten „Paa banen elleve aar med dansk topfodbold", Hovedland, Höjbjerg, 1999

Christensen, Frits „Fodbold legionaererne. Frau Middelboe til Mexiko" NN Forlag, Kopenhagen, 1986

„Det'Höyer Fodbold med meget mere" Tipsbladet, DK, 2001

Eberlein, Frank/Habel, F.B. „Die Olsenbande Das große Buch für Fans" Schwarzkopf & Schwarzkopf Verlag, Berlin, 2000

Elkjaer, Preben „Maalkjaer Fodbold Helten Preben Elkjaer" Allers Forlag, DK, 1980

Elkjaer, Preben „Guldkjaer. Succes paa italienisk dansk" Allers Forlag, DK, 1985

Elkjaer, Preben/Sloth, Peter „Mit liv som Elkjaer" Politikens Forlag, DK, 2012

„Den dyre langside- bogen om dansk elitefodbold" Divisionsforeningen & Kofod Forlaget, Viborg, 1993

Esmann, Knud „Sepp Tyskeren der fik os til at vaere danskere" Hovedland, Höjbjerg, 1990

Escher, Tobias „Vom Libero zur Doppelsechs" Rowohlt Verlag, Hambburg, 5. Auflage, 2017

Franz, Markus „Die Jungs von der Castroper Straße. Die Geschichte des VfL Bochum" Verlag die Werkstatt, Göttingen, 2005

Franz, Markus „Weißt du noch? VfL Bochum" Herkules Verlag, Kassel, 2012

Friedemann/Hempel/Schlegel/Simon „Europameisterschaft Europacup 1984" Sportverlag Berlin, DDR, 1985

Grüne, Hardy „Geheuert, Gefeiert, Gefeuert" Agon Verlag, Kassel, 2000

Hansen, Karl Aage/Jensen, Ivan „Paa rejse med Landsholdet" Korch, DK, 1948

Hansen, Karl Aage/Jensen, Ivan „Frau Landsholdet til Italien" Branner og Korch, Kopenhagen, 1950

Hansen, Jörn „Fodbold En kort verdenshistorie" Syddansk Universitetsforlag, Odense, 2006

Hansen, Poul „Frau Ulkeböl til Superligaen En toptraeners opskrift paa succes" Aschehoug, DK, 2000

„Harald I U.S.A." (Harald Nielsen) Stig Vendelkaers Forlag, Kopenhagen, ca. 1960

Heintze, Jan „20 aar paa toppen" Cicero, DK, 2002

Höyer Hansen, Per „Europamester Danmark. Den danske vej til EM-Titlen" Gyldendal, Kopenhagen, 1992

Jensen, Henning „Fodbold Stjerne" Allers Forlag, DK 1976/77

Jensen, Henning „Fodbold paa spansk" Allers Forlag, DK, 1978

IFFHS Länderspiele Danmark 1908-1940, BRD

Jörgensen, Palle „Banks" Landsholdet- i medgang og modgang" Tips Bladet Forlag, DK 2000

Jörgensen, Palle „Banks" „Landsholdets 681 Profiler- en biografi Tips Bladet, DK, 2002

Jörgensen, Palle „Banks", "15 aar med Superliga. Fra Schmeichel til Elmander" Tipsbladt, DK, 2005

Kormelink, Henny/Seeverens, Tjeu „Wettkampfanalyse und Spielvorbereitung" Lindemann, 2000

Kvist, Jakob/Mönster, Flemming „Europamestre Fodboldmiraklet i Sverige" Hovedland, DK, 1992

Kvist, Jakob „Ambassadören En bog om Michael Laudrup" Viby, 1996

Laudrup, Michael „Mod nye maal" Haase & Söns Forlag, Kopenhagen, 1989

Laursen, Thomas/Sönnichsen, Ole „Danish Dynamite. Spillerne segne historier om 80èr holdet" Gyldendal, Kopenhagen, 2008

Lassen, Kurt „Min Version." Thomas Gravesen" People's Press, Kopenhagen, 2005

Leth, Jörgen „Michael Laudrup En film bliver til" Hans Reitzels Forlag, Kopenhagen, 1993

Lundberg, Knud „Mens legen er god Fodbolderindringer i tide" Branner & Korch, Kopenhagen 1953

Lundberg, Knud „Dansk Fodbold 1" Rhodos, Kopenhagen, 1986

Lundberg, Knud „Dansk Fodbold 2" Rhodos, Kopenhagen, 1987

Madsen, Henrik „Bröndbys Bagmaend" Börsen Böge, DK, 1993

Madsen, John „Nej til Landsholdet" Stig Vendelkaers Forlag, Kopenhagen, 1964

Magnussen, Jacob/Storm, Rasmus K. „Professionel fodbold" Forlaget Klim, Aarhus, 2005

Mylenberg, Troels „Dynamit Dansk fodbolds guldalder i foto og tekst" Gyldendal, Kopenhagen, 2008

Nielsen, Allan „Fodbold 98 Danske Kampe", 31. Jahrgang, Carlsen, Kopenhagen, 1998

Nielsen, Flemming „Fodbold paa Italienisk" Branner og Korch, Kopenhagen, 1963

Olsen, Ole Riis „Spil sammen Fodboldstrategi og taktik" Gads Forlag, DK, 1983

Östlund, Bo „Ebbe Sand - mennesket bag maalene" Forlagen Brönden, DK, 2002

Östlund, Bo „Allan Simonsen Europas bedste 30 aar efter" People's Press, Kopenhagen, 2008

Peitersen, Birger „Med Landsholdet til kamp- pak tasken, du er udtaget!" Höst & Sön, Kopenhagen, 2000

Pedersen, Poul „Landskamp- Rekoden" Stig Vendelkaers Forlag, Kopenhagen, 1962

Pilegaard, Vagn „EM Bogen" DK, 1988

Rasmussen, Erik „Fodbold göre ein forskel" Haase & Söns Forlag, DK, 2002

Rasmussen, Jens Jam/Rachlin, Michael „Slaget om Köbenhavn. Den store bog om Bröndby - FCK" People's Press, Kopenhagen, 2005

Remar, Frits „Allan Simonsen Verdens bedste angriber!" Stig Vendelkaers Forlag, DK, 1978

Roentved, Per „Fodbold paa vrangen" Politikens Forlag, DK, 1979

Simonsen, Allan „Mod ny maal" Allers Forlag, DK, 1979

Sörensen, Arne „Fodbolden ruller for Danmark" Branner og Korch Forlag, Kopenhagen, 1959

Sörensen, Dan/Krabbe, Hans „Drengene fra Wembley. Et legendarisk Landshold taler du" Lindhardt og Ringhof, DK, 2008

Sperling, Joachim/Nordskilde, Henrik/Bergander, Emil „Spillet uden for banen Succes og fiasko i dansk topfodbold" L & R Business, DK, 2010

Süddeutsche Zeitung WM Bibliothek Frankreich 1998, München, 2005

Thiede, Jens „Med Gul-Blaa aerre & sjael, 1982 - 1997 Erindringer og iagtagelser fra de förste 15 aar som aktiv BIF - Tilhaenger" Brönden Forlag, Bröndby 1998

Thyboe, Kurt „Bröndby forever" Borgen, Kopenhagen, 1997

Thyboe, Kurt „FCK Den umulige dröm" Borgen, Kopenhagen, 1999

Töfting, Stig/Pedersen, Lars Steen „No regrets" People's Press, Kopenhagen, 2005

Werge, Lars „Don Ö" Ekstra Bladet Forlag, Kopenhagen, 2002

Winner, David „Oranje brillant" KIWI Verlag, Köln, 2008

Periodika:

Diverse Kicker Jahrbücher, DFL Bundesliga Magazin, Kicker, „Danske Kampe" + „Internationale Kampe" - Jahrbücher (Carlsen Forlag), Kicker Sonderhefte (u.a. WM 2008+2018), Fußball Woche/Sport Illustrierte Sonderheft EM 1984, Indersiden, Tipsbladet.

Zum Autor

Markus Franz, Jahrgang 1971, verfasste bisher drei Sachbücher („Die Jungs von der Castroper Straße. Die Geschichte des VfL Bochum", Verlag die Werkstatt, Göttingen, 2005, „Weißt du noch? VfL Bochum", Herkules Verlag, Kassel, 2012 und „Pornographie. Die Phantasie zum Anfassen?", BOD, Norderstedt, 2017). Er arbeitete zudem bereits als Lagerist, Kabarettist, Marktverkäufer und Spielervermittler im Fußball, nachdem er schon in seiner späten Jugend als Presse-und Stadionsprecher beim Berliner Traditionsverein Wacker 04 ehrenamtlich tätig war, und auch für die Berliner „Fußball-Woche" schrieb. 1984 entdeckte er als Fan die dänische Nationalmannschaft und hat von da an immer deren Lauf verfolgt. Da er zudem von 2000 bis 2009 in Dänemark im Scouting-Bereich tätig war, und etliche Spielertransfers in die deutsche Bundesliga mit einfädelte, war es einfach höchste Zeit für dieses Buch.

Seit 2011 verfasst er auch Plattenreviews, Kolumnen und führt Interviews für das Ox-Fanzine, www.ox-fanzine.de.

Anmerkung des Autors:
Leider ist mir, der seit Ende der 1980er Jahre der Bücherwelt regelrecht verfallen ist, aufgefallen, dass wir es in der Bundesrepublik allmählich mit einer Art von unbemerkter Vorab-Zensur zu tun haben. Bücher werden natürlich von Verlagen herausgegeben, um damit Gewinne zu erzielen. Das ist richtig, und soll auch so sein. Nur ist es schon bemerkenswert, dass ich mich nun schon zum zweiten Male binnen 2 Jahren bemüßigt fühle, ein Sachbuch in Eigenregie zu veröffentlichen. Der Grund soll auf der Hand liegen: Das Interesse sei von Leserseite zu begrenzt. So die Verlage, wenn sie denn überhaupt antworten. Nun ist zu fragen, warum Verlage, die ja durchaus mit meiner Arbeit schon ihr Geld verdient haben, sich die Blöße geben, ein Werk wie dieses - noch dazu ohne Fotos - nicht in einer kleinen Auflage und mit entsprechender Werbung herauszugeben. Nicht zuletzt, um mit ihrem doch guten Namen eine historische Lücke auf dem Fußballbuchmarkt zu schließen. Ich werde mich jedoch nicht verbiegen lassen, und halte dagegen, dass es ja in der Geschichte der Bücher nicht so sein soll oder je gewesen ist, dass die Leserinnen und Leser bestimmen sollen, was gedruckt und gelesen wird. Sonst hätte ja von Freud über Nietzsche bis de Sade in früherer Zeit niemand zu schreiben angefangen. Mir geht es auch um einen Mehrwert an sachlichen Informationen für meine Leser. Und gut unterhalten kann ich meine treue Leserschaft - so hoffe ich - auch.